高等教育研究在北大

汪永铨教授的开拓之路

陈洪捷　李春萍　主编

北京大学出版社
PEKING UNIVERSITY PRESS

图书在版编目(CIP)数据

高等教育研究在北大：汪永铨教授的开拓之路 / 陈洪捷，李春萍主编. — 北京：北京大学出版社，2018.6

ISBN 978-7-301-29535-9

Ⅰ. ①高… Ⅱ. ①陈… ②李… Ⅲ. ①汪永铨（1928–2016）– 纪念文集 Ⅳ. ①K825.46-53

中国版本图书馆CIP数据核字(2018)第099818号

书　　名	高等教育研究在北大：汪永铨教授的开拓之路 GAODENG JIAOYU YANJIU ZAI BEIDA：WANGYONGQUAN JIAOSHOU DE KAITUO ZHI LU
著作责任者	陈洪捷　李春萍　主编
责任编辑	李冶威
标准书号	ISBN 978-7-301-29535-9
出版发行	北京大学出版社
地　　址	北京市海淀区成府路205号　100871
网　　址	http://www.pup.com 新浪微博：@北京大学出版社 @培文图书
电子信箱	pkupw@qq.com
电　　话	邮购部62752015　发行部62750672　编辑部62750112
印 刷 者	天津联城印刷有限公司
经 销 者	新华书店
	880毫米×1230毫米　32开本　12.5印张　250千字
	2018年6月第1版　2018年6月第1次印刷
定　　价	88.00元

汪永铨教授（1929—2016）是中国高等教育学科的开创者和奠基人之一。他在清华大学物理系毕业后留校任教，因院系调整转入北京大学物理系，历任物理系普通物理教研室主任、无线电电子学系创系主任、电化教学中心主任、北京大学教务长、高等教育科学研究所所长等，曾兼任国务院学位委员会（教育学）学科评议组成员、中国高等教育学会副会长、全国教育科学规划领导小组高等教育学科组副组长，为北京大学“资深教授”、教育部教育发展研究中心兼职研究员、清华大学人文社会科学院兼职教授、《教育研究》与《比较教育评论》编委、国际大学协会（IAU）《高等教育政策》编辑顾问委员会委员等。

1980年汪永铨教授组织建立了北京大学高等教育研究室，后经国家教育部批准，高等教育研究室改为北京大学高等教育科学研究所。2000年，北京大学高等教育科学研究所与相关机构合并，成立北京大学教育学院，教育研究特别是高等教育研究已成为北京大学的重点学科之一。2003年，汪永铨教授在古稀之年又领导创办了《北京大学教育评论》，如今已成为国内有影响力的教育学术刊物。2011年，教育部授予汪永铨先生全国教育科学研究优秀成果奖突出贡献奖（终身成就奖），中国高等教育学会授予汪永铨先生高等教育科学研究开拓贡献奖。汪永铨先生是我国最具国际影响力的教育学家之一。

目录

[序 一]

闵维方

在 20 世纪 70 年代末，汪永铨老师与其他几位同仁在北京大学创建了高等教育学。这,需要对教育的深刻理解,需要眼光，需要愿景，需要将这种想法付诸实施的能力。这些，汪老师都具备。于是，在 1979 年，在没有教育学科的北大建立起了高等教育研究室。从此，教育学科在北京大学不断地发展，不断地壮大，成为北京大学核心的学科之一，也是全国教育学科中的佼佼者。当年的研究室也已成为享有盛誉的教育学院!

两年前，汪老师离开了我们。其实在汪老师逝世前的若干年中，他已无法参与或指导我们的工作。但是，汪老师作为北大高等教育学科的创建者，他不仅奠定了我们的知识基础，更主要的是形成了一种氛围。不自满，不张扬，兼容并包，积极进取，团结合作，严谨务实，这些都是可以用来描述这种氛围的词汇。这种传统可以说是我们教育学院的无价之宝。

在汪老师去世两周年之际，为了纪念这位北大高等教育学的开拓者和长期的领导者，我们编辑了这本文集。文集的第一部分是精选出来的15篇汪老师的学术论文，从中我们看到汪老师高等教育研究的问题、视野及方法。第二部分是回忆、纪念汪老师的文章，其中大部分选自《亦庄亦谐——汪永铨先生八十开怀集》，这是一些学生和同仁在汪老师八十寿辰那年贺寿的文章。这些文章文笔轻松、情真意切，其实也是汪老师八九十年代在开拓北大高等教育学科时期的写照。这本红色封面的小册子长期以来成为教育学院的“红宝书”。后来的学生们就是通过这本小册子理解汪老师做人、做事的风格，了解教育学院的优秀传统。所以这次精选其中若干文章，正式出版。

值得一提的是，在汪老师去世之后，与他一同创建了北大高等教育学科的几位老先生，诸如郝克明、厉以宁、王义遒等专门撰写了纪念和怀念汪永铨教授的文章。这些文章不仅体现出老同事们对汪老师的深切怀念之情，同时也是记录北京大学高等教育学的成长和发展的重要文献。

总之，这本书既是对汪老师的一种纪念，也是对北大教育学科发展历程的记录。

[序 二] 先生是一种境界

陈洪捷

2016 年 6 月 30 日，汪永铨教授去世，教育学院师生无不为之痛心，哀悼和缅怀先生成为教育学院上上下下的大事。按理说，汪老师早已离开教学科研的第一线，学生们也不曾见过先生，更无缘聆听先生上课。接触过先生的老师和同学也都知道，汪老师不是与同学们一起吃喝游戏、打成一片的人，相反，汪老师总是给人一种威严感、距离感，当年不少学生甚至见到先生都绕着走。同时，先生发表的论文也不是很多，大部分学生估计也没有读过先生的著述。新老师和学生们对汪老师以及对汪老师精神的感知，应该主要来自院内口口相传的故事之中。

的确，汪老师的崇高地位不在于写过哪篇文章，或提出过什么具体论点，也不在于他培养了多少学生，或担任过什么职务，而在于他作为北大高教所的建立者和中国高等教育学的奠基者之一，为北大高等教育研究立下了基本的规矩，指明了一种治学的境界！

教育学院同仁和同学们所感受的、津津乐道的、印象最深刻的，正是这种境界。这种境界是如此深入人心，不会被各种流行的风气所冲淡，也不会因为时光的流逝而褪色，可谓历久而弥新。

以我个人之理解，这种境界可以细分为三个层次，即学科的境界、方法的境界和治学的境界。

第一，学科的境界。记得当年高等教育研究刚刚起步之时，面对各种实践和理论诉求相互竞争与磨合的局面，汪老师开始思考一个根本的问题，即如何构建这一学科的基本框架和理论基础。他从系统论出发寻求建立高等教育学科的框架；他从柏拉图和中世纪大学寻找高等教育学的渊源；从定性和定量的方法寻求高等教育学的方法论基础，执着地将定量的研究方法引入高等教育研究；从教育经济学、管理科学、教育社会学、哲学、心理学和法学诸学科寻求界定高等教育学的广度和维度；从国际比较的视角寻求中国高等教育发展的路径，建立了一支从事美、苏、英、法、德、日比较研究的队伍。根据汪老师的设想，北大高教研究所应该是一个规模不大的研究机构，但它应该与北大若干相关的院系和学者形成一个规模可观的高等教育研究联合体。三十多年过去，汪老师关于高等教育研究的格局设计都毫不过时，仍然显现出一种元气淋漓的宏大气象！

第二,方法的境界。汪老师受过系统而严格的自然科学训练,非常清楚方法论对一个学科的意义。在建立高等教育学的过程中,他始终有一种强烈的方法论意识。他深知哲学对于高等教育研究的意义,曾下功夫钻研哲学、教育哲学和系统论,力求为高等教育学寻找深层次的基础。他也深知定量研究对于高等教育研究的意义,在高等教育研究还主要诉诸意见和看法的时代,汪老师就将定量的研究方法纳入高等教育研究。稍后,他对质性研究方法发生了极大的兴趣,并用力推广。他还对比较研究的方法进行了深入系统的研究,并运用比较的方法组织了多项研究课题。与此同时,他认为高等教育研究还应该借鉴经济学、社会学、管理学、哲学、历史学、心理学以及法学的方法,并多次尝试与相关学科的学者进行联系,并在招收研究生和选留毕业生的时候,充分考虑其学科的多样性。

第三,治学的境界。在高等教育学体系不明和面目不清的时代,汪老师就非常注重其学术规范问题。记得在讨论即将建立的高等教育研究所的名称时,汪老师坚持要在高等教育之后加上“科学”二字。事后我才感到,汪老师强调“科学”二字,其实意在赋予高等教育研究以严谨、系统、规范的社会科学特征。作为科学的高等教育研究,当然不应是政策的传声筒,也不是经验主义的拍脑瓜,更不是个人意见的抒发,或人云亦云的种种套话。汪老师因此提出了不唯上、不唯书、不唯众、不唯我、不唯风的治学原则。这既是他提出的高等教育研究的基本准则,也是治学的最高境界。依据“五不唯”原则,当然不能随意附和,应景写文章，汪老师自己很少发表文章，也不鼓励学生发表文章，认为没有独立的见解和独到的成果，就不要去发表。

先生所提出的境界，也是先生个人的境界。这一境界是教育学院的根基所在，也是教育学院的传统所系。斯人已去，而先生之境界长存！不忘先生，不忘初心！

辑一

汪永铨论文集

论加强文科高等教育[1]

建国以来[2]，我国对高等学校文科（本文系指语言、文学、历史、哲学、财经、法律、政治、图书馆学等类系科）的院系、专业、课程设置、教学内容和教学方法等进行了改革和调整，文科高等教育事业得到了发展。截至1978年止，全国共培养大学文科本科毕业生314796人，研究生7500人。目前，全国有文科高等学校（包括设有文科的综合大学及财经、政法院校）78所，共设89种专业，还设有研究机构336个，在校学生101400人，教师和研究人员43600余人，这是发展我国社会主义文科高等教育的前进基地。但是长期以来，由于我们对文科高等教育在社会主义建设中的重要地位和作用认识不

[1] 本文由汪永铨、郝克明、陈学飞共同撰写。

[2] 建国以来的完整表述应为：新中国成立以来，为保持论文的完整性，本书中保留原有称谓。——编者注

足，再加上“左倾”思想的影响，特别是林彪、康生、“四人帮”的严重破坏，使得我国文科高等教育的发展曲折而又缓慢；国家急需的财经、法律、管理等许多学科的人才严重缺乏，有些学科甚至是空白；师资队伍受到很大摧残；教学和科学研究的水平相当落后，等等。粉碎“四人帮”后，我国的文科高等教育虽然有较快的恢复和发展，但还远远不能适应社会主义建设的需要。

文科高等教育的发展和提高，对于我国社会主义经济建设和精神文明的建设具有重要的作用。它关系着我国各条战线、各个部门有关人才的培养和成长，关系着我国社会政治、经济、文化生活的改革和进步，关系着生产的发展和文化科学的繁荣，关系着整个人民的道德风尚和文化修养的提高。近两年来不少同志为文科人才的培养大声疾呼，这反映了人们对文科高等教育在社会主义建设中的重要地位与作用的认识的提高，也反映了客观形势对发展和改革文科高等教育的迫切要求。

本文仅就改革和加强我国文科高等教育的若干具体问题提出一些粗浅的看法。

一、积极稳步地调整文科与理工科之间以及文科内部各学科之间的比例关系

新中国成立以来，在我国的高等教育事业中存在着文科所占比重过低和逐年下降的现象。文科在校学生占高校学生总数

的比例为：1952年20.6%，1957年9.0%，1962年7.8%，1965年稍有回升，达到10.1%，以后又逐年下降，到1979年仍只有8%。其中下降最多的是政法类系科。1949年政法系科的在校生占高校学生总数的比例是6.3%，1952年调整到2.0%，1957年为1.9%，1962年下降到0.5%，1965年为0.6%，1979年只有0.36。其次是财经系科，1949年为16.6%，1952年为11.5%，1957年为2.7%，1962年下降到1.5%，1965年回升到2.7%。“文化大革命”中，18所财经院校被撤销、停办了16所，在校学生所占比重减到0.3%，1979年又恢复到2.1%。这种状况同社会主义建设事业对文科人才需要的矛盾已经十分突出，它给我国各条战线、各个领域所带来的不良影响和后果已经越来越明显。以财经、政法战线为例，据了解，目前财经系统的干部中大专毕业生只占2.9%，人民银行系统的业务人员中大专毕业生只占3.1%，建工系统的17000名财会人员中会计师只有1.1%。财经干部队伍的这种知识结构已经成为我国经济的计划、管理等各项工作遇到困难和发生失误的因素之一。政法部门受过高等专业训练的人才则更为缺乏。从1952年到1978年全国政法系科的大专毕业生只有19000余人。由于“四人帮”的破坏和政治运动的冲击，这些人的大部分现在都没有在政法战线工作。据八年统计，法院系统干部队伍中的大专毕业生只占3.5%，检察院系统仅有2.2%。政法教育的落后和人才的奇缺，已经在影响着安定团结和四化建设的进程。上述情况说明，应当尽快采取措施，发展文科高等教育。

国外文科高等教育所占的比例，也有某些参考的价值。据联合国教科文组织 1977 年统计，世界上人口在 1000 万以上的 50 个国家的高等学校中，人文（包括艺术）、社会科学系科在校学生占高等学校学生总数的比例在 50%以上的有 13 个国家，40% 到 50% 的有 13 个国家，30% 到 40% 的有 13 个国家，20%到 30% 的有 6 个国家，18% 到 20% 的有 4 个国家。由于资本主义国家和发展中国家各学科大学生的比例不是由国家计划决定而有很大的盲目性，他们的文科大学毕业生失业情况严重，就业者也有很多是用非所学，因而这些国家文科大学生的高比例并非是合理的。根据国内外的情况综合考虑，我们认为在没有经过全面的调查研究做出比较准确的规划以前，把文科大学生的比例暂定为不低于 15%—20% 看来是必要的。

应当指出，理、工、农、医等科的大学生目前也同样是数量不足的。因此，不应采取削减这些科的大学生的绝对数字以提高文科的比例，只能在逐步扩大学生总数的过程中，使文科学生的增长率高于理工科来加大其比例。

我国文科高等教育内部各学科之间的比例关系也是极不合理甚至完全颠倒了的。据统计，1978 年全国在校大学生中，文学、历史、哲学等专业的学生占 5.4%，而财经类专业的学生只占 2.1%，政法类专业的学生则更少，只占 0.2%。从某种意义上讲，文、史、哲这类学科的发展在一定程度上决定整个人文、社会科学的水平，但是这并不意味着对这类专业大学生的需要量超过对财经、政法类专业学生的需要量。根据实际工作的需要，应当扩大财经、政法、管理等类专业的招生名额，使这类学生所占的比例大于文、史、哲专业。

切实按照社会主义各项建设事业的实际需要和我国人力、物力、财力的实际可能，认真研究和合理安排高等教育各门学科的恰当比例与发展规划，是当前教育事业调整工作的一项重要任务。由于社会的需要在不断变化，而培养学生的周期又比较长，因此教育的计划工作从某种意义上来说比经济的计划工作更加困难，更要花大力气下大功夫去做。因此，我们建议教育部组织专门小组和国家计委及有关业务部门合作，深入各种不同类型的厂矿、企业、公社、机关、学校、科研机构以及其他事业单位中去，对国家建设事业近期和远期所需要的各种人才的规格、数量进行周密的、深入的调查研究，在此基础上测算并确定符合我国国情的高等教育内部各种不同学科培养人数的恰当比例和发展规划，使文科和其他学科在培养学生的规模上真正符合社会主义建设的需要。

二、对专业设置进行必要的改革和调整

我国高等学校目前共设有 89 种文科专业。由于受到“四人帮”的破坏和“左倾”错误的影响，文科的专业设置至今还不能很好地适应社会主义建设的需要和某些学科的国际发展水平。其中有许多重要问题，如专业的宽窄、发展的重点、某些空白专业的填补，以及如何根据学科的新发展筹建新专业等，都是

需要认真研究，全面规划，加以解决的。我们认为：

1. 综合大学文、史、哲一类专业的大学本科以按文学、历史、哲学这一级学科划分设置为宜，专业划分过窄的应当适当调整，这类专业当前应着重提高学术水平，不要追求数量，规模不要大发展。全国除个别地区外这类专业的数量也不必增加。

2. 大力发展财经、政法方面的有关专业。要扩大现有系科、专业的规模，并在某些有一定条件的学校和地方增设这类系科、专业以至专门学院。各类学校的专业设置也可以有所区别，例如全国性的大学专业设置可以宽一些，地方性大学和某些专门学院可以根据地区和部门的特殊需要分得细一些，针对性强一些等。

管理科学和外国问题研究方面的专业，在我国高等学校里还很少，有的刚刚开始设立，有的甚至还是空白。这对国内建设和发展对外关系都是十分不利的。必须迅速创造条件设置和发展这两方面的新专业。

管理科学是把社会科学和自然科学，包括经济学、社会学、政治学、法律学、数学、心理学和有关的工程技术等，综合应用于经济和其他各项事业管理以至各部门和单位管理的一门科学。在国外，许多高等学校的管理专业已经从进行财经事务的教育发展到进行大系统（国民经济、社会、军事等）的管理、决策和预测训练；从培养企事业单位中职能部门的具体工作人员发展到培养公司、企业、政府部门的经理、高级决策人员。专业的设置也从一般的工商管理发展到工业工程、管理工程、农业管理、教育管理、医疗卫生管理、行政管理、军事科学等专业。资本主义国家注重发展管理科学的教育当然首先是资本家追求利润的需要，但是也在一定程度上反映了社会化大生产客观发展的必然结果。因此，应当在有条件的院校（包括工科院校）建立各种管理专业，培养大批熟悉管理科学的人才。

建立有关国别或地区问题综合研究的专业是另一个应当重视的问题。目前，我国高等学校中这种专业很少，这种状况对发展对外关系，加强同世界各国的经济贸易往来和文化交流，开展反霸斗争都是十分不利的。应当增设这方面的新专业，并根据实际需要对原有的国际政治、国际共产主义运动史以及某些外语系科、专业加以充实和改造。

3. 要积极创造条件恢复过去撤销了的一些专业，并根据国内、国际的新发展对该学科加以改造和提高。如社会学、政治学、宗教学等。

4. 要注意跨学科的“边缘科学”的发展，在国家需要和条件成熟时，设置相应的专业，这种专业有的是人文社会科学内部的跨学科专业，有的还可以是跨人文社会科学、自然科学和工程技术的更为综合性的专业。

当建立一个新专业时，不可急于招收本科大学生。应当首先精选骨干教师，深入调查研究，开展科学研究，适当抽调和培养研究生，以扩大专业教师队伍，经过切实的准备再开始招收本科生。否则，我们的工作会长期陷于被动，教学质量无法提高，科研工作也无力开展，过去在这方面是有深刻教训的。此外，还要有统筹安排和规划，切忌各校、各地区一哄而上，以免造成全局上新的比例失调和浪费。

三、培养目标应当更好地适应社会主义建设的需要

为了适应社会主义事业发展的需要，党和国家提出了干部知识化、专业化的要求，并正在逐步实行干部制度的改革。今后，各类管理干部（特别是比较高级的管理人员）将越来越多地要求由受过高等教育的人员来担任，这是社会发展的必然趋势。这些管理人员当然不可能都由前面说到的管理科学专业来培养，文科（还有理工等科）各专业培养出来的学生，将来都可能有一部分人需要从事一定的管理工作。而且，我们还应当认识到，二三十年后，国家的政治、经济、文教、科技、生产各部门的领导和决策工作，将有相当大一部分要从现在的大学生这一代人中选拔接班人。但是，现在文科的培养目标规定，综合大学只培养教学和科学研究人员，专门学院只培养从事实际工作的专业人员，使文科的毕业生比较适宜从事偏重于理论性的工作或具体的业务工作，而不适应做管理工作的要求，因此，应当把培养管理人才也作为高等学校文科（还有理、工、农、医等科）的培养目标之一，还应当努力培养出一些将来能为国家各项事业的决策做出贡献的人员。为此，教育的内容、环节、方法都应有相应的要求。当然，高级管理人员是需要经过实际工作的考验和锻炼才能成长的。培养目标的这种规定只是要求注意提供必要的知识和训练作为将来可能进行管理工作的基础，而不

能说学校就可以直接培养出高级管理人员来。

其次，应当提出学生必须达到的严格而又明确的政治标准。文科的学科内容和学生将来所要从事的工作，很大一部分都有很强的阶级性，它涉及国家的政治、经济、上层建筑的各个重要方面，因此对文科大学生的政治立场、道德品质、思想作风、意识修养等方面都应当有严格的、较高的要求，还应当有相应的考核制度和办法。

为了实现上述培养目标的要求，我们认为应当对文科的招生办法作必要的改革。近两年文科的本科生基本上来自应届高中毕业生，他们有年龄小、文化程度整齐、记忆力好、接受能力强等优点。但是他们大多数人很少或完全没有社会实践经验，对于学习人文社会科学来说这是不利的条件。我们认为文科特别是政治、经济、法律、管理等类专业，应当适当招收一些有一定社会经验和学习基础的在职人员。他们的取分可以略低一点，年龄限制可以放宽一点。他们和应届高中毕业生在一起学习可以互相帮助，取长补短。同时，还应当在有关专业举办不同的短训班，招收在职的管理人员学习，这将促进干部知识化、专业化的实现。

四、改革教学内容，提高教学质量

1. 文科教学应当对学生进行比较宽广的基础训练。这是因为：(1) 由于社会、政治、经济、科学、技术等各方面的发展，使各门学科之间的互相作用与渗透日益加强。当前，人文社会科学方面提出的任何重大问题几乎都不可能仅仅依靠某一门学科的理论和实践来解决，而每一门学科本身的重大理论和实践也几乎都要涉及某些其他学科的内容。因此，文科大学生如果没有比较宽广的基础知识，他对自己所学专业的学科内容就很难有深入的理解，而且在将来担任工作解决实际问题时，会出现思路窄、方法少、创造性不大等问题。(2) 高等学校培养人的周期比较长，而社会对人才的需要与要求却在不断变化，各门学科也都在迅速发展。因此应当加宽基础训练，以便使学生对社会需求的变化和本门学科的发展有较大的适应性。(3) 文科大学生还应当学习适当的自然科学课程（特别是数学），这不仅仅是为了便于学习本专业的课程，而是严密的逻辑思维、科学的方法论等重要基础训练所必需的。

2. 改革和加强专业课程。(1) 提高专业课的理论水平。文科绝大多数专业课的阶级性很强，必须以马列主义毛泽东思想作为专业课的理论基础和指导思想，引导学生认真学习，并且充分发挥它对各门课程的思想指导作用。(2) 近三十年来，国内外都出现了许多新的重大问题，如能源问题、公害问题、人口问题等。对这些问题的研究给政治学、经济学、法学、社会学、哲学等学科增加了许多新内容。我们的有关专业应当增设相应的课程或在原有的课程中增加有关的内容。(3)随着在人文、社会科学的实际工作和科学研究中引进了计算机等现代化手段和逐步采用了像建立数学模型进行定量分析这一类的现代化研究方法，有关专业应当增设计算机、专业数学或其他有关的科学技术课程。

3. 认真总结历史经验，加强学生与社会的联系。学生在学校里主要是学习间接经验。但是，直接接触社会，接触工农，参加结合专业的社会实践也是十分必要的。它能使学生加深对所学知识的理解，有利于培养学生观察、分析问题和调查研究的能力，对帮助学生树立正确的世界观也有重要的作用。

4. 积极培养学生的能力。传授知识和培养能力是相辅相成的。没有一定的专业知识，培养能力就没有基础；如果只是传授知识而不注意能力的培养，就不可能使学生独立地、创造性地进行学习和工作，也不可能真正地掌握知识。根据文科培养目标的要求，我们认为应当培养文科大学生具有阅读能力（包括古汉语）、写作能力、外语能力、分析和综合能力、社会调查能力以及对事物进行定量分析的能力等。

五、加强科学研究，提高师资水平

目前，高等学校文科师资队伍的水平与面临的形势及任务很不适应，存在着许多问题。如队伍老化，青黄不接，后继乏人；中年骨干担负的教学和行政任务过重，与进修提高有矛盾；青年同志的业务基础不强；某些空白、薄弱学科缺乏教师等。因此，提高师资队伍的水平也是加强和发展我国文科高等教育的一个迫切问题。

提高师资队伍的水平，对不同的人应有不同的要求和做法。但从总体上来说，关键在于通过开展科学研究工作提高教师的学术水平。这就需要合理安排教师的力量，把教学和科学研究工作统一组织好。要根据国家需要和本专业的实际制定研究任务和规划，要提倡扎扎实实、刻苦钻研的学风。我们应当在最近十几年内，从中青年教师中逐步培养出一批在国内外具有第一流水平的文科各学科的优秀学者、学术带头人。如果我们不去努力实现这个设想，就会给我国文科高等教育的发展造成极为不良的影响。

在教师的培养提高工作中应当注意加强与实际的联系。我们认为，文科师资队伍目前存在的最大弱点是对当代国内外的实际（包括理论和实践）了解不多，研究更少；解决当代与本门学科有关的实际问题所需的业务基础和能力不强。教师的脱离实际造成了教学和科研工作的脱离实际。它影响了教学质量，满足不了学生的要求，使科研工作不能为解决社会实际问题提出理论、政策和办法。所以，提高文科师资队伍水平的一个战略性指导思想应当是：深入实际，认识实际，研究实际。只有这样它们才能为学科的发展和社会的进步做出贡献。

建国以来我国文科高等教育的几点经验教训[1]

建国以来，我国对旧中国的文科高等教育进行了根本的改造，确立了社会主义的文科教育制度，教学内容和教学方法有了很大的改革和进步。文科高等教育事业的规模也得到了发展。三十年来，文科培养的大学本科和研究生毕业生达 34 万余人。他们绝大多数已经成为我国经济、政法、文化教育和某些管理部门的骨干力量。这些成绩的取得，为今后进一步改革和发展我国社会主义文科高等教育奠定了基础。但是也必须看到，过去这些年来我们对文科高等教育在社会主义建设中的重要地位与作用，是认识不足的，在办学的指导思想上也犯过不少错误，主要是左的错误。在“文化大革命”中，林彪、康生、“四人帮”对高等教育的严重破坏，文科更是首当其冲，受害最甚。粉碎

[1] 本文由郝克明、汪永铨、陈学飞共同撰写。

“四人帮”后，我国的文科高教育虽然有较快的恢复和发展，但是还远远不能适应社会主义建设的需要。

回顾三十年来我国文科高等教育发展的历史，一些重要的经验教训值得认真总结。

一、要正确认识文科高等教育在社会主义建设中的重要地位和作用

高等学校文科是培养人文、社会科学各个学科的专门人才和国家各种事业管理人才的重要基地。它的发展和提高对于我国现代化经济建设和精神文明的建设具有十分重要的作用。建国以来，我国的文科高等教育虽然有所发展，但是总的来看，文科高等教育没有受到应有的重视，高等学校文科本科生占在校大学生的比例，从1952年院系调整以来，基本上是逐年下降的，与世界发达国家和发展中国家相比，是太低了。对文科高等教育的重要性认识不足，从指导思想上检查总结，有两个值得注意的经验教训。

第一，关于培养文科各门学科的人才与社会主义现代化建设的关系问题。建设社会主义的现代化强国不仅需要一支强大的科学技术队伍，而且需要一支强大的马克思主义理论队伍和文化建设队伍，需要一支强大的能适应社会主义建设需要和现代科学技术发展水平的管理队伍。从科学的意义上来说，社会的前进是自然、技术科学，人文、社会科学，哲学的发展和应

用以及它们之间互相影响、互相促进的结果。对这几方面偏废、忽视任何一方面，都会对社会的发展带来不利的影响。人类社会发展的历史表明，哲学社会科学的发展常常是一切社会经济发展、科学进步和政治变革的前导。17 世纪欧洲所发生的具有伟大历史意义的科学革命就是以文艺复兴时期发展起来的先进的社会思想为前导的。18 世纪法国爆发的伟大的思想启蒙运动则为 1789 年的法国大革命和后来许多国家的资产阶级革命以及现代工业和科学技术的发展奠定了思想基础。而马克思、恩格斯所创立的马克思主义哲学、政治经济学和科学社会主义，则创造了整整一个无产阶级革命的时代。中国革命的胜利就是马克思列宁主义和中国革命实际相结合的产物。人文、社会科学，当它正确地反映了社会现象和社会发展规律，它就能对科学技术和生产的发展，对社会的前进起巨大的推动作用，但是如果不重视人文、社会科学的研究，在理论上和实践上违背了社会发展规律，就会给社会带来巨大的灾难，它的影响比起自然科学上的差错来说，往往是带有全局性的。前些年我们在政治上和经济上的许多失误所造成的损失和所付出的代价并不完全是由于我们科学技术水平低造成的，而是由于我们对中国的国情缺乏认真的研究，对在像中国这样一个人口多、底子薄的大国建设社会主义的客观规律没有很好掌握，也就是和我们在哲学、科学社会主义、经济学、政治学、法学、社会学以及各种管理科学等方面的水平不高分不开的。过去我们在加强自然科学、技术科学的研究，发展理工科高等教育的同时，忽视培养这方面的各种专业人才，不能不说是一个深刻的教训。

人文、社会科学也是人类精神文明的结晶。社会主义的精神文明不仅包括科学、教育、文化，而且包括共产主义的理想、信念、道德、情操、纪律和良好的学风等。建设社会主义的精神文明，从根本上来说，就是要繁荣在马克思主义指导下的人文、社会科学的研究，使人文、社会科学成为人们精神世界最宝贵的食粮。党的六中全会通过的《决议》指出："要在全党大大加强对马克思主义理论的研究，对中外历史和现状的研究，对各门社会科学和自然科学的研究。"这反映了全国广大人民群众的共同心愿，也是对从事文科高等教育工作同志的巨大鼓舞和鞭策。

第二，关于如何正确认识高等教育在培养文科各门学科的人才和国家管理干部中的作用问题。文科高等教育之所以不被重视，这与长期以来存在的认为文科各门学科的人才以及国家各项事业的管理人才主要应通过实践来培养，不必经过大学教育的思想有关。应当看到在一定的历史条件下，培养某些方面的人才可以主要通过"在干中学""在战争中学习战争"的办法，但即使是这样，也不能否认学校的提高作用。我们现在是处在社会主义建设的时期，需要大批精通专业知识的人才。列宁在十月革命胜利以后就说过："要管理，要建设国家，就应当拥有具备管理技术、治国经验和经济经验的人才……要管理，就要内行，就要精通生产的一切条件，就要懂得现代高度的生产技术，就要有一定的科学修养。"还应当看到近几十年来现代化生产和科学技术的迅速发展，以及人类知识的急剧增长。随着科学、技术和社会的发展，现代科学在继续高度分化的同时，出现了综合化、整体化的趋势，自然科学、社会科学及其分支互相渗透，纵横交错，越来越要求各种学科的研究人员以及国家和各个事业单位的管理人员、决策人员具有更加广博的知识。在这种新的形势下，仅通过自己的实践经验去获得必要的科学知识是很困难的。当然我们也要看到有些理论家、管理家、文学家是依靠自学和实践成才的，但这同样是他们经过长期刻苦的学习人类科学文化知识的结果，我们决不能因此就否认高等教育的必要性。过去由于我们片面强调“在干中学”，在新中国成立以后，未能适应新的形势，有计划地组织大批干部到高等学校进修、学习，加强和发展文科高等教育，以至我们的干部队伍虽然具有实践经验比较丰富等许多优点，但较普遍地存在着专业知识和科学文化水平低的弱点。据了解，目前财经系统的干部中，大专毕业生只占 2.9%，人民银行系统的业务人员大专毕业生只占 2.1%，法院系统的干部队伍中大专毕业生只占 3.5%，检察院系统仅有 2.2%。一机部对 249 个重点企业、2400 多个工厂厂级领导干部的文化水平进行了调查，其中小学和初中文化程度的厂长占 64.3%，高中和中专程度的占 21.4%，大学毕业的占 14.3%。干部队伍的这种知识结构已经成为我国现代化建设遇到困难和发生失误的因素之一。这是一个非常深刻的教训。

二、坚持马列主义毛泽东思想的指导，正确处理马列主义毛泽东思想基本原理与各门学科之间的关系

三十二年来，高等学校文科在组织师生学习马列主义毛泽东思想，以马列主义毛泽东思想为指导，改革教学内容和教学方法，提高学术研究水平方面取得了很大的成绩。

人文、社会科学各个学科，必须以马列主义、毛泽东思想为指导思想和理论基础。这是我们社会主义大学和旧中国以及资本主义国家大学最根本的一个区别。人文、社会科学是有鲜明的阶级性的。列宁曾经指出："在建筑在阶级斗争上的社会里是不会有'公正的'社会科学的。全部官方的和自由派的科学都这样或那样地为雇佣奴隶制辩护。而马克思主义则对这个奴隶制宣布了无情的战争。"否认马列主义毛泽东思想的指导地位，文科各学科的思想体系和核心内容必然会受到资产阶级的思想影响。实践证明，只要我们稍一放松，没有理直气壮地坚持马列主义毛泽东思想的宣传教育，文学、艺术、政治、经济、法律、历史各个方面的错误观点、理论、思想就会抬头。我们要使学生在对待和研究纷繁复杂、千变万化的社会现象过程中，坚持正确的立场、观点和方法，把握社会生活的客观规律，使所学的专业知识为无产阶级、为社会主义事业服务，就必须认真加强马列主义毛泽东思想的学习。马克思主义不仅是无产阶级的世界观和方法论，而且是人类生产斗争、阶级斗争、科学实验的科学总结，是关于自然和社会最普遍发展规律的科学，

因此它是指导教学和学术研究工作最有力的思想武器。过去千千万万的学术工作者虽然孜孜不倦、勤奋研究，但是由于找不到正确的理论指导，他们的科学成就大大受到限制，有的甚至在错误理论的支配下误入歧途。新中国成立以后，哲学、社会科学的研究工作所取得的一定的成绩，是和马克思主义的普及和指导作用分不开的。

怎样加强马克思主义对各门学科的指导？这些年的经验教训是非常深刻和宝贵的。这里试就两点谈谈粗浅的看法。

1．要处理好马克思主义思想指导与各门学科的关系。1958年提出要加强马列主义的学习和加强马列主义对文科的指导是完全必要的和正确的，但要求文科各系的课程都要以马列主义毛泽东思想为纲，这就忽视了许多学科和课程的特点。1960年又提出大学文科必须按照党校办学的方针实行彻底的改造。这样做的结果又进一步削弱了许多专业课的教学。例如北京大学中文系1958年以前陆续开设的不少专业课程都停开了。1961年曾对中文系五年级学生进行过一次调查，在一个班的31人中，有一半人没有读过韩愈、柳宗元、白居易、李商隐、王维等人的主要作品，有的人竟举不出一篇李白和白居易作品的名称。历史系的许多学生也是只记住一些历史规律，而对许多重要的史实、史料则没有很好掌握。对于这些问题，1962年调整时曾进行过纠正，但是由于从指导思想上认真清理总结不够，到1966年“文化大革命”期间，这些左的倾向又发展到了极端。以北京大学为例，当时文科各系各专业的课程主要有三种，即毛泽东思想课、两条路线斗争史课、大批判课。1970 年恢复招生后，有些学校还酝酿文科各系各专业合并为一个大文科，任务就是宣讲马列主义毛泽东思想。如果真按这种意见办，取消文科的其他各个学科，实际上也就取消了马列主义毛泽东思想对文科各个学科的指导作用，那么我们将会变得对社会发展的许多复杂的运动现象和具体规律无知，因此，我们感到必须正确处理马克思主义思想指导和各门学科的关系。马克思主义的三个组成部分，马克思主义哲学、政治经济学、科学社会主义是社会科学的重要组成部分，也是社会科学各门学科的指导思想和理论基础。马克思主义对文科的指导作用，包含着两个方面的含意。第一，它指明了整个文科高等教育的方向，把文科各门学科置于无产阶级思想体系指导之下，使之为社会主义事业服务。第二，它为文科观察社会现象，研究社会问题，提供了正确的立场、观点和方法，是推动文科各门学科不断发展前进的强大的思想武器。如果把马克思主义对其他学科的指导关系夸大为代替关系，那么就不但取消了其他学科，也就从根本上取消了马克思主义的指导作用。

马克思主义对文科的指导作用，不等于每门课都要以马列主义毛泽东思想为纲。为了使学生掌握马列主义的基本理论，用它更好地指导本专业学科的学习和研究，大学文科开设马列主义政治理论课程以及与本学科有关的马克思主义理论课程是完全必要的，但是正如毛泽东同志所指出的："科学研究的区分，就是根据科学对象所具有的特殊的矛盾性。因此对于某一现象的领域所特有的某一种矛盾的研究,就构成某一门科学的对象。”每门科学都有自己确定的研究对象,都有自己的共同规律和特殊规律。文科的各个学科都是研究社会某一特殊运动形式规律的科学。所谓“纲”指的是各个学科本身包含的主要矛盾和所要解决的主要问题。它只能从各个学科提出,根据各门学科的研究对象,具体地加以确定和解决。马克思主义只能指导各门学科,给它以正确的世界观和方法论,而决不能成为文科所有各门学科的纲和主要内容。如果文科各门课程都要以马列主义毛泽东思想为纲,就会用马列主义理论学习代替对各门学科的学习和研究,就会抹杀许多学科的具体研究对象、具体矛盾和特殊规律,就会把马克思主义由各门学科的指导思想变为各门学科的研究对象和主要内容,实际上也是降低和削弱马克思主义的指导作用。

以马克思主义为指导,也不是要增多马列主义理论课的学习时间,甚至使之在任何专业学时都占得最多,挤掉、减少其他专业课的学时,更不是可以轻视专业课的学习,而是使马克思主义成为指导各门学科的世界观与方法论,贯彻在整个教学、科学研究的过程中。

2. 要正确发挥马克思主义在各门学科中的指导作用。马克思主义的基本原理是人类生产斗争、阶级斗争、科学实验经验的科学总结,是经过实践反复检验了的真理。但是,“马克思列宁主义并没有结束真理,而是在实践中不断地开辟认识真理的道路”。前些年由于林彪、康生、“四人帮”制造现代迷信,用“天才论”“顶峰论”禁锢人的思想，剥夺了理论工作者创造性地研究社会科学的权利。具有伟大历史意义的党的三中全会，批判了“两个凡是”的错误方针，高度评价了关于实践是检验真理的唯一标准的讨论，恢复了党的马克思列宁主义的思想路线，为社会科学的教学和科学研究开辟了广阔的道路。

马克思主义为我们提供了观察社会问题的世界观和方法论，我们的任务是，运用马克思主义的立场、观点和方法，从各个学科研究对象的客观实际出发，搜集和掌握丰富的资料，进行科学的、周密的调查和研究工作，从客观实际中得出科学的结论。恩格斯说：“即使是在一个单独的历史实例上发展唯物主义的观点，也是一项要求多年冷静钻研的科学工作，因为很明显，在这里只说空话是无济于事的，只有靠大量的、批判地审查过的、充分地掌握了的历史资料，才能解决这样的任务。”这就要求不仅要认真学习马列主义毛主席著作，而且要有各个学科渊博的知识，要有扎扎实实、实事求是的良好学风和在科学上不畏劳苦、勤奋钻研的科学态度。过去一段时间里，由于我们对于如何运用马列主义毛泽东思想指导各门学科认识得不够全面，对于认真掌握各学科的知识和资料，树立严谨的、科学的学风的重要性认识不够，又要求过急，在一些学校曾提出所谓“三年内建立以马列主义毛泽东思想为指导的各门课程的新体系”等不切实际的口号，这就必然出现某些简单化甚至庸俗化的情况。表现在教学工作中往往只讲抽象的原则、结论和规律，而对必要的事实、材料、作品、人物则讲得很少。表现在科学研究工作中往往不是从客观实际出发，研究事物发展的具体规律，而是把马列主义的原理、原则、公式套到各种事物上去；客观事物不是被当作研究工作的出发点，而是当作了理论、原理的注脚。十年动乱中，“四人帮”为了篡党夺权，大搞实用主义，任意篡改马克思主义，败坏党的优良学风，严重破坏了马克思主义对各个学科的指导作用，我们必须认真汲取这些历史的经验教训。

三、正确对待几千年来人类思想和文化发展中一切有价值的成果，处理好批判和继承、借鉴的关系

我们的祖国有着五千年的悠久历史和灿烂文化，又是当前世界上具有重要影响和作用的社会主义大国。批判地继承我国和世界上人类思想和文化发展中一切有价值的成果，是我们社会主义大学文科的一项重要任务。

毛泽东同志在谈到文艺问题时指出：“我们必须继承一切优秀的文学艺术遗产，批判地吸取其中一切有益的东西。”这不但是在文艺领域里，也是在其他所有学科领域里对待历史的和外国的文化学术遗产的唯一正确的方针。对待文化学术遗产必须采取审慎的、批判的态度，在批判的基础上加以继承，只批判不继承，我们就不能吸收文化学术遗产的精华，就不能产生和发展无产阶级的学术文化。列宁说：“无产阶级文化应当是人类在资本主义社会、地主社会和官僚社会压迫下创造出来的全部知识合乎规律的发展……只有确切地了解人类全部发展过程所

创造的文化，只有对这种文化加以改造，才能建设无产阶级的文化。”

建国以来，文科高等院校的教师，以马克思主义思想为指导，按照批判地继承的方针，在整理研究历史文化遗产、培养人才方面做了大量的、艰苦的工作，取得了不少成绩。这是对旧大学文科改造的一个重要成果。但三十年中我们确曾出现过少数人只讲继承、不讲批判、崇洋颂古的倾向，而从整体看来，在相当长一段时期，由于“左倾”思想的影响，存在着片面强调批判，不讲继承的虚无主义倾向。使文科高等教育和学术研究工作受到了严重的损失。

不能正确对待文化学术遗产的思想根源是，把文化学术遗产简单地一概看作封资修，是反动的、被歪曲了的伪科学，它们不但无用，而且会毒害无产阶级。诚然，剥削阶级为了维护本阶级的统治和利益，戴着有色眼镜观察社会，他们对社会发展的解释、学说、理论无疑是有许多局限性，而且许多是错误的甚至非常反动的。但是人文、社会科学的学术遗产并非都是剥削阶级创造的，这里面有许多劳动者阶级及其代表——进步的学者宝贵斗争实践的总结。另外，对剥削阶级的学术著作、作品也要做具体分析。剥削阶级在不同历史时期对社会所起的作用不同，他们的一些理论、观点、思想，也有某些部分或在某些时期反映了客观真理。列宁把黑格尔的辩证法称作“最完整深刻而无片面性弊病的关于发展的学说”。他在谈到古典政治经济学时说：“亚当·斯密和大卫·李嘉图研究经济制度的时候奠定了劳动价值论的基础，马克思继承了他们的事业。”他在指出初期的社会主义是空想社会主义的同时，又肯定了这种学说是揭露了“自由”资本主义制度对劳动者的压迫和剥削并反对这种压迫的。列宁正确地指出，马克思主义绝不是离开世界文明发展大道而产生的故步自封、僵化不变的学说，恰恰相反，它的产生正是“哲学、政治经济学和社会主义的最伟大代表学说的直接继续”。马克思主义经典作家尚且没有抛弃资产阶级时代最宝贵的成就，继承和吸收了人类思想和文化发展中一切有价值的东西，那么人文、社会科学各个学科本身当然更不能对学术文化遗产采取完全抛弃的态度。对于资本主义发展到没落时期的现代资产阶级人文、社会科学，虽然各种思想流派提出的观点大多数是为帝国主义资本主义制度辩护的，是为缓和阶级矛盾、扼杀革命服务的，但是对不同的学科以及具体的学者、著作也要采取具体分析的态度。在这里我们要注意把资产阶级科学工作者对社会现象总体的结论和在某些局部问题、具体问题上的阐述和见解区别开来；把作者的政治立场、世界观和作品的艺术技巧区别开来；把作者对一些问题的结论和他们所运用的事实材料区别开来。列宁在分析资本主义国家泰罗制时指出：“它一方面是资产阶级剥削的最巧妙的残酷手段，另一方面是一系列的最丰富的科学成就，即按科学来分析人在劳动中的机械动作，省去多余的、笨拙的动作，制定最精确的工作方法，实行最完善的计算和监督制等。”认为“应该在俄国研究与传授泰罗制，有系统地试行这种制度，并且使它适应下来”。又如恩格斯对巴尔扎克的评价，指出“他的全部同情都在注定要灭亡的那个阶级方面”，同时他又说：“巴尔扎克，我认为他是比过去、现在和未来的一切左拉都要伟大得多的现实主义大师。”同样出身于贵族的托尔斯泰是一个狂热的基督徒和地主，但列宁却说：“托尔斯泰是一个天才的艺术家，创造了世界上第一流的作品，我们无产阶级要接受这份遗产，要研究这份遗产。”另外，如语言学、历史学和考古学的某些方法，经济学和管理科学中某些学科的内容（如会计、统计）和方法，教育学中某些生理和心理活动的基础，文学艺术的创作手法和艺术技巧，社会科学研究的某些手段和方法等，更不能都斥之为反动，拒绝吸收。

不能正确对待文化学术遗产的另一个重要原因，就是在思想认识上违背了马克思主义关于历史唯物主义的基本原理。历史上一切伟大的思想家、作家、艺术家及其著作、作品都是他们所处的时代的产物。我们不能要求古人有现代无产阶级的世界观。我们也不能因为一些伟大著作和作品的作者没有无产阶级的世界观，就认为这些作者的著作、作品都不能对建设社会主义的精神文明，培养人的高尚情操和道德品质起积极的作用，甚至只能起反动的作用。在现实生活中，黄继光、董存瑞、刘胡兰、雷锋、焦裕禄等这些伟大的共产主义战士的英雄业绩和思想品德对人们起着极大的榜样作用；同样，反映历史上的民族英雄和杰出人物的小说、戏剧等也对人们起着教育和激励、熏陶的作用。列宁曾经尖锐地批评在宣传无神论的工作中没有及时地把 18 世纪末人类对宗教的批判和宣传无神论的文献翻译出来，传播到群众中去。列宁说:“一个马克思主义者如果以为，被整个现代社会置于愚昧无知和囿于偏见这种境地的千百万人民群众（特别是农民和手工业者）只有通过纯粹的马克思主义教育的这条直路，才能摆脱愚昧状态，那就是最大的而且是最坏的错误。”列宁还谆谆教育青年 :“只有用人类创造的全部知识财富丰富自己的脑头，才能成为共产主义者。”

与此相联系的是如何正确处理古与今、中与外的关系。关于古与今的关系，多年来我们有两个口号。一个是厚今薄古。如果说它是指应当注意研究当前的问题、现实的问题，反对只注重研究古代的问题，甚至颂古非今的倾向，这无疑是正确的，也是今后应当坚持的。但是过去在执行的过程中往往将这个针对社会科学教学与科学研究的全局所提出的口号机械地套用到具体的学科，甚至解释为可以不要重视历史、不要重视历史遗产的研究。在教学上则把厚与薄简单地看作教学分量的轻重。另一个口号是古为今用。正确理解这个口号是指学习和研究古人的目的是为了总结过去的经验教训作为今天的借鉴，继承和吸收古代文化遗产的精华，建设和发展社会主义新文化。这绝不是要求讲授和研究古代的每一件事都要和现实进行联系。我们过去在贯彻执行这个口号时也有简单化的缺点。

在借鉴外国的问题上，要注意两种倾向。（一）对外国的学术文化和经验要采取马克思主义的实事求是的分析态度，吸收外国一切对我们有益的东西，决不能生吞活剥、毫无批判地吸收和盲目照搬。要鉴别哪些是应该学习和值得借鉴的，哪些则是资产阶级的腐朽东西应该加以抵制和反对的，真正做到取其精华，弃其糟粕。学习外国的一些好的经验也要通过我们自己的分析研究和实践，来鉴别是否适合我国的国情，能否在我国取得应有的效果。有位著名的外国教育学家说："我们不能像小孩游园那样，乐滋滋地漫游于世界教育制度之林，从一棵树上摘取一朵花，从另一棵树上摘取一些叶子，并且希望把所搜集到的东西种在自家的土地上，就会得到一棵活的树。"这段话对我们是很有启示的。（二）要反对闭关自守，夜郎自大，不去了解和学习外国。列宁同志说过，要"睁开眼睛来看资产阶级科学，注意它，利用它，批判地对待它，不放弃自己完整的和确定的世界观"，一个人产生了"不可宽恕地'闭眼不看'现代'思想动态'的态度，他距离马克思主义之远也可想而知了"。应该说，由于时代的发展，社会出现了许多新的现象，向我们提出了许多新的问题，需要我们去回答。外国某些人对这些现象和问题的解释与回答，在某种意义上说是对马克思主义的一种挑战。我们要捍卫、发展马克思主义，就要"知己知彼"，才能"百战不殆"。只有比较透彻地了解和研究外国的东西，我们才能从本质上批判它，揭露它，也才有可能吸收其中可能存在的某些合理的内核，真正做到"洋为中用"。

四、坚持理论与实践相结合的原则，正确处理理论与实践的关系

文科高等教育和其他学科一样，应当在教学过程的组织上、

教学内容和方法上贯彻执行理论与实际相结合的原则。回顾三十年来的经验教训，我们认为，文科高等教育贯彻理论联系实际的方针，在指导思想上应注意以下几个问题：

1. 学校应当以教学为主，以学习间接经验为主，要正确处理好学习间接经验与直接经验的关系。就人类掌握知识的总体过程来说，一切知识来源于直接经验和实践。但是从一个人掌握知识的过程来说，青年时代接受学校教育的阶段，应当以学习间接经验和知识为主，不可能也不必要事事亲身实践取得直接经验来积累知识。而在参加工作以后则以实践为主，边实践，边学习。前者是后者的准备，后者是前者的深化和全面化。

学生在学校里主要是学习间接经验，但是直接接触社会，参加结合专业的社会实践，学习和获得一些直接经验也是十分必要的。经验证明，它能使学生加深对所学知识的理解，有利于培养学生观察、分析问题和调查研究、独立工作的能力，对帮助学生树立正确的世界观也有重要的作用。因此我们在纠正过去左的错误的时候，绝不可走到另外一个极端，让大学生在学习期间完全关在学校里读书。根据过去的经验，组织学生参加与本专业内容有关的社会调查或实习，是直接接触社会的一种好的形式。目前可以在教学计划里先安排一至二次时间不少于一个月的社会调查，并制订出一套比较完善的办法和制度。

2. 教学应当贯彻理论联系实际的原则，使学生学到活的知识，有独立工作能力，但是教学必须使学生获得本专业系统的完整的基础和专门知识。1958 年以后一段时间里，过分强调通过参加生产劳动、阶级斗争、科学研究任务进行学习。“文化大革命”时期的种种做法，破坏了知识的系统性、完整性，使学生学到的知识是支离破碎的、片面的，也是无法运用的。而且把教学引向完全服从当时的某种政治需要，被“四人帮”之流的坏人所利用，这是十分有害而危险的。

3. 教学、科研工作应当引导学生着重了解和研究国内外当前的实际，同时还要根据各个学科不同的性质、特点，在理论联系实际方面不要做简单、划一的要求。毛泽东同志指出，教哲学的应引导学生研究中国革命的逻辑，教经济学的应引导学生研究中国经济的特点，教政治的应引导学生研究中国革命的策略，教军事学的应引导学生研究适合中国特点的战略战术。毛泽东同志的这些光辉论述今后仍然是文科教学工作的方针。这些年来贯彻毛主席的这些指示虽然取得了一定的成绩，但是目前在这方面仍然存在不少问题。表现在教学内容中讲一般理论概念多，紧密联系当前中国的政治、经济、法律、管理、文学艺术、文化教育的状况和存在的问题进行讲解很少；科学研究工作中研究现状的空气不浓；不少教师对当代国内外实际了解和研究很少，解决当代本门学科有关的实际问题所需的业务基础和能力不强。从客观条件上说，教师很难看到与本学科有关的国家的各种资料、情报、文件、统计数字，参加与本学科有关的调查研究和实践的活动的机会也比较少。这种状况如不改变，教学质量是很难提高的，科学研究工作也不能为解决社会实际问题提出理论、政策和办法。因此，我们必须在理论联系实际方面做极大的努力，使大学文科不仅能为社会主义建设培养高质量的专门人才，而且能在为国家制订社会主义建设事业的方针、政策、战略、决策提供理论、思想、办法、建议方面发挥积极的作用。由于学科的性质不同，这方面不应做简单、划一的要求。而且各门学科的发展有一定的独立性，许多问题是从学科研究本身提出的，一时可能还看不到它的实际价值。

三十年来我们文科高等教育的经验教训是非常丰富和深刻的。我们相信在党的十一届六中全会通过的《关于建国以来党的若干历史问题的决议》的指引下，通过认真的调查研究和总结经验教训，进一步提高对文科高等教育规律的认识，必将使我国的社会主义文科高等教育事业得到更好的发展。

发展高等教育科学的几个问题

党的第十二次全国代表大会把教育列为今后二十年内经济发展的战略重点之一，这是一项十分重大和正确的决策。现在，摆在教育战线各级领导和全体教育工作者面前的任务是：制定正确的政策和规划，采取合理而有力的措施，齐心协力，努力工作，使我国教育事业的发展适应社会主义现代化建设的需要，真正起到作为一个战略重点所应起的作用。我认为，要做到这一点就必须大力发展教育科学，有计划、有组织地开展教育科学的研究工作，探索和掌握教育发展的规律，使我们制定的政策、规划和措施都建立在符合教育发展规律的科学基础上。只有这样，我们的教育事业才能得到迅速的、健康的发展。下面，仅就发展高等教育科学的问题，提出一些粗浅的看法。

一、高等教育科学是一个专门的科学领域，应当重视和加强这一学科的科学研究工作，经过长期努力，逐步建立一个比较完整的马克思主义高等教育科学体系

我们知道，自从有人类的时候起就存在着教育这一社会现象。但是，在国外直到 17 世纪，教育学才作为研究教育现象、揭示教育规律的一门专门的科学从哲学中分离出来。高等教育的情况更是如此，它虽然有着很长的历史，但是直到 20 世纪 50 年代还没有被认为是一个专门的科学领域。在这以前，一些大学校长、教授曾经先后提出过不少关于高等教育某些问题的个人见解；个别学者对高等教育的历史、各国高等教育的比较进行了初步的研究；有的大学还开设了有关高等教育的课程。但是，总的说来还没有对高等教育发展进行全面的、历史的、科学的观察、研究和总结，高等教育科学还远远没有形成。

第二次世界大战结束后，由于社会、政治、经济条件的剧烈改变，由于科学、技术的巨大发展，情况有了很大变化。50 年代以后高等教育的规模在全世界有了前所未有的发展。它已经由过去只能由少数人享有的“英才”教育阶段，向“大众化”的阶段过渡；它和社会、政治、经济的相互制约关系越来越紧密。在这种情况下，高等教育与社会需要之间的矛盾，高等教育内部的矛盾也就越来越明显和突出地暴露出来。研究高等教育、改革高等教育成了一种社会要求。这种形势促使一批学者、专家开始对高等教育进行比较广泛和系统的调查与研究，逐渐

形成了专门研究高等教育的专业队伍，建立了许多专门的研究机构、学术团体和其他组织，出版了大量的高等教育的专门刊物、著作和报告。高等教育逐渐被承认为一个专门的科学领域，作为教育科学一个重要组成部分和分支学科的高等教育学正在逐渐形成。在美国，据不完全统计，到 70 年代中期全国约有高等教育学教授 800 人，有 67 个培养高等教育领域的哲学博士或教育学博士的计划。到 1974 年止已获得此项博士学位者超过 3500 人。当年在校攻读此项博士学位者达 4000 人以上。美国政府、民间学术团体和有关的基金会为高等教育研究工作提供了许多的资助，仅卡内基高等教育委员会就在五六年的时间里赞助完成了数百篇报告和六七十本专著。在苏联，教育科学院和高等及中等专业教育部都设立了高等教育研究的单独机构，70 年代已经出版了高等教育学原理、高等教育心理学、高等教育史等方面的专门学术著作。

尽管高等教育科学研究有了很大的发展，但是由于高等教育是一个很复杂的社会现象，由于对它的研究还只是刚刚开始，因而人们迄今还没有完全掌握它的发展规律，一些研究成果还没有完全摆脱“个人见解”的成分，或者还停留在描述、经验总结的水平上。可以说，高等教育科学迄今还没有形成自己完整的理论体系和方法论，它还只是一个正在形成而远没有成熟的学科。而且，在学术界和社会上也还有一些人对高等教育是不是一个专门的科学领域表示怀疑甚至持否定态度。

高等教育是不是一个专门的科学领域？答案应当是肯定的。

马克思主义认为，不同类的运动形态有着不同的固有规律，因而有了科学的分类。高等教育这种社会现象是一种特殊的高级运动形态，它有着自己的特殊矛盾。传统的教育学只研究普通教育的问题，高等教育虽然和它有某些共性，但更主要的是有自己的特殊性。它和普通教育的不同至少表现在：(一）教育的对象不同。这就不但有由于年龄特征引起的生理、心理上的不同，而且还有由于对象所处社会地位不同而引起的差异。(二）与外部社会的关系不同。社会对普通教育的要求是对青少年实施普通文化科学知识教育，而对高等教育的要求则是培养社会发展所需要的各种各样的专门人才。因此，社会对这两种教育发展所起的决定作用和这两种教育对社会发展所起的促进作用都很不相同，即这两种教育与社会的相互制约关系是不同的。上述这些差异也同样存在于高等教育与普通教育以外的其他类型教育之间。这些差异的存在说明，高等教育有它自己的特殊矛盾，因而必然有这种矛盾发展所遵循的客观固有规律，也就是说它是一个专门的科学领域。

不能把对于这个问题的讨论与认识只是看作一个学术问题。实际上它对高等教育的实践与发展有很大的影响。因为，只有承认高等教育科学的存在，我们才会有意识地去研究它，才会逐渐认识高等教育的规律，才会时刻注意把我们的政策、规划和行动建立在科学的基础上，使它们符合这种规律。我认为我们过去在高等教育工作中产生失误的原因之一正是对这一点认识不足，因而不能不受到规律的惩罚。

在我国，过去虽有个别学者从事过高等教育科学的学术研究工作，但是，有一定数量的专门组织和队伍来进行这项研究则是1978年以后才有的事。据中国高等教育学会筹备组的统计，截至1982年12月止，全国已有17个省市建立了高等教育研究组织或筹备组织；高等学校成立研究组织的已超过200个。近年来，高等教育的学术活动日益活跃，写出了大量的报告和论文，出版了或正在编写一些专著。可以说，高等教育科学研究工作已经有了一个十分可喜的开始。

但是，在看到这些进展的同时还应该看到，对高等教育科学的认识还远远没有统一。高等学校老师中的多数以及从事高等教育管理工作的有些同志实际上并没有认识到或者并不承认高等教育是一门科学。一种流行的看法是：办好高等学校需要的是各门各类的科学和马克思主义的一般指导，并不需要什么高等教育科学；管理干部和教师的专业学术水平越高，学校也就必然办得越好，并不需要他们有什么高等教育科学的素养。这是一种有害的观点。它使我们在高等教育的管理和教育过程中出现了一些失误。如：以马克思主义的一般原理代替高等教育科学的具体规律；以狭隘经验甚或主观想象、良好愿望代替高等教育科学来指导实践；在教育过程中只重视专业科学知识本身，忽视教育的各种因素与特点；只注意教育内部的矛盾不重视教育与社会的制约关系等。我认为，不认识或不承认高等教育科学的存在正是产生这些失误的一个认识上的根源（至于"四人帮"对高等教育的摧残与破坏则出于他们反革命政治目的的要求，那完全属于另一种性质的问题了）。

因此，我们一定要认真吸取过去的教训，充分认识发展高等教育科学的重要意义；我们应当重视和加强高等教育科学研究工作，自觉地去努力探索高等教育的发展规律；我们应当力求把一切决策和行动都建立在符合高等教育规律的科学基础上。只有这样，我们才有可能少犯错误，高等教育事业才有可能迅速地、健康地发展。还应当进一步看到，如前所述，国际上对高等教育科学的研究虽然比我们早起步三十年左右，但目前也还没有形成完整的体系。更重要的是，由于社会制度不同、国情不同以及研究的目的、立场、观点、方法不同，我们只能有选择地吸收国外研究的成果。我们的目标是要建设有中国特色的、适应现代化需要的、社会主义的高等教育体系，这个体系应当有它的理论基础，那就是一个完整的马克思主义高等教育科学体系。我们发展高等教育科学应当以建立这样一个体系为目标，它将是世界上真正反映高等教育发展的客观规律的最科学的体系。这也是我国高等教育工作者为人类所应当做出的贡献。

二、高等教育科学研究应当以研究重大现实问题为主，也要重视基础理论的研究工作

如果说可以把一个学科的科学研究工作粗略地分为应用性研究和基础性研究的话，那么高等教育科学研究当前无疑应当以前者为主。这里所说的“为主”在很大程度上是就研究课题

的比重安排和研究力量的使用而言的，丝毫没有可以忽视基础研究的意思。

我国的社会主义经济建设和精神文明建设给高等教育科学提出了一个总课题，这就是如何发展（包括调整、改革、整顿、提高）高等教育事业，使它培养出数量上和质量上都满足国家需要的人才，并为促进国家文化、科学、技术的发展提供成果，做出直接的贡献。这个总课题中包含了许多需要研究的重大现实问题，如发展高等教育所应当采取的各项政策；预测和规划；高等教育的结构；德、智、体、美诸育的内容、方法和过程的改革；高等学校的科学研究工作；师资和管理干部队伍的建设；高等教育行政与学校管理的改革；外国高等教育经验的借鉴等。如果不把主要力量投入到这些问题的科学研究中去，得出可供应用参考的结果，高等教育科学研究工作就脱离了国家需要的实际，脱离了高等教育实践的实际，它就成了无源之水，根本不可能存在和发展，这是十分清楚的。

需要说明的是问题的另一面。这就是对现实问题的应用研究必须建立在科学的基础上，必须防止被一时一事的某些表面现象和个人的某些主观因素引入歧途，以至得出似是而非的结论来。减少这种差错的办法就是把我们所研究的问题放到高等教育发展的历史中去考查，放到整个国家的社会、政治、经济条件及其发展中去考查，放到国际高等教育发展的经验中去考查。因此，高等教育史、高等教育哲学、高等教育经济学、高等教育社会学、高等教育心理学、比较高等教育学等就成了我们进行应用研究的基础。这些领域的发展水平越高，应用研究也就有了越加科学的理论基础与方法。由于发展这些领域正是基础研究的任务，因此基础研究无论从为解决现实问题的需要还是从学科的发展来看都是十分重要的。我们知道，就基础研究在一段时间里进行研究的课题和所取得的成果来看，它似乎与现实问题无关，也看不出它有什么实际意义，但是只要看到它的全部成果乃是应用研究赖以发展的基础，我们就会认识到，重视基础研究是必须做出的一种战略安排。举例来说，我国的近代高等教育从清末开始建立和发展以来，在学习外国经验的问题上走了不少弯路。过去常常在一段时间里照搬甲国的模式，在另一段时间里又照搬乙国的模式，不看国情，盲目照搬，当然不能适应社会的要求。新中国成立后，党和国家提出了洋为中用，走自己的道路，建设有中国特点的社会主义高等教育体系的要求，但是我们高等教育工作者迄今没有完成这项任务。很主要的一个原因就是，我们并没有真正全面、系统、深入地研究过各个不同国家的高等教育，更没有建立起我们的比较高等教育学来。因此，我们往往并不真正了解一个国家高等教育的全部和真实面貌，也不完全掌握它的每一项做法与历史、文化传统、社会、政治、经济的关系，更没有在世界性的比较中对它做出正确的评价。这样，我们在学习外国经验时，结合中国的实际必须扬弃的是什么，可以借鉴的是什么，应当改造的是什么，也就很难做到心中有数，学习外国经验就不能不出现全盘肯定或全盘否定的现象。系统地研究不同国别的高等教育和比较高等教育是一项基础研究工作，从这里也可以看出基础研究对高等教育事业发展的重要作用。还应当说明的是，基础研究虽然十分重要，但并不需要庞大的研究队伍，只要组织得当，它不会影响以应用研究为主的安排。

三、大力加强高等教育科学研究的组织工作和队伍建设工作

我以为，要全面、系统、深入地开展高等教育科学研究，就至少要把三方面的力量组织到研究工作中来。这就是高等教育科学工作者，各级高等教育管理部门（包括高等学校内部）的领导、管理工作者和广大的高等学校教师。可以说高等教育科学研究队伍应当是一支专业人员与群众相结合的队伍。在这一点上它和其他学科是有所不同的。

高等教育科学工作者组成的专业队伍是发展高等教育科学的骨干和核心力量。目前，虽然各地和高等学校建立了不少的研究机构，调集了一些专职研究人员，但是，除少数专家和条件较好的同志外，他们中的一些人虽然有教育科学的基础，但过去并不研究高等教育；更多的人则是从管理工作或其他学科领域转行来的，他们缺乏必需的教育科学基础。这样一支队伍的数量和质量都无法完成发展高等教育科学的任务。当前，如何提高现有人员的水平，增添新生力量，真正建立起一支精干的高等教育科学专业队伍，是一件十分紧迫的任务。为了尽快建立这支队伍，我认为可以采取一些专门措施。第一，由于目

前的力量过于单薄和分散，完全依靠各单位自己进行队伍建设将会遇到很多不可克服的困难。因此，是否可以考虑采取过去高校在建立新学科时曾经采用过的有效办法，即以一两个或两三个有条件的高等学校或研究机构为基地，把全国这支队伍的一部分人集中起来，用一到两年的时间进行培训，系统地学习、讨论和研究高等教育科学的基础知识、理论和有关问题，然后回到各自的单位去，开展研究工作，发展和带领本单位的队伍。第二，在有条件的高等学校和研究单位招收高等教育专业研究生，培养从事高等教育科学的教学、科研和管理工作的高级专门人才。从长远来看，这是建立我国高等教育科学专业队伍的根本途径。由于高等教育科学是一个跨学科性质的科学，高等教育科学必须由过去较多地研究高等教育制度、行政管理等深入到研究各类高等教育（如文科、自然科学、工程技术，甚至部门的高等教育，如冶金高等教育等），研究高等教育的教学和教育过程，所以研究生的来源不应当只限于教育类系科的本科毕业生而应当允许和鼓励各学科的大学毕业生和有实际工作经验者报考，并给他们以方便（如在考试科目上不一定要求他们考教育类的课程）。第三，应当按发展高等教育科学的分支学科和国别高等教育研究的需要，有计划地派遣人员出国进行系统的学习或调查研究。总之，我们应当精心组织，用五年到十年的时间建立起一支有适当规模的质量较高的专业队伍。

与专业队伍建设紧密相关的是科学研究机构的建立问题。在我国的现行科学工作体制下，国家和地方、部门的研究机构与高等学校并存是一个现实。但是由于高等学校本身就是高等教育科学研究的对象和实验基地，所以与其他学科相比，专门研究机构与高等学校的结合应当更为紧密得多。而且还要考虑，设立在高等学校内的研究机构是否比例也应较大。从高等学校本身来看，师范院校固然是发展高等教育科学的带头单位，其他院校也应当积极开展研究。由于各校对本类型的高等教育最为熟悉，还由于有的高等学校学科门类比较齐全适于发展跨学科的新学科，所以非师范院校对发展高等教育科学还有一些有利的地方。一般说来，高等学校主要是结合自己的特点从某一个侧面进行研究。当然，也应当有少数几个点能够比较全面综合地开展高等教育科学研究工作。中央、地方和高等学校设立一定的专门研究机构，这样就可以以它们为骨架形成一个专业队伍与群众研究相结合的高等教育科学研究网了。

在专业队伍与群众性的研究相结合的问题上，主要是专业研究人员应当深入到管理工作和教育过程的实践中去，与管理工作者和教师一起进行调查，开展实验研究。为了更紧密地联系实际，希望各级教育部门的领导，把高等教育科学工作者当作自己的左右手，向他们提出任务，要求他们提供咨询，在决策的时候认真吸收他们的科研成果。如果能够逐步做到有一些领导人、管理工作者和专业教师在高等教育科学研究机构里兼任研究人员，直接进行某些高等教育科学研究工作，甚至有的人在管理或专业教学岗位工作几年就到高等教育研究机构工作一段时间，然后再回到原岗位上去；相反，某些有条件的专业人员兼任管理或教学的咨询性工作，有时也可以离开研究机构做一段时间的管理工作，那么我们的高等教育科学研究工作就将深深扎根于整个教育实践之中，这将对发展我国的高等教育科学起到良好的作用。

四、创造必要的条件

发展高等教育科学还应当创造一些必要的条件，我认为最主要的是：

第一，建立一个全国的教育科学情报中心，其中包括高等教育科学的分部，它与国内外的有关情报源建立广泛的联系，能够完整地掌握国内外高等教育情报，出版自己的刊物，并具有一支情报研究队伍，为全国高等教育科学研究单位提供情报服务。目前，国内已有的高等教育的图书、资料极为缺乏，给研究工作带来了极大的困难。如果各单位自行建立各自的情报资料机构，既为人力、物力、财力所不许，又会造成很多的浪费。与此相关的是有关部门应当为高等教育科学工作者做调查研究工作提供一定的方便，允许他们接触有关的资料，不要把这看作负担，不要把保密范围定得太宽。如果我们的资料情报工作做得比较好，它必将大大加速高等教育科学研究的进程。

第二，高等教育科学是一门实验的科学，如果不进行实验，许多研究成果就失去了科学根据，研究工作就成了纸上谈兵。为此，除了应当给予基层学校一定的自主权（这样就给予了各单位在某些问题上进行实验的可能性）以外，领导部门还应当组织和支持对一些重大问题进行实验，并提供各方面的条件。

高等教育科学急待发展，我们如果能对研究课题、研究队伍和机构以及必要的条件进行全面的规划，高等教育科学一定能脚踏实地地前进。

重视和加强高等教育学的研究[1]

我们首先要把古代教育、外国教育的事实搞清楚，把它的真实情况了解透彻，然后才能从中总结一定的规律，以指导我们的实践。高等教育的发展从洋务运动到现在一百多年中间，学习过英、美、德、法、日本、苏联，走过的道路是很曲折的。从目前的情况看，不论是讲话还是写文章，都说要学习外国的东西，但不要跟着外国走。我认为这个提法很对。不过也给我一种感觉，好像老怕研究外国的东西会跟着外国走。我想，在很多情况下，研究外国的东西并不是想要跟着外国走，而是想真正把它摸清楚，然后看什么东西是可以学习的，什么东西是绝对不能学习的。我们如果总是停留在一个比较肤浅的认识阶

[1] 本文为作者在《中国社会科学》杂志社组织的专题讨论会"教育科学应该有一个大发展"的发言，参加者还有顾明远、成有信、朱智贤、滕纯、黄济、孙喜亭、潘懋元、张维、王逢贤等。

段，那就既谈不到批判，也无所谓继承。

在国外，教育学作为一门独立的科学从哲学中分离出来是在16世纪、17世纪以后。高等教育学的发展更晚，是第二次世界大战以后的事情。各国的发展也不平衡。像美国这样的国家，1974年，得到高等教育学博士学位的已高达3500人，当年在各个大学攻读高等教育学博士学位的还有4000人。当然，美国学术人才培养的消长是受劳动力市场的需要支配的。70年代中期是个高峰，后来有所下降。即使这样，他们的情况对我们仍然是有启发的。我国专职从事高等教育研究的有多少人，不大清楚，总之是少得很。全国1200名专职的教育科学研究人员，没有几个是搞高等教育研究的。没有一支专业研究队伍，不利于学科的发展。

如果说，现在教育落后于经济建设的发展，教育科学又落后于教育事业的发展，那么，高等教育学就更落后于普通教育学的发展。高等教育学是教育科学的一个分支，可是，在一部分同志心目中，到底存在不存在高等教育学这门学科，还有疑问。从事高等教育的干部和教师中，许多人是不承认或者不知道有这门学科存在的。目前在高等学校，教师也好，干部也好，讲知识化、专业化，唯独不讲高等教育方面的知识和专业。当然，出现这种情况也是可以理解的。因为高等教育学比普通教育学建立得晚，它的成果还有限，已有的成果也没有被人们所了解。但高等教育学作为一门独立的学科毕竟是不可缺少的。高等教育同普通教育相比，不但培养对象不一样，培养目标、教育教学内容也不一样。高等教育有它自己的特殊矛盾和特殊规律。这些特殊矛盾不是普通教育学所能解决得了的，这些特殊规律也不是凭其他专业知识或一般的行政管理经验就可以自然掌握的。所以，我觉得高等教育学应该受到更大的重视，也希望有更多的人来研究这门学科。

关于高等学校教师队伍合理结构问题的讨论[1]

高等学校教师队伍的结构在其他办学条件（经费、设施、管理水平等）给定的情况下，唯一地决定了这支队伍的功能，即决定了它所能完成的教学、科研、社会服务等项任务的量和质。因此，任何一所学校为了完成规定数量和质量的任务，必须建立一支有相应结构的教师队伍。我们把能够完成一所学校规定任务的教师队伍结构称为该校教师队伍所应具有的“合理结构”。由于历史的和其他的种种原因，目前我国绝大多数高等学校的教师队伍结构都远远背离合理状态。如：高学衔教师所占百分比太低，严重老化，青黄不接，等等。因此，在师资管理工作中必须研究、确定合理结构的模式以及从现有状态过渡到（或接近）合理状态所应采取的政策与措施。否则，学校教师队伍

[1] 本文由汪永铨、丁小浩共同撰写。

结构将长期达不到合理状态，而盲目的、某些眼前似乎合理的调整甚至会引起新的不合理，以致给十年、二十年后的师资管理工作带来困难。这些都将严重影响高等学校培养人才任务的完成，阻碍高等教育事业的发展。为了解决这个问题，本文试图提出建立高等学校教师队伍合理结构静态模型的原则与方法；给出趋于合理结构这一目标的教师队伍结构变化的数学模型；得到对结构变化进行动态控制时起主要作用的有关参量（晋升率、保留率、离亡率、新教师补充量等）的相互关系和在给定情况下的值，以便为制定政策、措施提供依据和参考。

一、教师队伍的合理结构主要表现为合理的学衔结构

众所周知，如果从教师队伍的不同构成因素出发进行结构分析，则教师队伍的结构可以表现为学衔结构、年龄结构、专业结构，等等。这些结构从不同的侧面描述了教师队伍的构成状态，从不同方面并在不同程度上反映了教师队伍的功能。但是我们认为，它们在决定教师队伍结构的合理性上所起的作用是不相同的，其中最基本、起决定作用的是学衔结构。理由如下：

在正常情况下，教师的学衔是教师所具有的学术水平、教学水平和履行教师职责的能力的反映。由于学校各项任务的要求不同，它们必须由具有相应水平亦即相应学衔的教师来承担，因此一旦学校的任务确定了，它的教师队伍所应有的学衔结构也就随之确定了。学衔结构成为衡量一所学校的教师队伍能够

完成什么样的任务或能否完成规定任务的判据。

当然，这里有一个问题必须加以考虑：合理学衔结构所确定的教师队伍从其他结构分析来看，是否也是合理的？对此，我们做如下的讨论。

第一，年龄结构问题。教师的年龄决定他从事教学、科研等项工作的活力。为了使整个教师队伍具备应有的活力，它应当达到并保持在一个"合理年龄结构"的状态。但是，如果以合理年龄结构作为教师队伍合理结构的主要表现来确定应当达到的目标，我们会遇到若干困难。首先，要确定教师队伍合理年龄结构的模型目前还缺乏科学的根据。有一种考虑是参照科学家做出突出成果的平均年龄和最佳工作年龄段确定教师的最佳工作年龄和最佳工作年龄段。但是，教师工作与纯科研工作的要求并不等同，因而教师的最佳工作年龄（段）一般并不必然等于科研工作的最佳工作年龄（段），两者的差异一时也很难确定，而且不同学科的教师最佳工作年龄（段）又很不相同，因此确定教师的最佳工作年龄（段）是一个尚待解决的问题。其次，即使确定了最佳工作年龄（段），现在也还缺乏一个公认的标准来确定教师队伍应有的年龄分布曲线。总之，单纯从年龄的因素出发确定合理结构的模式是十分困难的。但是，如果学衔结构是合理的，那么与其相应的教师队伍的年龄结构可以认为也是相对合理的。因为在正常情况下，教师应当有机会与条件提高自己的水平以达到高一级学衔的要求；晋升学衔的工作应当能够逐年正常地进行，使得合乎要求的教师能及时得到晋升；不适合晋升的教师能够在一定的期限内调离教师队伍；新教师能够得到合乎要求的补充；老教师能够按时退休。那么，每个教师都能在合理的年龄段取得应有的学衔，各级学衔教师队伍的年龄结构都应当是合理的。因此对应于合理学衔结构的年龄结构也应当是合理的。

第二，工资结构问题。为了得到最高的经济效益，教师队伍应当保持这样一种工资结构，即在能够完成学校规定任务的前提下，所需支付的工资总额最低。应当指出，这样的教师队伍只具备完成任务的最低必要条件。因此，如果把经济效益和社会效益（例如出人才、出成果的质量）综合起来考虑，则这种结构的总效益并不一定是最高的。也就是说从经济效益决定的“合理”工资结构并不一定表现为教师队伍的合理结构。相反，如果从学衔结构出发,就更便于综合考虑经济效益与社会效益两方面的问题，寻求教师队伍真正的合理结构。而且,如果由于某些外界条件(如工资总额）的限制，使我们不得不主要考虑经济效益问题，那么只要规定承担各类任务的各级教师所占的百分比由高学衔到低学衔依次取可以容许的最低值，则根据这一约束条件所建立的合理学衔结构，其工资总额也必然是最低的。

第三，其他结构的合理性问题。教师队伍结构的其他表现形式有些与学衔结构的关系密切，如学历结构。在各级高等教育都得到正常发展，学衔与学历挂钩关系合理的情况下，与合理学衔结构相对应的学历结构显然是合理的。相反，如果孤立地追求某种似乎合理的学历结构（如要求全部或绝大部分教师具有高学历），那么由于学历并不能完全代表教师的水平，而且这种要求完全无视了我国的历史实际，因此它并非是合理的，甚至是对教师队伍建设有害的。另外有一些与学術结构关系较少甚至无关的结构形式，如专业结构、性别结构、民族结构等。这些可能是根据学校某些特定的需要而应当加以考虑的。但是在满足这些特定要求的情况下，为完成学校规定任务的合理结构仍然是合理的学術结构。

因此，根据上述讨论我们认为，教师队伍的合理结构主要表现为合理的学術结构。

二、合理学術结构的静态模型

现在，我们来讨论合理学術结构的静态模型，以便得到学術结构所应达到的目标状态。关于这一问题已经有不少同志进行了研究，为了便于计算、检验和避免引进某些把握不大的参量（如规定的师生比），我们将采用最简单、最直观的办法建立合理学術的静态模型。

一般说来，合理学術结构由下列因素决定：

1. 学校必须由教师承担的各项有关任务的工作量。包括：

a. 教学任务工作量。

b. 科学研究任务工作量。

c. 社会服务任务工作量。包括适当的咨询服务，技术、文化、教育服务，兼职服务等。

d. 必须由教师承担的学校有关管理工作任务的工作量。

2. 各级教师每年所应完成的工作量。

3. 教师聘任工作的规范。它包括：

a. 关于承担各类任务的教师所必须具有的最低学衔的规定。

b. 关于承担同一任务的各级教师所应分担的工作量的百分比（或者人数所应占的百分比）的规定。

只要对上述各项任务工作量的折算方法和有关规范做出合理的规定，我们就可以得出如下合理学衔结构的静态模型。

首先，考虑教学任务的需要。

令：x_{1ij}，x_{2ij}，x_{3ij}，x_{4ij} 分别为第 i 个专业为完成第 j 项教学任务所需的助教、讲师、副教授、教授的人数。为简便起见，高级讲师学衔不单列而约定：副教授中包含高级讲师（下同）；

C_{ij} 为第 i 个专业第 j 项教学任务的年教学工作量；

L_1，L_2，L_3，L_4 分别为助教、讲师、副教授、教授每年所应完成的教学工作量定额；

α_{1ij}，α_{2ij}，α_{3ij}，α_{4ij} 分别为助教、讲师、副教授、教授在第 i 个专业第 j 项教学任务中各自分担的工作量（或各自人数）所应占的百分比 $\left(\sum_{k=1}^{4} a_{kij} = 1\right)$，则显然有：

$$x_{1ij} = a_{1ij} \frac{C_{ij}}{L_1}$$

$$x_{2ij} = a_{2ij} \frac{C_{ij}}{L_2}$$

$$x_{3ij} = a_{3ij} \frac{C_{ij}}{L_3}$$

$$x_{4ij} = a_{4ij} \frac{C_{ij}}{L_4}$$

或

$$x_{kij} = a_{kij} \frac{C_{ij}}{L_k} \quad k = 1,2,3,4$$

学校可以把教学任务统一划分为若干种，如指导博士论文、硕士论文、本科生毕业论文（设计），讲授研究生课程（必、选修）、本专科生课程（必、选修）、公共政治课、公共外语课，担任体育课、实验课、习题课、讨论班，指导进修生、留学生，等等。设一所学校的教学任务有 n 种，全校共有 m 个专业，为完成教学任务全校应有的助教、讲师、副教授、教授的人数分别为 $X_1^{(1)},X_2^{(1)},X_3^{(1)},X_4^{(1)}$，则应有：

$$X_k^{(1)} = \sum_{i=1}^{m}\sum_{j=1}^{n} x_{kij} \quad k = 1,2,3,4$$

其次，考虑科学研究任务的需要。现有的一般规定，教师的教学工作量定额应占其应完成的全部工作量定额的 2/3 左右，其余 1/3 为教师进行科学研究工作用。因此，对不另设专职科研编制的学校来说，，$X_1^{(1)},X_2^{(1)},X_3^{(1)},X_4^{(1)}$ 已分别是学校为完成教学、科研任务所应有的各级教师的总数。对经主管部门批准设有专职科研编制的学校来说，如果科研编制总数为 $X^{(2)}$，其中助教、讲师、副教授、教授所应占的百分比分别为 $\beta_1,\beta_2,\beta_3,\beta_4\left(\sum_{k=1}^{4}\beta_k = 1\right)$，则专职科研人员中助教、讲师、副教授、教授的人数$X_1^{(2)}, X_2^{(2)}, X_3^{(2)}, X_4^{(2)}$可统一表示为：

$$X_K^{(2)} = \beta_K X^{(2)} \quad k = 1,2,3,4$$

再次，考虑社会服务工作的需要。同理可得：

$$X_k^{(3)} = \gamma_k X^{(3)} \quad k = 1,2,3,4$$

其中$X^{(3)}$为完成此项任务所需的教师总数，$\gamma_k (k=1,2,3,4)$分别为助教、讲师、副教授、教授在$X^{(3)}$中所应占有的百分比$\left(\sum_{k=1}^{4}\gamma_k = 1\right)$，$X_k^{(3)} (k=1,2,3,4)$则分别为完成此项工作所需的各级教师数。

最后，考虑必须由教师承担的学校有关管理工作的需要。如果令$X^{(4)}$为折算出的所需教师总数，$\delta_1, \delta_2, \delta_3, \delta_4$分别为助教、讲师、副教授、教授在$X^{(4)}$中所应占有的百分比 4k=1 δ k=1，则所需各级教师数可表示为：

$$X_k^{(4)} = \delta^k X^{(4)} \quad k = 1,2,3,4$$

于是，一所学校的教师队伍中具有各级学衔的教师人数应为：

助教总数：

$$X_1^* = \sum_{p=1}^{4} X_1^{(p)} = \sum_{i=1}^{m}\sum_{j=1}^{n} a_{1ij}\frac{C_{ij}}{L_1} + \beta_1 X^{(2)} + \gamma_1 X^{(3)} + \delta_1 X^{(4)}$$

讲师总数：

$$X_2^* = \sum_{p=1}^{4} X_2^{(p)} = \sum_{i=1}^{m}\sum_{j=1}^{n} a_{2ij}\frac{C_{ij}}{L_2} + \beta_2 X^{(2)} + \gamma_2 X^{(3)} + \delta_2 X^{(4)}$$

副教授总数：

$$X_3^* = \sum_{p=1}^{4} X_3^{(p)} = \sum_{i=1}^{m}\sum_{j=1}^{n} a_{3ij}\,\frac{C_{ij}}{L_3} + \beta_3 X^{(3)} + \gamma_3 X^{(3)} + \delta_3 X^{(4)}$$

教授总数：

$$X_4^* = \sum_{p=1}^{4} X_4^{(p)} = \sum_{i=1}^{m}\sum_{j=1}^{n} a_{4ij}\,\frac{C_{ij}}{L_4} + \beta_4 X^{(3)} + \gamma_4 X^{(3)} + \delta_4 X^{(4)}$$

全校教师总数：

$$X^* = X_1^* + X_2^* + X_3^* + X_4^* = \sum_{k=1}^{4} X_k^*$$

如对 C 的折算合理，α、β、γ、δ、L诸参量的值给定合理，则 X_1^*、X_2^*、X_3^*、X_4^* 即表现为合理学术结构。我们就这一静态模型进行简单的讨论。

1. 模型给出的学术结构的合理程度依赖于 α、β、γ、δ、C、L 取值的合理程度。由于模型不是对现状的描述而是要求今后达到的目标状态，因此在选定各参量值时不能局限于现有的规范，而应当贯彻改革的精神，要注意到：

a. 体现教学改革的要求。例如减少教学计划规定的课内学时（或学分），加强对学生能力的培养，加强实践环节，增加选修课的比重，允许攻读双学位，允许转系，改革教学方法与形式，采用现代化教学手段，适应研究生招生办法改革引起的变化等。这些对教学任务工作量 C 的确定会有很大的影响。

b. 有利于工作质量的保证与提高。例如应当根据学校的实际，确定为保证达到最低质量要求，各级教师在各类工作中所应占有的百分比（或承担工作量的百分比），使 α、β、γ、δ 的值在高学衔部分大于或等于所确定的百分比。又如一定要改变目前高学衔教师讲授基础课、外系课少的状况，以及某些分班大小不合理的状况等。这些对 α，C 等参量都是有影响的。

c. 有利于提高工作效率。例如考虑到教师队伍素质的提高和工作、生活条件的改善，L_k 诸值可比现状适当提高，以及对分班、开设选修课的标准与办法做出合理的规定等。

d. 有利于发挥各级教师的作用，调动他们的积极性，有利于教师的成长。例如改变目前关于研究生导师资格的某些不合理规定，改变传统观念，建立合理的学术“梯队”结构模式等。

确定诸参量值的方法可以是根据上述原则在总结已有实践经验并对历史发展和国外相应情况进行分析比较的基础上，参照特尔斐法进行多轮专家征询，然后加以确定。

2. 不同学校的性质、类型、任务、要求、基础、现状、潜力各不相同，因此对各校来说，上述诸参量的合理值一般也不尽相同。这就是说，不存在一个对所有学校都适用的统一的合理学衔结构。所以从宏观控制与管理的角度看，不能对高等学校的教师队伍的学衔结构做出统一规定（例如高级学衔的比例与限额），但可根据实际情况分类加以控制和管理。即，经过充分调研，给出不同类别学校上述诸参量的合理值（或其范围）。

3. 如前所述，模型给出的合理学衔结构所决定的教师工资总额、师生比等对学校来说都是合理的，进行宏观控制时应当是由此经过统计平均得到对工资和师生比等指标的宏观控制额。

如果由于其他因素（如财政状况）不得不对学校的这类指标加以规定而这种规定又不能满足合理学衔结构的要求时，应当相应调整学校的任务，否则必将产生质量下降和教师队伍畸形发展的现象，产生严重的后果。同样，其他有关政策的制定，都应当有利于合理学衔结构的形成而不应当相反。

三、合理学衔结构的动态模型

确定了合理学衔结构的目标状态以后，我们当然希望知道由现有状态过渡到并稳定在目标状态的可能性和进程，希望知道影响学衔结构动态变化的各种因素（晋升率、离亡率等）与变化进程的关系，以便为制定合理的政策、措施，促进学衔结构合理化的进程提供依据。因此我们必须建立学衔结构的动态模型。

令：$x_1(t)$，$x_2(t)$、$x_3(t)$、$x_4(t)$，分别为t年度的助教、讲师、副教授、教授的人数；

$y_1(t)$，$y_2(t)$，$y_3(t)$，$y_4(t)$，分别为t年度新调入的助教、讲师、副教授、教授的人数；

α_{ij}，$(i,j=1,2,3,4)$，为第i级学衔教师晋升到级学衔的年晋升率；

α_{ii}，$(i=1,2,3,4)$，为第i级学衔教师的年保留率；

α_{i5}，$(i=1,2,3,4)$，为第i级学衔教师的离亡率（包括调离、退休、死亡）。

写成向量记法：

t年度全部教师（数）向量：

$x(t)=(x_1(t),x_2(t),x_3(t),x(t))$

t年度调入新教师（数）向量：

$y(t)=(y_1(t),y_2(t),y_3(t),y_4(t))$

考虑到为避免引起结构上的不合理，每年调入新教师的数量应保持相对稳定，故取

$$y_i(t)=y_i=\text{常数}\quad i=1,\cdots,4$$

又因越级晋升学衔和学衔降级的情况一般可以忽略不计，故当$j\neq i+1$或$i>j$时，有$a_{ij}=0$且有

$$\alpha_{11}+\alpha_{12}+\alpha_{15}=1$$
$$\alpha_{22}+\alpha_{23}+\alpha_{25}=1$$
$$\alpha_{33}+\alpha_{34}+\alpha_{35}=1$$
$$\alpha_{44}+\alpha_{45}=1$$

于是，若记

$$A=\begin{bmatrix} a_{11} & a_{12} & o & o \\ & a_{22} & a_{23} & o \\ & & a_{33} & a_{34} \\ & & & a_{44} \end{bmatrix}$$

则

$$x(t+1)=x(t)A+y$$

若已知初始向量$x(o)$，则

$$x(t+1)=x(o)A^{t+1}+y(A^{t}+A^{t-1}+\cdots+A+E)$$

可以证明（见附录），随着时间的增长，助教、讲师、副教授、教授的人数$x_1(t),x_2(t),x_3(t),x_4(t)$将如下分别趋向并稳定于一定的状态：

$$x_1(t)\to\frac{y_1}{1-a_{11}}$$

$$x_2(t)\to\frac{a_{12}y_1+(1-a_{11})y_2}{(1-a_{11})(1-a_{22})}$$

$$x_3(t)\to\frac{a_{12}a_{23}y_1+(1-a_{11})a_{23}y_2+(1-a_{11})(1-a_{22})y_3}{(1-a_{11})(1-a_{22})(1-a_{33})}$$

$$x_4(t)\to\frac{a_{12}a_{23}a_{34}y_1+(1-a_{11})a_{23}a_{34}y_2+(1-a_{11})(1-a_{22})a_{34}y_3+(1-a_{11})(1-a_{22})(1-a_{33})y_4}{(1-a_{11})(1-a_{22})(1-a_{33})(1-a_{44})}$$

我们希望调整教师队伍使其趋向并稳定于合理学衔结构状态，即

$x_1(t)\to X_1^*$，$x_2(t)\to X_2^*$，$x_3(t)\to X_3^*$，$x_4(t)\to X_4^*$

那么，应有关系：

$$a_{11}=1-\frac{y_1}{X_1^*}$$

$$a_{22}=1-\frac{y_2+a_{12}X_1^*}{X_2^*}$$

$$a_{33} = 1 - \frac{y_3 + a_{23} X_2^*}{X_3^*}$$

$$a_{44} = 1 - \frac{y_4 + a_{34} X_3^*}{X_4^*}$$

由此可见，有了上述动态模型以后，给定了每年新调入的各级教师数y_i，和各级教师的年晋升率α_{ij}、年离亡率α_{i5}、年保留率α_{ii}中的任意两组参量值，就可以预测教师学衔结构的变化进程及其最后达到的稳定状态。或者，在目标状态确定以后，我们就可以在y_i，α_{ij}，α_{ii}，α_{i5}中任意两组参量值给定的情况下，求得为能达到目标状态，其他两组参量应有的值，并能预测达到目标状态的进程。但是应当指出，我们现在不是求解纯数学问题，在实际工作中，上述诸参量的值只能处于一定的范围内才是实际可行的、有意义的。因此，调整诸参量值以控制学衔结构的动态变化，使其最终达到合理状态，往往是十分困难的。

在实际工作中，各级教师的年晋升率是对学衔结构进行动态控制的一个十分关键的量，它直接影响人才的选拔与成长，影响教师的积极性。我们试就如何合理确定它的取值问题，作如下讨论。

我们把同年进入（包括调入、因获晋升进入）某一级学衔的教师称为同年教师，令：

Y = 同年教师数

r = 同年教师的年离亡率

b = 同年教师的年晋升率

m = 进入本级学衔后获得晋升所需的最少工作年限

n = 进入晋升期后未能获得晋升，允许继续聘任的最长年限（即教师进入本级学衔$m+n$年后仍不能获得晋升即应调离，这是保证师资质量应当采取的正常措施）

X = 本学衔教师的总数

α = 本学衔的年晋升率

且令：$z=1-r$

则在稳定情况下有

$$\begin{aligned} X &= Yz + Yz^2 + \cdots + Yz^m + Yz^{m+1}(1-b) \\ &\quad + Yz^{m+2}(1-b)^2 + \cdots + Yz^{m+n}(1-b)^{m+n} \\ &= Yz\frac{1-z^{m-1}}{1-z} + Yz^m\frac{1-[z(1-b)]^{n+1}}{1-z(1-b)} \end{aligned} \tag{1}$$

且有 $$a = \frac{bYz^m}{X} \cdot \frac{1-[z(1-b)]^{n+1}}{1-z(1-b)} \tag{2}$$

由上式可知，晋升率是由本学衔教师人数X，增补量Y，师资管理的有关规定m、n，离亡情况，以及决定的。是同年教师进入晋升期以后，每年晋升到高一级学衔的人数当年同年教师的百分比，这应当是一个由教师队伍素质决定的量。素质好，b值大；素质差，b值小。因此，如果我们不由上式右边诸量的合理值确定晋升率，而在没有充分估计其影响的情况下给定α值，那么必然会产生这样一些可能的后果：（1）使教师队伍达不到合理学衔结构的要求；（2）对增补量或离亡率提出不实际的要求；（3）迫使n、b取值不合理（m由有关条例规定，可以认为不变）。最后一点是特别严重的。因为n值过大不利于鼓励教师积极进取，会引起教师队伍素质下降，n值过小将造成不应有的压力与紧张；b值过小等于压抑人才，b值过大则会降低标准，助长滥竽充数。所有这些都不利于人才的选拔与成长，不利于调动教师的积极性，将给教师队伍的建设带来严重的后果。我们认为，这是师资管理工作中应当给予严重注意的问题。需要说明的是，我们在上式中把z和b作为常量处理，这只是实际情况的近似，但不影响我们对上述问题的讨论。

四、算例及结果讨论

根据本文给出的静态、动态模型，我们以北京大学为例进行了计算，结果如下。

1. 合理学衔结构

根据北京大学长期发展规划以及关于改革的比较现实的设想（预计十年左右可以实现的），我们就静态模型中的α，β、L、C诸参量（为简便计，本文未计社会服务及学校管理工作的需要）的取值问题参照特尔斐法，向校、系、处有关教研室负责人及教师进行了两轮征询。结果表明对，的取值有两种可能，一种立足于改革步伐稍大，一种步伐稍小。我们把前者称为目标Ⅰ，后者称为目标Ⅱ，分别计算得到合理学衔结构的两种目标状态。结果如表 1（α，β的取值略）。

表 1　北京大学教师队伍合理学衔结构目标

目标状态	助教		讲师		副教授		教授	
	人数（X_1^*）	(%)	人数（X_2^*）	(%)	人数（X_3^*）	(%)	人数（X_4^*）	(%)
Ⅰ	408	11.6	1191	33.9	911	25.9	1004	28.6
Ⅱ	651	16.2	1421	35.4	1357	33.8	585	14.6

对于目标Ⅰ：教师总数 =3514 人；师生比 =1：6.0；如果不计专职科研编制，则师生比为 1：9.6；如果助教全部改由研究生兼任，则师生比为 1：6.8（科研编制在内）或 1：9.7（科研编制在外）；$X_4^*:X_3^*:X_2^*:X_1^*$ =1：0.9：1.2：0.4，是一个瓶形结构（科研编制在内）；或 1：0.9：0.6：0.02，是一个倒金字塔结构（科研编制在外）。高级学衔教师占教师总额的 54.5%（科研编制在内）或 74.8%（科研编制在外）。

对于目标Ⅱ：教师总数 =4014 人；师生比 =1：5.3；如不计专职科研编制，则师生比为 1：7.1；如助教全部改由研究生兼任，则师生比为 1：6.3（科研编制在内）或 1：8（科研编制在外）；$X_4^*:X_3^*:X_2^*:X_1^*$ =1：2.3：2.4：1.1 是一个菱形结构（科研编制在内）或 1：2.4：2.1：0.7（科研编制在外）是一个卵形结构；高级学衔教师占教师总数的 48.4%（科研编制在内）或 54.5%（科研编制在外）。

对于结果的讨论：

(i) 合理学衔结构的目标状态与α、β的取值关系甚大，即使在同一学校内也会由不同的观点得出不同的结果，这是今后需要继续认真进行调查研究的问题（可结合评估）。一般说来，目标 I 反映了对教学要求较严（研究生导师中教授的百分比高，本科生必修课程 90% 由高学衔教师担任等），科研在学校工作中所占比重较大的情况。

(ii) 师生比的大小与计算方法有很大关系。由研究生兼任助教工作是提高师生比，提高教师队伍素质的一个可取的措施。但是这样做也会给教师队伍变化的动态控制（下面会看到）和教学工作带来一些问题，需做妥善安排。我们在与国外做师生比的比较时要注意到计算方法上的问题。

(iii) 在进行本计算时，高学衔教师的年工作量取值相当于甚至略大于每学期讲授 2 门 3 学分的课程，这是不轻的工作负担，但不计专职科研编制师生比最高也只在 1∶8 到 1∶9.7 之间。要达到这一点是需要经过艰苦努力的。因此，我们认为在制定师生比的宏观控制标准时，既不能对各种学校做统一要求，又要注意实事求是，不能太高。

(iv) 高学衔教师的百分比看来至少应达 50% 左右（指培养研究生任务较重的学校）。

2. 学衔结构的动态变化与控制

根据动态模型进行预测与规划（计算时按严格执行有关退休的规定计），区分不同情况，由计算机给出结果如下。

(i) 按目前执行的情况，给定：

$$a_{12}=0.15,\quad a_{23}=0.10,\quad a_{34}=0.07$$

并按实际情况选定：

$a_{15}=0.01$，$a_{25}=0.02$，$a_{35}=0.04$，$a_{45}=0.06$

$y_1=153$ 人（硕士），$y_2=17$（博士） 1986—1988 年

$y_1=119$ 人（硕士），$y_2=51$（博士） 1989—1990 年

$y_1=100$ 人（硕士），$y_2=70$（博士） 1991 年以后

$y_3=y_4=0$（y 值是根据目前允许的进人额及来源情况选定的）则可摘录结果如表 2。

表 2

年份	助教		讲师		副教授		教授	
	人数	平均年龄	人数	平均年龄	人数	平均年龄	人数	平均年龄
1986	622	31.4	1123	47.1	779	54.1	214	58.8
1993	697	30.3	1220	41.0	904	52.3	450	57.8
2002	640	30.3	1359	37.9	1092	47.7	757	55.6

由动态模型可以算出，如为执行本方案，其结构应趋于并稳定于$X_1=625$，$X_2=1364$，$X_3=1240$，$X_4=1447$，即不可能达到我们希望的目标Ⅰ或Ⅱ的合理状态。7 年后讲师及副教授数会一度接近目标Ⅱ的状态，但随即偏离。16 年后，助教讲师数与目标Ⅱ稍稍接近，但其他相距太远且不能稳定。最为严重的是，如执行本方案给定的晋升率，经过一段时间，状态渐趋稳定后，对助教来说 b 值还不到 0.05，也就是说同年助教进入晋升期后每年只有 5% 的人能晋升为讲师，这是完全背离实际情况的。原因就在于晋升率过低，而增补新教师又有限制。

(ii) 以合理结构（目标Ⅰ）为目标进行规划，仍按目前执行的实际情况给定：

$$a_{12}=0.15,\quad a_{23}=0.10,\quad a_{34}=0.07$$

的值同（i）。则由动态模型算出：

$$a_{15}=0.095,\quad a_{25}=0.011,\quad a_{35}=0.061,\quad a_{45}=0.064$$

高明士：《传统中国通识教育理论》，台湾《通识教育季刊》1994年第1卷第4期。计算机给出的动态变化情况摘录如表3。

表 3

年份	助教		讲师		副教授		教授	
	人数	平均年龄	人数	平均年龄	人数	平均年龄	人数	平均年龄
1996	446	27.9	1216	40.0	858	50.1	518	56.9
2006	410	27.2	1210	37.5	911	45.8	739	53.5
2036	408	27.1	1193	36.3	912	42.8	964	41.2

即20年后助教、讲师及副教授数已基本达到要求，但教授数距目标较远。50年后除教授外都已达到要求。平均年龄下降较多。整个看来目标虽可达到但过程过于缓慢。离亡率的要求要比目前实际情况大得多（除讲师级外）。并且，对助教来说 b 值仍小于0.08，正因为如此，造成了助教的离亡率几乎达10%。这些不合理的现象都是由于晋升率低造成的。

（iii）同上进行规划，但晋升率、离亡率的值按（I）给定，则可根据模型计算得到：

$$y_1=65(\text{硕士生}),\quad y_2=81(\text{博士生}),\quad y_3=28,\quad y_4=-4$$

按此方案进行调整时，趋于目标状态的过程仍极缓慢，存在的问题同前，不再列表讨论。

（iv）按照前述关于晋升率问题的讨论进行规划，仍以目标

Ⅱ为合理学衔的规划目标。根据北大情况选定有关值如表 4。则根据（1）（2）两式可以计算得到有关数值如表 5。

表 4

参量	助教	讲师	副教授
m	2	4	5
n	2	3	3
z	0.98	0.98	—
b	0.9	0.5	0.3

表 5

参量	助教	讲师	副教授	
a_{ij}	0.462	0.186	0.083	—
a_{i5}	0.021	0.033	0.169	0.07
Y	197	72	—	—

将这样得到的参量值送入计算机，同前根据动态模型进行规划，并预测其进程，我们看到高级学衔趋于目标的进程仍过于缓慢。这显然与计算得到的 $a_{35}=0.169$ 过大有关。副教授达到如此高的离亡率是困难的。因此我们把 a_{35} 调整到取值 0.08，再进行计算即可发现：12 年后，即到 1997 年学校的教师学衔结构如表 6。

表 6

	助教	讲师	副教授	教授
人数	407	1136	1003	985
与目标的差距（人）	−1	−55	+92	−19
平均年龄	26.0	32.0	40.1	48.6

如果再做精细调整，我们还应当可以得到更接近于合理学衔结构的结果。由于对模型的一个参量进行了调整，所以这一

状态是不稳定的，但我们当然可以在达到这一状态后再调整有关参量使其逐渐趋于并稳定在合理学衔结构的目标状态上。

关于动态控制与规划的讨论：

(i) 算例表明，先由（1）（2）式确定合理的年晋升率，然后根据动态模型对教师队伍的结构变化进行控制，使其在一定期限内接近或达到合理结构状态是正确的而且可行的方法。用10年多一点的时间基本完成这一调整工作也是可以接受的。但要做到这一点，就北京大学的情况和本文所定的目标来说，副教授的年离亡率要达到8%左右。这可能会引起一些困难。但它也从一个侧面说明,加速教师流动,严格执行按时退休制度(表现在ai5的值都比目前大)，是为建设有合理结构的师资队伍所必须采取的措施。

(ii) 不考虑晋升率与其他参量的关系而另行确定其值，以及人为限定增补量等都是不妥当的做法，是对教师队伍的建设有害的。如因有其他不可克服的困难，必须对这些参量值加以规定，则必须十分慎重地做出妥善安排。

(iii) 要把一个偏离合理结构状态较远的教师队伍调整、过渡到合理状态是一个十分复杂、困难、漫长的过程，非十几年莫办。因此，我们要十分重视师资队伍的规划与管理，十分重视有关师资工作的政策、决定、措施的科学性、合理性。否则，造成的后果常常一时难以察觉，而一旦察觉，收拾已很困难，损失也无法挽回了。

附录：动态模型中有关数学推导的证明

已有：

$$x(t+1)=x(0)A^{t+1}+y(A^{t}+A^{t-1}+\cdots+A+E)$$

不妨假设$\alpha_{ii}\neq\alpha_{jj}$，$i\neq j$，则 A 有 4 个不同的特征根，因此，存在可逆矩阵 C，使 A 可对角化。

$$C^{-1}AC=\begin{bmatrix} a_{11} & & & 0 \\ & a_{22} & & \\ & & a_{33} & \\ 0 & & & a_{44} \end{bmatrix}$$

$$\therefore A=C\begin{bmatrix} a_{11} & & & 0 \\ & a_{22} & & \\ & & a_{33} & \\ 0 & & & a_{44} \end{bmatrix}C^{-1}$$

$$\because a_{ii}<1,\quad i=1,\cdots,4$$

$$\therefore A^{t+1}=C\begin{bmatrix} a_{11}^{t+1} & & & 0 \\ & a_{22}^{t+1} & & \\ & & a_{33}^{t+1} & \\ 0 & & & a_{44}^{t+1} \end{bmatrix}C^{-1}\xrightarrow[t\to\infty]{}O$$

$$A^{t}+A^{t-1}+\cdots+A+E$$

$$
= C\begin{bmatrix} \frac{1-a_{11}^{t+1}}{1-a_{11}} & & & 0 \\ & \frac{1-a_{22}^{t+1}}{1-a_{22}} & & \\ & & \frac{1-a_{33}^{t+1}}{1-a_{33}} & \\ 0 & & & \frac{1-a_{44}^{t+1}}{1-a_{44}} \end{bmatrix} C^{-1}
$$

$$
\xrightarrow[t\to\infty]{} \begin{bmatrix} \frac{1}{1-a_{11}} & & & 0 \\ & \ddots & & \\ & & \ddots & \\ 0 & & & \frac{1}{1-a_{44}} \end{bmatrix} C^{-1}
$$

$$
\therefore\ x(t+1) \xrightarrow[t\to\infty]{} yC\begin{bmatrix} \frac{1}{1-a_{11}} & & & 0 \\ & \ddots & & \\ & & \ddots & \\ 0 & & & \frac{1}{1-a_{44}} \end{bmatrix} C^{-1} = y(E-A)
$$

令
$$
yC\begin{bmatrix} \frac{1}{1-a_{11}} & & & 0 \\ & \ddots & & \\ & & \ddots & \\ 0 & & & \frac{1}{1-a_{44}} \end{bmatrix} C^{-1} = X^{*}
$$

则
$$
y = X \times C\begin{bmatrix} 1-a_{11} & & & 0 \\ & \ddots & & \\ & & \ddots & \\ 0 & & & 1-a_{44} \end{bmatrix} C^{-1}
$$

$$
= X^{*}\left[E - C\begin{pmatrix} a_{11} & & & 0 \\ & \ddots & & \\ & & \ddots & \\ 0 & & & a_{44} \end{pmatrix}C^{-1}\right] = X \times (E - A)
$$

$$
= (X_1^{*}, X_2^{*}, X_3^{*}, X_4^{*})\begin{bmatrix} 1-a_{11} & -a_{12} & & 0 \\ & 1-a_{22} & -a_{23} & \\ & & 1-a_{33} & \\ & & & -a_{34} \\ 0 & & & 1-a_{44} \end{bmatrix}
$$

关于建设具有中国特色的教育科学体系问题[1]

应当承认，办教育必须遵循教育发展的规律，而人们目前对这种规律的认识和掌握还很差，以教育规律为研究对象的教育科学还处在比较低级的发展阶段。因此，为了使我国的教育事业能够迅速地、健康地得到发展；为了减少我们工作中的失误与盲目性，把建设教育科学体系的任务提出来是完全必要的。这是一个关系到教育事业发展的，极其严肃而带有根本性的任务。

但是，由于教育是一种十分复杂的高级运动形态，从科学发展的规律来看，要全面掌握这种高级运动的规律，建立一个完整的“教育科学体系”，恐怕不是短期内能够做到的事。对我

[1] 本文为作者在《教育研究》编辑部 1987 年 7 月 12 日召开的专题座谈会“关于建设具有中国特色的教育科学体系问题”上的发言。会议由中国教育学会副会长张健主持，参加者还有余立、郝克明、鲁洁、潘懋元、查有梁、刘一凡、吕型伟。

个人来说，现在要设想这样一个体系的具体结构框架，讨论它的内涵、外延，还感到十分困难。因此，我倾向于采取“大处着眼，小处着手”的方法，把大家的注意力引导到研究当前教育实践和教育科学各分支学科发展中提出的重大问题上来，把基础打好。这样，经过长期不懈、脚踏实地的努力，我国教育科学体系的建立就有可能水到渠成。

作为教育研究的全国性学术刊物——《教育研究》，过去已经且今后也必将继续在推动我国教育科学的建设中发挥特定的重要作用。这种作用之一，可能表现在对教育科学研究某些方面的提倡与引导上。例如：

一、推动教育分支科学的建设

教育科学规划已经对这一点做了一定的安排。但是在当前，规划必须而且也只能把更多的注意放在教育实践中近期急待解决的问题上。《教育研究》可否把两者结合起来（后者本来就是前者建设的重要基础），有意识地把学科建设这一长期性工作推动起来。一些新兴的或比较薄弱的学科，例如教育经济学、教育社会学、教育政治学、教育管理学、教育计量学等学科的系统研究需要进一步倡导；一些传统的学科也需要发展和增添新内容，例如教育学、教育史、教育心理学、比较教育学等；从所研究的教育层次来看，过去对高等教育层次的研究就很少，甚至是空白，这种状况亟待改变。把分支学科建设好了，教育科学体系也就建立起来了。

二、努力促进科学研究方法的改进与提高

我们在研究工作中所采用的方法是否科学和先进，在一定程度上决定了研究结果的可信程度和价值。这是一个应当引起高度重视的问题。例如，不可以把个人对某个问题的一些思考，甚至感想作为一项科学研究的成果（即使将来科学研究证明它们是正确的）；也不可以不经过科学的调查或实验，而简单地用举例来进行论证。又例如，定量研究的方法恐怕应当作为教育研究的基本方法之一，大力加以普及和提高。诚然，国际上近若干年来强调定性的研究。但这是在定量研究方法已经广泛使用并不断深化的情况下，对定性研究提出的更高层次的要求，即它是教育科学的理论上的新的发展，而不是简单地摒弃或否定定量研究。我们要反对认为“只有定量研究才是科学的”那种片面观点，但绝不可持忽视以至回避定量研究的有害态度。此外，在研究方法上，如何吸取整个科学发展的新成果（例如“三论”），也是需要注意的。在还没有真正理解它们的情况下，为了“求新求异”，而把它们生硬地搬用来处理教育研究中的一些问题，是应当防止的。但是，由于不熟悉它们，把在这方面所做的努力一概视为“赶时髦”，而加以厌弃也是不全面的。还有，在如何正确地运用传统的一些研究方法如因素分析法、历史法、比较法等方面，也有许多值得注意的问题。总之，正确运用和

发展科学的研究方法是一个十分重要的问题。只有解决了这个问题,才能够进一步建立教育科学自己的方法论,而只有到那时,才能建立起我们的教育科学体系。

三、提倡和树立严谨的学风

我以为，如果不树立严谨的学风，我们教育科学的建设就会出现貌似繁荣（例如发表的“论文”很多）而实则进展缓慢甚至在某些方面走弯路的状况。上一个问题里实际上已经涉及了学风问题。例如，立论要以事实为根据，不可凭个人臆想；要做全面的因素分析、历史分析、比较分析，不可以一概全，仓促下结论等。这里，再说一个具体问题。这就是任何一项研究都必须在尽可能完全地掌握资料，即了解前人、外国人已有的研究成果上进行。否则我们的工作就可能只是重复别人已经做过的工作，浪费了精力。如果提交一项成果时，既没有注释，也没有参考文献、书目，使人弄不清哪些是别人已有的成果，哪些是我们的发展，那就不好了。

在我们社会主义的祖国里，有马克思主义的指导，有规模超过任何国家的教育实践，只要我们坚持并不断改革自己的研究工作，我们一定能够把教育科学体系的建设工作搞好。

外国高等教育结构的比较 [1]

——高等教育结构中的几个共同性问题

一、若干国家高等教育层次结构和科类结构的比较

众所周知，在进行比较研究时，必须保证被比较的事物是符合某种根据要求的同类可比事物。但是，由于受到现有资料的限制和某些其他因素的影响，本文对外国高等教育结构的比较未能全部做到确保它们之间的严格可比性。为此，我们对比较中的若干问题说明如下。

首先，在进行层次结构的比较时，我们基本按联合国教科文组织关于教育分级的有关定义 [2]，将高等教育的水平层次分为三级。其中第一、二、三级分别相当于联合国教科文组织定义的第五、六、七级。这样，第一、二、三级高等教育大体上分

[1] 在本文中，“高等教育结构”一词是“高等教育层次结构与科类结构”的简称。这仅仅是为了行文上的简便，丝毫不意味着这两者是同义词。

[2] 见 UNESCO：*Statistical Yearbook*，1983。

别相当于我国的高等专科、本科和研究生教育。有一点做了特殊处理的是，根据苏联中等专业教育的学习年限和它所实施的教育的实际情况，在本文中我们将它暂时视为苏联的第一级高等教育。因为在进行结构比较时这样处理比把苏联第一级高等教育的比重视为零可能更接近实际情况（条件是只用其毕业生数而不用其在校生数作为结构的表征量）。我们知道，由于各国高等教育的实施情况千差万别，某些教育水平级别的归属在有些国家内部就存在着不同的看法（例如联邦德国对高等专科教育应属何级的国内不同意见），各国所授予的证书、学位（教育级别的一种表征）之间的对等性更是国际上长期争论尚未得到解决的问题，因此在本文中划归同一级的各国高等教育并不都是严格可比的。本文的划分方法只是我们目前所能找到的使被比较对象最近似可比的一种方法。在使用本章的比较结果时，必须充分注意这一点。

其次，在进行科类结构的比较时，我们参照联合国教科文组织关于科类划分的规定[1]和我国现行的划分方法，将高等教育的专业划分为人文科学、社会科学（包括管理学）、自然科学、工科、农科、医科、教育（包括师范）及其他等八大科类。但是，由于在我们目前所能得到的资料中，各国对高等教育科类的分类方法不同而有关统计在不同时期又往往详略各异，方法不一。我们不可能找到全部各种专业的原始数据将其按上述分类方法

[1] 见 UNESCO：*Statistical Yearbook*，1983。

重新归类设计，因此，尽管我们已经尽可能按上述规定对统计数字进行了必要的调整和计算，仍然不可避免地存在着同一专业在不同国家实际上被划归到不同科类的情况。

再次，统计数字的可靠性与一致性是一个很大的问题。对于同一项目，联合国教科文组织统计年鉴与各国有关统计部门给出的数据往往有不小的差别，而且同一国家的不同统计部门对该国高等教育有关项目给出的统计数字也常不一致。我们对这一问题处理的方法是，尽可能采用可靠性较高的各国教育统计部门给出的数据。但在进行多国比较而不可能得到各国自行公布的统计数字时，则统一采用联合国教科文组织给出的数据。此外，即使对同一国家而言，不同时期的数据来源有时也不可能做到完全相同，因此，数据的前后一致性并不十分理想。

最后，我们对如何选择描述高等教育结构的参量以及高等教育结构的数量化描述方法进行简要的讨论。一般说来，许多参量都是可以用来描述高等教育结构的。例如各级各类高等教育的年度招生数、在校生数、毕业生数以及一些非学生的参量等。由于本书主要讨论高等教育结构怎样才能较好地适应经济、社会发展对高级专门人才的需求（即对高等教育系统主要产出的需求）问题，因此我们选择高等教育的各级各类毕业生数作为描述高等教育结构的参量。应当说明的是，由于获得数据方面的困难，在个别讨论中，我们不得不用在校生数作为参量。

注意到上述各点以后，我们对若干国家的高等教育结构进行比较如下。

1. 美国、日本、法国、联邦德国、苏联等五国高等教育层次结构的比较

1940 年以来美国、日本、法国、苏联以及 1955 年以来联邦德国的高等教育水平结构状态如表 1 所示。

由表 1，我们可以通过比较得出如下结果：

（1）美、日、法、联邦德国等国的高等教育水平结构是在不断发展变化的，不存在某种稳定的结构状态（个别国家短时期内起伏较小）。而且，这种变化虽然往往有某种趋势，但变化过程则常常不是单调的而是起伏相间的。苏联的高等教育结构虽然也有变化，但相对而言比较稳定。

（2）一般说来，五国的高等教育水平结构彼此之间有很大的差异。这就是说，从静态来看，不存在某种各国一致的高等教育水平结构模式。

（3）但是，值得注意的是，60 年代以来，上述差异有向逐渐缩小的方向发展的趋势（第三级有例外）。这一点从表 2 可以看出。这就是说，从动态发展来看，五国高等教育水平结构的变化可能受到某些共同因素的制约。

（4）60 年代以来，五国高等教育结构的发展明显地存在着以下的总趋势：

A. 优先发展第一级高等教育，其发展速度远远超过其他两级，其毕业生在各级毕业生总数中所占的百分比大幅度提高。

B. 第二级高等教育的发展速度低于第一级（多数也低于第三级），其毕业生在各级毕业生总数中所占的百分比下降。

表 1　三级高等教育毕业生数在高等教育毕业生总人数中所占的百分比（%）和三级比例[1]

国别	高教级别	1940 年	1945 年	1950 年	1955 年	1960 年	1965 年	1970 年	1975 年	1980 年
美国[2]	第一级	(10.0)	(7.5)[3]	(9.5)	(11.6)	(12.6)	13.5[4] (15.2)	16.1 (20.8)	21.6 (25.8)	23.1 (28.1)
	第二级	(82.9)	(86.6)[3]	(80.1)	(79.0)	(77.9)	63.7[4] (75.1)	62.5 (68.7)	55.4 (63.4)	53.7 (59.0)
	第三级	(7.1)	(5.8)[3]	(10.4)	(9.4)	(9.5)	22.8[4] (9.7)	21.3 (10.4)	22.9 (10.8)	23.2 (12.9)
	三级比例	(0.12:1:0.09)	(0.09:1:0.07)	(0.12:1:0.13)	(0.15:1:0.12)	(0.16:1:0.12)	0.21:1:0.36 (0.20:1:0.13)	0.26:1:0.34 (0.30:1:0.15)	0.39:1:0.41 (0.40:1:0.17)	0.43:1:0.43 (0.48:1:0.22)
日本	第一级	77.5	88.8	—	22.6	19.6	25.1	32.4	31.2	45.5
	第二级	21.6	11.0	98.1	75.6	78.1	71.9	64.2	65.4	51.9
	第三级	0.9	0.2	1.9	1.8	2.3	3.0	3.4	3.4	2.6
	三级比例	3.6:1:0.04	8.1:1:0.02	0:1:0.02	0.30:1:0.02	0.25:1:0.03	0.35:1:0.04	0.50:1:0.05	0.45:1:0.05	0.88:1:0.05
法国	第一级	4.6	3.1	2.6	1.7	7.3	14.0	27.1	30.4	38.3
	第二级	78.1	89.0	80.4	80.1	77.8	72.2	60.9	55.0	45.6
	第三级	17.3	13.9	17.0	18.2	14.9	13.8	12.0	14.6	16.1
	三级比例	0.06:1:0.22	0.04:1:0.17	0.03:1:0.21	0.02:1:0.23	0.09:1:0.19	0.19:1:0.19	0.44:1:0.20	0.55:1:0.27	0.84:1:0.35
联邦德国	第一级				32.0	24.9	33.9	43.6	53.6	41.8
	第二级				49.2	58.4	52.5	42.6	36.9	48.3
	第三级				18.8	16.7	13.9	13.8	9.5	9.9
	三级比例				0.65:1:0.68	0.43:1:0.29	0.65:1:0.27	1.02:1:0.32	1.45:1:0.25	0.87:1:0.20
苏联	第一级	64.9	67.9	63.4	60.7	58.1	59.5	61.1	61.0	60.3
	第二级	34.6	31.4	35.8	38.5	41.2	38.7	37.3	37.6	38.6
	第三级	0.5	0.7	0.8	0.8	0.7	1.8	1.5	1.4	1.1
	三级比例	1.00：1：0.01	2.16:1:0.01	1.58:1:0.02	1.41:1:0.02	1.54:1:0.05	1.54:1:0.05	1.64:1:0.04	1.62:1:0.04	1.56:1:0.03
平均	第一级						29.2	36.1	39.6	41.8
	第二级						59.7	53.5	50.1	47.6
	第三级						11.1	10.4	10.4	10.6
	三级比例						0.49：1：0.19	0.61:1:0.19	0.79:1:0.21	0.88:1:0.22

[1] 三级比例指第一级毕业生数；第二级毕业生数；第三级毕业生数
[2] 括号内为各级在校生占在校生总数的百分比和三级在校生比例
[3] 1946 年数
[4] 1966 年数

表 2　五国各级高等教育毕业生数在高等教育毕业生总数中所占百分比的最低—最高值(%)

年度	第一级	第二级	第三级
1965	13.5—59.5	38.7—72.2	1.8—22.8
1970	16.1—61.1	37.3—64.2	1.5—21.3
1975	21.6—61.0	37.6—65.4	1.4—22.9
1980	23.1—60.3	38.6—53.7	1.1—23.2

C. 第三级高等教育的发展速度多数高于第二级低于第一级，其毕业生在各级毕业生总数中所占的百分比基本持平。

以上各点由表 1 中各国结构的有关数据及五国平均数可以证明。

2. 37 国高等教育层次结构的比较

为了更广泛地考察外国高等教育的水平结构，我们还对上述 5 国以外若干经济发展水平不同的国家的高等教育水平结构进行了考察。遗憾的是，由于受所能获得的资料限制，我们目前无法对它们的发展做出历史的描述与全面的分析。现仅选择 37 个国家 1980 年的高等教育水平结构加以比较，并将结果列表如下（表 3）。

由表 3 及原始资料可知：

（1）高等教育水平结构与国家的经济发展水平（在未考虑其他因素的情况下）没有表现出明显的相关性。同一经济水平的不同国家，其水平结构也有很大差别。

（2）第二级高等教育是大多数国家高等教育的主要组成部分。近 80%的国家该级在校生占各级在校生总数的 60%以上。

表 3*　37 国高等教育水平结构对比表(1980 年)

经济发展水平	各级在校生占在校生总数的百分比(%)	第一级		第二级		第三级	
		国家数	(%)	国家数	(%)	国家数	(%)
人均 GNP 小于 500 美元(7 国)	0—10	2	28.6	0	0	6	85.7
	11—20	0	0	0	0	0	0
	21—30	0	0	1	14.3	1	14.3
	31—40	4	57.1	0	0	0	0
	41—60	1	14.3	1	14.3	0	0
	61—80	0	0	3	42.9	0	0
	81—100	0	0	2	28.6	0	0
人均 GNP 500—1000 美元(10 国)	0—10	4	40.0	2	20.0	8	80.0
	11—20	2	20.0	0	0	2	20.0
	21—30	1	10.0	0	0	0	0
	31—40	0	0	0	0	0	0
	41—60	1	10.0	1	10.0	0	0
	61—80	0	0	1	10.0	0	0
	81—100	2	20.0	6	60.0	0	0
人均 GNP 1000—3000 美元(9 国)	0—10	6	66.7	0	0	9	100.0
	11—20	1	11.1	0	0	0	0
	21—30	1	11.1	0	0	0	0
	31—40	0	0	0	0	0	0
	41—60	1	11.0	1	11.1	0	0
	61—80	0	0	1	11.1	0	0
	81—100	0	0	7	77.8	0	0
人均 GNP 大于 3000 美元(11 国)	0—10	3	27.3	0	0	9	81.8
	11—20	2	18.2	0	0	2	18.2
	21—30	3	27.3	0	0	0	0
	31—40	3	27.3	0	0	0	0
	41—60	0	0	2	18.2	0	0
	61—80	0	0	6	54.6	0	0
	81—100	0	0	3	27.3	0	0
总计(37 国)	0—10	15	40.5	2	5.4	32	86.5
	11—20	5	13.5	0	0	4	10.8
	21—30	5	13.5	1	2.7	1	2.7
	31—40	7	18.9	0	0	0	0
	41—60	3	8.1	5	13.5	0	0
	61—80	0	0	11	29.7	0	0
	81—100	2	5.4	18	48.6	0	0

* 根据 UNESCO:*Statistical Yearbook*, 1983 年有关数据计算。

但是在经济发展水平较低的国家中也有少数情况特殊者，它们的第二级在校生占各级在校生总数的百分比甚至低于10%。

(3) 第一级高等教育在高等教育水平结构中所占的比重各国不一。该级在校生在各级在校生总数中所占的百分比大于和小于20%的国家数大体相当。但是经济发展水平低的国家这一级所占的比重大多比发达国家大：70%以上的人均GNP少于500美元的国家该级在校生占各级在校生总数的30%以上，而70%以上的人均GNP超过3000美元的国家该级在校生占各级在校生总数的百分比小于30%。

(4) 第三级高等教育的规模普遍是最小的。80%以上的国家该级在校生不超过各级在校生总数的10%。

(5) 从有关原始数据（UNESCO历年统计）看，多数国家有优先高速发展第一级高等教育的趋势。但是也有一些国家第一级高等教育在校生所占的百分比在不断下降。

3. 美国、日本、法国、联邦德国、苏联五国高等教育科类结构的比较

由于不同级别高等教育的科类结构差异极大，因此我们将分级考察五国高等教育的科类结构。表4、表5分别给出了它们的第二、三级高等教育科类结构的有关数据。

由各表对五国各级高等教育结构进行比较可以得到如下的结果：

(1) 各国各级高等教育的科类结构都是随着时代而发展变

化的，不存在某种稳定的结构状态。这种变化有时（甚至往往）呈现某种总的趋势，但其变化过程则常常不是单调的而是起伏相间的。相对而言，苏联多数科类的变化较小一些。

（2）各国的科类结构差异极大，不同国家的某些科类毕业生占总数的百分比有时可以相差七八倍（例如美、苏在农科第二级，美、联邦德国在医科第二级）甚至十余倍（例如美、日在农科第三级）。这就是说，不存在某种各国一致的高等教育科类结构模式。

（3）各国各科毕业生占毕业生总数百分比的大小顺序随年代不同而有不同的排列。苏联的变化较小。

（4）各科类毕业生占毕业生总数百分比的大小顺序各国在各时代都不相同，但是可以看到如下一些现象：

在第二级，占第一、二位的往往是社会学、工科和教育等科类；人文科学和自然科学科类只曾在个别国家少数年代占第一、二位；农科和医科往往处于倒数第一、二位的位置；苏联的人文科学和自然科学科类低于农科，往往处于倒数第一、二位的位置。

在第三级，医科是占第一位的（美国的医科博士大部分统计为第二级高等教育毕业生，无法比较，故除外）；自然科学科类在多数国家占第二位（以博士计）。

（5）60 年代以来，各国科类结构的变化趋势是（以各科类毕业生占毕业生总数的百分比的变化表示）：

在第二级人文科学科类：多数趋于减小；

表4　5国第二级高等教育各科类毕业生占全体毕业生总数的百分比(%)

科类	国别	1940年	1945年	1950年	1955年	1960年	1965年	1970年	1975年	1980年
人文科学	美国	18.1	16.9	13.2	15.4	14.8	17.9	16.7	12.1	8.3
	法国	19.6	14.5	14.8	17.0	21.5	26.5	24.2	22.7	19.7
	联邦德国				7.9	7.4	6.7	7.3	10.5	11.9
	日本[1]					12.9	12.7	12.7	13.1	13.8
社会科学	美国	24.9	23.0	33.2	30.8	27.0	25.3	28.8	33.2	38.7
	法国	22.1	32.1	23.8	25.6	12.4	11.1	25.9	26.5	22.1
	联邦德国				22.5	33.9	26.4	28.9	25.5	24.8
	日本					42.9	43.1	41.8	41.7	40.5
	苏联			8.9	…	10.7	11.7	13.3	15.2	15.2
自然科学	美国	14.7	21.3	14.1	12.6	14.9	15.3	15.6	15.4	13.2
	法国	14.5	16.1	11.6	12.6	18.9	24.5	18.0	17.0	25.9
	联邦德国				9.0	12.7	13.0	13.3	13.0	11.0
	日本					2.7	3.0	3.1	3.0	3.1
工科	美国	9.2	8.0	13.4	9.3	10.8	7.7	7.1	6.5	9.6
	法国	30.5	24.9	26.0	28.8	34.0	27.2	20.9	18.3	23.2
	联邦德国				20.2	17.5	17.2	12.6	10.5	11.0
	日本					15.4	19.5	21.5	20.2	19.4
	苏联			19.4	…	31.5	39.0	37.7	39.3	40.3
农科	美国	2.8	1.8	3.4	2.5	1.6	1.1	1.2	1.9	2.5
	法国	3.9	2.3	3.2	3.2	2.4	2.2	3.2	2.5	3.2
	联邦德国				—	…	—	—	—	—
	日本					4.7	4.1	3.7	3.6	3.4
	苏联			7.3	…	10.0	8.4	9.2	7.6	7.9
医科	美国	1.3	1.3	3.4	4.6	3.6	2.4	2.7	5.3	6.9
	法国	9.4	9.6	20.6	12.6	10.8	8.4	7.8	13.0	6.1
	联邦德国				16.9	13.7	17.2	17.3	14.5	15.6
	日本					5.9	5.1	4.9	5.6	6.4
	苏联			11.7	…	8.9	7.7	6.9	7.5	7.3
教育	美国	24.2	22.5	15.5	20.4	24.8	24.0	20.9	18.1	12.7
	法国	—	—	—	—	—	—	—	—	—
	联邦德国				21.3	13.8	18.4	18.9	22.1	21.0
	日本					10.5	17.8	6.9	7.2	7.9
	苏联			44.4	…	29.4	24.6	24.1	21.7	20.5

[1]本表日本各数据均为各科类在校生在全体在校生中所占的百分比。

表 5　4 国第三级高等教育各科类毕业生占全体毕业生总数的百分比(%)

科类	国别	1940年	1945年	1950年	1955年	1960年	1965年	1970年	1975年	1980年
人文科学	美国[1]	18.8	20.5	18.7	14.6	15.3	13.2	13.0	15.7	13.7
	法国	2.0	2.2	2.4	2.7	2.1	7.0	13.7	12.0	12.0
	联邦德国				11.8	11.1	12.5	9.3	11.4	8.8
	日本[2]						1.3	1.2	1.6	1.2
社会科学	美国	16.4	15.3	18.7	16.2	15.6	11.1	11.8	14.6	13.3
	法国	11.6	19.0	13.8	8.4	7.0	6.7	8.9	7.1	7.2
	联邦德国				20.6	18.5	14.1	12.4	12.4	9.7
	日本						2.1	1.9	1.8	1.2
自然科学	美国	48.3	43.0	31.2	42.2	41.1	38.6	35.7	30.6	31.3
	法国	2.8	2.9	5.2	8.3	17.7	25.5	36.4	15.6	20.2
	联邦德国				17.6	24.0	20.3	21.6	21.9	22.1
	日本						10.6	13.0	14.7	13.1
工科	美国	3.2	4.0	7.6	6.9	8.2	13.1	12.8	9.9	8.7
	法国						5.0	4.1	3.7	1.6
	联邦德国				2.9	5.6	7.8	8.2	8.6	8.0
	日本						10.7	18.2	21.5	18.9
农科	美国	2.5	2.7	7.7	5.8	4.6	2.9	2.4	2.9	3.0
	法国	—	—	—	—	—	—	—	—	—
	联邦德国	—	—	—	—	—	—	—	—	—
	日本						6.2	7.5	8.4	8.4
医科	美国	0.9	1.0	2.2	2.1	1.3	1.1	1.2	1.8	2.4
	法国	83.6	75.9	78.6	80.5	73.2	55.8	36.9	61.6	54.1
	联邦德国				41.2	35.2	42.2	47.4	41.9	47.8
	日本						68.4	5.8	51.6	56.4
教育	美国	8.7	12.4	13.0	11.1	12.5	16.4	19.7	21.8	24.3
	法国									
	联邦德国									
	日本						0.7	1.8	0.3	0.6

[1]系博士毕业生数所占之百分比，不计硕士。

[2]同[1]。

社会科学科类：多数趋于大幅度增大；

工科：多数趋于减小；

教育科类：多数趋于减小；

其他科类或变化不大或无明显的共同趋势。

在第三级社会科学科类：多数趋于减小；

工科：多数趋于增大；

其他科类无明显的共同趋势。

4. 36国高等教育科类结构的比较

在上述比较研究的基础上，我们进一步对36个经济发展水平不同的国家的高等教育科类结构进行了考察，结果如表6所示（原始数据过多，此处不列）。

由此可知：

（1）各国高等教育的科类结构是不断发展变化的，不存在某种稳定的结构状态。

（2）各国的科类结构差异极大。有时，同一科类在有的国家其在校生数占在校生总数的百分比是0，而在另一国竟达100%。这种差异在经济发展水平低的国家之间显得尤其突出。

（3）高等教育科类结构与国家的经济发展水平（在未考虑其他因素的情况下）没有表现出明显的相关性。

（4）60年代以来各国高等教育科类结构的差异有逐渐减小的趋势。

（5）不同年份各科类在校生占在校生总数百分比的大小顺

表 6*　36 国各科类在校生占全体在校生总数的百分比平均(%)

国家类别	年度	人文科学	社会科学	自然科学	工科	农科	医科	教育	其他
人均 GNP< $500(12 国)	1960	30.4	26.3	14.8	5.9	4.9	9.3	2.9	1.6
	1970	26.6	26.3	11.6	7.6	5.6	7.9	11.0	3.4
	1980	16.1	31.5	11.7	10.2	5.6	10.8	11.1	3.1
$500<人均 GNP <$1000(6 国)	1960	21.3	22.7	8.2	7.2	4.4	13.5	18.7	3.8
	1970	14.8	30.2	7.6	8.7	3.5	10.9	19.2	5.1
	1980	11.9	33.2	8.9	16.8	3.7	10.3	13.1	2.2
$1000<人均 GNP<$3000 (9 国)	1960	13.6	36.0	8.0	11.1	3.9	16.4	6.8	4.2
	1970	14.3	29.7	6.6	18.7	4.1	13.1	9.2	4.3
	1980	9.3	28.1	5.6	24.6	4.4	11.9	13.0	3.1
人均 GNP> $3000 (9 国)	1960	24.6	18.8	12.7	14.7	2.7	15.2	8.3	3.0
	1970	23.0	23.5	11.4	12.1	2.5	10.3	13.6	3.6
	1980	12.5	29.1	9.6	12.8	2.7	14.4	12.4	6.5

* 根据 UNESCO：*Statistical Yearbook*，1983 年有关数据计算。

序呈如下状态：社会科学科类在绝大部分年代里占第一位，工科和人文科学科类次之，农科几乎始终处于末位；70 年代以来自然科学科类常处于倒数第二的位置（不计“其他”类）。

（6）存在着若干共同的发展趋势，具体如下。

人文科学科类：普遍减小（各类国家在校生所占百分比的平均，下同）

社会科学科类：普遍趋于增大

自然科学科类：普遍趋于减小

工科：多数趋于增大，发达国家趋于减小

农科：变化较小，无明显共同趋势

医科：多数趋于减小

教育科类：多数趋于增大

二、外国高等教育结构比较结果的讨论

上面，我们对外国高等教育结构进行了历史的（纵向的）和国家之间的（横向的）比较，并得出了若干唯象的结果。怎样解释和认识这些结果？这些结果能够说明哪些有关高等教育结构的实质性问题？它们反映了哪些关于高等教育结构形成与发展变化的规律？这些都是我们进行外国高等教育的比较以求在研究中国高等教育结构时有所借鉴所必须回答的问题。为此，我们做如下的讨论。应当说明的是，由于资料方面的困难，我们仅对五个发达国家的高等教育结构做了初步的国别研究，对经济发展水平不同的国家的高等教育结构所做的考察，样本不够多，历史时期不够长，也没有进行深入的个案研究，因此，下述讨论结果的正确性、广泛性如何还有待于进一步研究的检验。

1. 外国高等教育结构是多样的

全部资料表明，任何一个国家的高等教育，在不同时期有着不同的层次结构和科类结构。表征这些结构的各级和各科类毕业生（在校生，下同）占全体毕业生总数的百分比值的变化范围极大。

同时，资料还表明，不同国家的高等教育结构也是不同的。即使在某些条件相同（例如经济发展水平近似）的国家之间，

这种差异也是存在的。由资料可知，这里所说的不同国家的高等教育结构各异包含两层含义：第一，它们的静态结构不同；第二，它们的结构发展变化的具体过程也不尽相同。

以上事实说明，外国高等教育结构没有统一的静态模式和动态发展过程。也就是说，迄今为止，外国高等教育结构是多样的。如果考虑到下面将要讨论的形成高等教育结构和促使其发展变化的因素与条件，我们可以说，高等教育结构具有多样性是一个规律。因此，在讨论高等教育结构问题时，我们绝不可以偏概全，以一个或少数几个国家某一年份或短时期内的结构形式及其变化来概括高等教育结构的全部问题；我们绝不可简单地把某一个或少数几个国家某一年份或短时期内的具体结构作为衡量本国结构合理性的标准；绝不可简单地照抄照搬他国的模式或以之作为自己决策的根据与佐证。

2. 许多国家高等教育结构的发展呈现出某些共同的趋势

上述高等教育结构的多样性是从静态和结构发展的微观动态过程来说的。如果从结构的宏观动态发展来看，则第二次世界大战以后，特别是60年代以来，许多国家高等教育的发展呈现出某些共同的趋势。这些共同趋势是：

（1）在层次结构方面，第一级高等教育优先得到发展，它的发展速度远远超过其他两级。因此，在各级毕业生数都在绝对增长的情况下，第一级毕业生在全体毕业生总数中所占的百分比有大幅度的提高。与此同时，第三级毕业生所占的百分比也有幅度不大的增长或基本持平。这就当然出现了第二级毕业生所占百分比下降的趋势。总之，近三四十年来，许多国家的高等教育水平结构是在朝着第一级高等教育的比重加大的方向发展。应当指出的是，70 年代末以来这种发展的势头已经有所减弱。

（2）在科类结构方面，许多国家有如下的发展趋势：A. 社会科学科类和工科得到较大的发展，以至其毕业生在毕业生总数中所占的百分比已经或将有可能处于第一或第二的位置。B. 自然科学和人文科学等学术性科类毕业生占毕业生总数的百分比有下降的趋势。C. 农科毕业生所占的百分比最小。

（3）各国高等教育结构的发展有使国家间层次结构与科类结构的差异逐渐减小的趋势。

我们认为，上述共同趋势的存在说明，高等教育结构的发展是有某种规律的。如果知道形成高等教育结构和促成其发展的全部因素，那么从理论上讲，只要有足够多的样本和数据，我们就有可能找到比较确切地表示这些因素如何与高等教育结构相关的方法，从而找到在确定的条件下高等教育结构可能或应当具有的模式。当然，这是一个非常复杂和困难的问题，是一个需要进一步加以研究的问题。

3. 高等教育结构的形成与发展是多种因素综合作用的结果

在进行结构分析和制定有关政策、做出有关决策以调整结构时，必须全面考虑各种因素及其作用的大小。

从以上的国别研究中可以看出，高等教育结构的形成与发展不是由单一的而是由多种复杂因素所造成的。这些因素当中比较主要的有：

经济因素　主要包括：生产力水平及其发展速度，经济发展水平（人均国民生产总值或人均国民收入等）与速度，产业结构以及由此引起的人力资源需求状况等。

政治因素　主要包括：政治制度（社会主义的、资本主义的等），管理体制（如中央集中管理型、地方分散管理型，以及各级政府与学校的职权分配，教育决策程序与方法等），政治环境（如战争、和平、内战、政治局面的动乱与稳定等），一个时期的某种政治需要（如争取民心、选票等），有关的法律与政策等。

社会因素　主要包括：人口与高等教育适龄人口，就业机会，有关的社会观念（如价值观、教育机会均等观念等），家庭、社会团体对高等教育的要求、态度与评价，民族、宗教特点等。

教育因素　主要包括：教育发展水平与结构（义务教育、各级普通教育及职业、技术教育的规模与结构，国民的平均教育水平等），教育制度，等等。

文化、传统因素　主要包括：全社会的总体文化水平，由历史传统形成的民族文化特点及观念（如哲学观、教育观）等。应当强调的是，政治制度相同、经济发展水平相当的国家，其高等教育结构也并不相同甚至有很大的差异，文化、传统因素往往是造成这一现象的主要原因。

科学技术因素 主要包括：科学技术发展的总体水平与速度，科学技术系统的规模与结构等。

资源因素 主要包括：政府及全社会对高等教育的经费投入，人力投入（教师，生源等）、物资投入（图书、设备、土地、建筑等物资设施），教育系统与环境系统的信息交流与信息资源共享状况等。

劳动制度因素 主要包括：专门人才的供求调节体制（如计划培养与分配、劳动力市场调节等）与管理制度（录用、待遇、晋升、流动等），等等。

国际关系因素 主要包括：国际高等教育发展的趋势与潮流，国际关系的传统因素（如政治、经济、文化上的传统关系，人种、民族的传统关系，宗主国、殖民地的传统影响等），有关国际关系的政策（如相对开放或封闭、留学生政策等），等等。

个人因素 主要包括：个人的家庭，教育及社会实践背景，个人的人生观、世界观、价值观等。

上述各种因素的综合作用决定了整个社会大系统对高等教育系统的需求与投入，决定了对高等教育系统进行调节的内、外部机制。正是这种需要与条件决定了高等教育结构的形成与发展，使它朝着尽可能满足高等教育系统和整个社会大系统发展需要的方向演变。

上述诸因素对高等教育结构的影响我们在前面做了具体的说明与叙述，这里不再重复。但是，我们认为仍然有必要着重指出一点，这就是，由于一个国家高等教育结构的形成与发展是多种因素综合作用的结果，因此我们在认识一个国家的高等教育结构时，必须严格进行各种因素的历史的、全面的分析，绝不可只看到某一个或少数个别因素的作用。在上述诸因素中，经济因素的作用无疑是十分重要的,有时甚至是决定性的。但是，这并不意味着它是唯一的。

我们试以对第二次世界大战后许多国家高等教育结构中第一级的比重保持很大或有大幅度增长的因素分析为例，对上述问题简单加以说明。综观各国的情况，造成这一现象的原因大体有：第一，经济和科学技术的发展，需要大量的受过第一级高等教育的人才，以便与其他水平层次的人才形成合理的人才结构；第二，高等教育的适龄人口激增，普通教育有了很大的发展，高等教育面临着巨大的入学压力。因此，在“投入”有限的条件下，只有多举办比较省钱的第一级高等教育以减轻这种社会压力；第三，社会平等，包括教育机会均等，高等教育民主化、大众化，妇女解放，反种族歧视等呼声越来越强烈，为了满足一部分妇女、少数民族、贫民及其受某些条件限制不可能进入大学学习而要求接受高等教育的社会要求，举办他们有可能接受的第一级高等教育；第四，某些政治上的要求，如第二次世界大战末期，为满足数百万复员军人的升学要求，争取他们和他们家属对政府的支持，以获得他们的选票，美国国会通过了为复员军人接受高等教育提供资助的“G.I. 法”，社区学院因而相应得到迅猛的发展等。在苏联和联邦德国第一级高等教育的发展主要决定于因素之一。但是，在日本第二甚至第三项因素则起了主要的作用，所以日本的第一级高等教育中家政科类的比重始终占第一位，而女学生则始终高达学生总数的90%左右甚至更多。在美国，战后初期第一级高等教育的发展是由因素之四决定的，后来一个时期第二、三项因素作用很大，因此第一级教育中出现了占1/2左右比重的转学教育（为转入大学高年级作准备）。

综上所述可知，我们只有进行全面的分析才可能对一个国家的高等教育结构有正确的认识。了解这一点的重要性在于它告诉我们：任何一个国家如果要对本国高等教育结构的调整、发展进行规划与控制，那么它就绝不能只考虑某一方面的需要而必须考虑到社会发展的各方面需要与条件。否则，它的规划与控制在理论上就是错误的，在实践上也是有害的。在这种规划与控制下形成的高等教育结构必然是畸形的，必然不能满足社会发展的需要。

4. 采取合理的控制高等教育结构的体制与方法，以使高等教育结构向合理化发展具有良好的自动调节机制是一个极端重要的问题

在一定条件下，高等教育结构决定着高等教育系统的功能。社会发展对高等教育系统的功能不断提出新的要求，因此高等教育结构也必须随着社会的发展而不断调整。应当有怎样的调节机制才能使这种调整保证高等教育结构朝着合理化发展因而成为一个极端重要的问题。从国外的情况来看，这种调节机制

与对高等教育结构进行动态控制的体制与方法紧密相关，大体上可以分为两种：第一种是通过国家计划进行控制与调节，如苏联；第二种是通过劳动力市场和政府的某种干预（如财政、立法手段）进行控制与调节，如美、日等资本主义国家。前一类的优点是有利于保证满足社会各项事业有计划按比例地发展的需要；可以避免以至消除失业等社会问题。它的缺点在于缺乏有效的自动调节机制，因而结构调整的灵活性不够。后一类虽然有自动调节功能较强的特点，但是必然带来发展的盲目性，以至浪费资源，造成失业等社会问题。

我们认为，在高等教育结构的动态控制方面，采取国家只在一定范围内进行计划管理的体制和方法，可能是有利的。具体说来，这就是：

（1）国家对关系国家命脉的社会、经济事业发展的专门人才需求做出预测与规划，据此制定和下达专门人才培养的指令性计划，并对高等教育及其结构的发展进行管理与控制，使其保证这一部分需求能够得到满足。国家对满足这一部分需要的高等教育事业提供充分的资源保证。

（2）除上述指令性计划外，做出一定的指导性计划，在保证高等教育的应有质量和提高社会投资总效益的原则下，允许、鼓励地方、社会团体、部门、单位根据一定的法律或规定兴办各级各类高等教育。国家根据需要给予或不给予资助。这一部分高等教育及其结构是国家高等教育系统及其结构所不可缺少的组成部分，可以对国家计划进行调节与补充。

（3）允许学生在各级各类高等教育之间合理流动。例如根据规定可以转专业、转系、转校、插班，在一定条件下本科与专科之间也可以互转等，以利于高等教育的自动调节。

这样做的结果是，高等教育结构的形成与发展既受到国家的计划控制又受到计划外自动调节的作用。整个系统的自动调节机制有所加强，它对补偿国家计划的不足，使高等教育结构向合理的方向发展是有利的。不仅如此，它还有利于吸收社会各种资源发展高等教育，有利于学生个人的合理发展。

5. 关于高等教育结构的合理性问题

对一个国家说来，怎样的高等教育结构才是合理的？对于这一问题我们目前不能做出具体的回答。如前面所说，我们没有找到对应于一定国家状态的高等教育合理结构模型，也就是说我们不能确定一个国家各级各类高等教育所应有的比重（可以表示为各级各类学生占全体学生总数的百分比等）。那么，我们从外国高等教育结构的比较中能够得到些什么有益的启示呢？我们应当如何认识和评价外国的高等教育结构，又如何确定我国高等教育的合理结构模式呢？我们可以扼要地把这些答案综合复述如下：

（1）由于对高等教育结构进行控制与调节的体制与方法上存在问题以及其他各种原因，各国现有的高等教育结构对他们本国来说并不就是合理的。资本主义国家普遍存在的某些级别、某些科类毕业生的大量失业而另一些级别与科类又供求关系紧张的事实充分说明了这一点。我们曾就此问题前后与美国、英国、联邦德国、日本等国的7位教育学者进行了讨论，他们无一例外地认为本国高等教育结构有严重不合理的地方。

（2）高等教育结构的形成和发展是多种因素综合作用的结果，高等教育结构的多样性是绝对的。因此，我们绝不可以盲目地照抄照搬外国的高等教育结构模式，绝不可以把外国高等教育结构的具体模式简单地拿来作为我国高等教育结构合理化的标准（即使这种模式对该国说来是完全合理的）。

（3）许多国家高等教育结构共同发展趋势的存在，一定程度上反映了高等教育结构向合理方向发展的某些规律。因此这种趋势是我国高等教育结构合理化所应当加以注意的。例如，增大第一级高等教育的比重，使社会科学、工科等应用科学科类的比重远大于人文科学、自然科学科类的比重而处于领先地位等。同时，在全面进行分析的基础上，各国各级各科某一时期高等教育的比重大小、若干国家比重的平均也是有具体参考价值的，这里不再重述。

（4）我们在研究外国和本国高等教育结构时，虽然必须从结构的具体形式人手，但不能停留在那些表征结构的具体数字（各级各类高等教育的比重大小）上，而要掌握形成这种结构的全部因素及各因素对结构形成的作用大小，在此基础上注意高等教育结构发展的某些共同趋势，参考某些国家的具体结构形式，注意建立一个具有良好的自动调节机制的结构动态控制系统。这样，我们就有可能使国家的高等教育结构向着社会需要的合理方向发展。

参考书目

Bereday, George Z.F. *Comparative Method in Education*. New york: Holt Rinehart and winson,1964.

Altbach, philip G. *Comparative Higher Education*. London: Mansell publishing, 1979.

Eurch, Nell p. *System of Higher Education in Twelve Countries: A comparative View*. New York: Praeger Publishers, 1981.

Fulton, O.Gordan A.and Williams,G. *Higher Education and Manpower Planning*. Genev: International Labour Office, 1982.

Carnoy, Martin and Levi, Henry M. *schooling and work in Democratic state*,Stanford: Stanford University Press, 1985.

关于政府对高等教育的管理

中国目前正在进行教育体制的改革，在这一改革中，管理体制的改革是十分突出的问题。由于过去“在教育事业管理权利的划分上，政府有关部门对学校主要是对高等学校统得过死，使学校缺乏应有的活力；而政府应该加以管理的事，又没有很好地管起来”。[1] 因此，要求“改革管理体制，在加强宏观管理的同时，坚决实行简政放权，扩大学校的办学自主权”。[2] 为此，国务院于1986年发布了《高等教育管理职责暂行规定》，对国家教育委员会、国务院有关部门、地方人民政府和高等学校的职责重新做出了规定，与此同时各级高等教育主管部门和高等学校在管理体制改革方面也进行了大量的试验。经过近两三年

[1] 《中共中央关于教育体制改革的决定》。

[2] 同上。

来的改革，过去那种权力过分集中于上级领导机关，基层缺乏自主权与活力的状况已经有了很大的变化。高等学校在执行国家政策、法令、计划的前提下，开始有权在计划外接受委托培养学生和招收自费生；有权调整专业的服务方向，制订教学计划和教学大纲，编写和选用教材；有权接受委托或与外单位合作，进行科学研究和技术开发，建立教学、科研、生产联合体；有权提名任免副校长和任免其他各级干部；有权具体安排国家拨发的经费并自筹资金；有权开展教育和学术的国际交流等。

目前，上述以权力下放为特点的高等教育管理体制改革还远未完成，全国有关单位和学者正在围绕这一问题进行研究。本文将不讨论高等教育管理体制的具体改革方案与措施，而只就这一改革所涉及的高等教育宏观管理中的若干基本问题进行一些初步的探讨。

一、政府对高等教育实行管理和控制是高等教育发展的必然与需要，但是，这种管理和控制必须是适当的、合理的

当今世界各国的中央或（和）地方政府实际上无不对高等教育实行一定的管理和控制。对于政府的这一作用，历来有不同看法。“高等学校自治论”与“学术自由论”就是反对政府干预高等教育的代表性的观点。不同观点的争论提出了一个问题：政府究竟该不该管高等教育？对高等教育实行管理和控制是它应有的职能和作用吗？这涉及高等教育哲学的一个基本问题：

高等教育为什么会存在?

对于为什么会存在高等教育这一社会现象，西方有两种观点：一种是“认识论”的教育哲学观，另一种是“政治论”的教育哲学观。前者认为，人类出于好奇，总是力求了解他们生存的世界,因而要求不断获得和探讨深奥知识与高深学问。因此，传授和探讨高深学问的高等教育之所以存在是由于人类认识上的需要。后者认为，国家的发展需要高深知识和掌握这种知识的人，而高等教育能够提供这种知识和人才，因此它之所以存在是由于国家需要。

从以上两种高等教育哲学观出发，在政府与高等教育的关系问题上必然会产生不同的看法。认识论的教育哲学强调，追求知识本身就是目的，它并不出于某种人类利益的要求，高等教育必须不受价值的影响。因此，高等教育自治与学术自由论就与这种教育哲学合拍，反对政府的管理和控制。因为据认为，政府的干预意味着自治与自由的丧失，这将使探求知识的活动取决于政府的利益要求和一定的价值观，它不但会使人类的认识活动受到限制，甚至会使它偏离忠实于客观事实、忠实于真理的轨道。与此相反，如果以政治论的教育哲学为基础，高等教育就必然以满足国家发展的需要为目标，否则就失去了自己赖以存在的根据。而为了达到这一目标，政府对高等教育的管理和控制非但不可避免，而且是需要的了。

究竟应当怎样来认识政府对高等教育实行管理和控制的问题呢？我们认为：第一，完全的自治必然要求经费、物资、人力资源等方面的完全独立，这是根本不可能的。现代高等教育是现代社会的产物，它既完全不同于中国春秋战国或古希腊时代的诸子百家或智者的私人讲学，也与中国过去的书院或欧洲中世纪学者行会式的大学迥异。现代高等教育已经脱离了高等教育的“自然经济”时代进入了“大生产”的阶段，现在恐怕没有人会否认：如果离开了国家在经费、物资、人力等资源方面的投入以及行政管理上的支持，仅仅由高等学校自己去独立地实施现代高等教育是不可能的。私立学校的情况尽管有所不同，但也不能例外。在这种情况下，高等教育就不能不对国家承担责任与义务，满足国家一定的需求，这就意味着它不得不接受政府的管理与控制。第二，投入是为了得到一定的输出，因此，为了达到投入的目的，政府就不能不对高等教育进行管理和控制。不仅如此，由于近代高等教育对社会生活与国家事务的介入越来越深，作用越来越大，它所产生的人才、思想、观点和科学技术成果对社会的进步、国家的兴衰有着至关重要的影响。因此，任何一个政府为了国家和自身的安全与发展，都不会放弃对高等教育的管理与控制，使它为自己的利益服务。第三，历史经验证明，行会式的高等学校自治常常带有封闭、保守、排斥改革等弊端，没有限制的学术自由会像经济上没有限制的不干涉主义一样成为灾难。因此，绝对的自治与自由并不能绝对地使高等教育健康发展，相反，它会对高等教育以至社会发展带来某些限制甚至损害。因此，政府的管理与控制在一定的程度上也是现代高等教育发展本身的某种需要。

综上所述，政府对高等教育实行管理和控制既是必然的，也是需要的。其实，如果按照系统论的观点进行分析，这一结论是十分明显的。因为高等教育系统是国家大系统中的一个开放的子系统，国家对它有制约作用（表现为对它进行管理和控制）本来就是系统本身所固有的特性，完全的自治与自由是没有的。如果我们对高等教育发展的历史过程进行认真的考察就会发现，这一结论也是符合历史实际的，自治与自由不过是相对而言罢了。

但必须指出，我们说政府对高等教育的管理和控制是必然的和需要的，这只是说明政府的管理和控制是有根据的，不可避免的，而绝不意味着它可以是随意的、没有任何条件和限制的，也决不意味着否定高等学校自治与学术自由论的合理内核。历史经验证明：错误的管理和控制将导致高等教育与学术衰退甚至破坏；过分的控制会使高等教育和学术发展丧失动力、活力、主动和创新精神；管理和控制无力又会使高等教育和学术发展的盲目性增大，缺乏必要的协调与秩序。因此，政府对高等教育的管理和控制必须是适当的、合理的。否则，高等教育的发展不仅达不到目标要求，而且会受到损害。

二、怎样才能实现合理管理——政府管理高等教育必须遵循的若干原则

由于一切系统的发展都具有其本身所固有的特定规律，高等教育系统也不例外，所以合理管理必须遵循高等教育发展的

规律。然而，这只能说是政府管理高等教育所必须遵循的一个最一般性的原则，它的具体内涵实际上是十分模糊的。因为，高等教育发展究竟有哪些规律，迄今为止我们并没有全面掌握。在这种情况下，我们只能根据高等教育的某些基本特点和过去实践中的经验教训，就政府对高等教育实行合理管理所应遵循的主要原则做以下的若干讨论。

（一）坚持高等教育社会化的原则，把高等教育的发展放在整个社会大系统的背景中加以考察和认识，动员全社会的力量促进高等教育的发展。

高等教育系统是社会大系统中的一个开放的子系统，它的发展是系统内、外部诸因素共同作用、相互作用的结果，即内部诸因素与地方的、国家的以至国际的政治、经济、社会、科技、文化、其他教育等因素共同相互作用的结果。这就是说，高等教育具有社会性。因此：第一，对高等教育实行管理时必须充分认识它的复杂性，对它的发展和出现的问题必须进行全面的多因素分析，弄清楚是哪些因素在起作用，它们是怎样作用的，作用各有多大，切不可简单下结论；在采取重大措施和革新时必须以试验结果或对过去大量实践的科学总结为根据，绝不可凭主观愿望和意志办事，绝不可一律要求，普遍推广；在吸取外国经验时，必须结合本国实际进行具体、全面分析，绝不可照搬照抄。第二，高等教育的发展不是系统本身所能单独决定的，发展中出现的问题，其原因和解决办法也不完全能够在系统内部找到。因此，在对高等教育进行管理时，不应当就高等教育论高等教育，把眼光局限在高等教育系统内部，否则便是把高等教育系统当作一个孤立系统来进行管理，这样是不可能正确认识和解决高等教育的发展和问题的。合理的管理必须把高等教育与社会紧密联系起来，一方面克服高等教育系统内部的某些偏执、保守、企图保持“象牙之塔”模式等错误倾向，使高等教育适应和满足社会发展的需要，为社会发展服务；另一方面，要动员全社会的力量解决高等教育存在的问题促进其发展。合理的管理应当符合“高等教育为了社会，社会支持和参与高等教育”的原则。

（二）对高等教育的发展要做当前和长远两方面的考虑，前者是重点，后者也决不可忽视。要注意防止容易出现的短期行为。

对高等教育实行管理时离不开对它价值和效益的衡量，在设定系统目标、评价现行系统，据以进行控制和调整时都是如此。但是高等教育系统及其输出的价值、效益是很难衡量的，有些甚至是一时不可能认识和衡量的。这是非物质生产的某些特性所造成的，例如“生产”和显示其效果的时间很长，效果的表现复杂：既有经济效果，又有社会效果；既有直接效果，又有间接效果等。因此，合理管理必须注意到这些特点，而特别应当注意防止“短期行为”的发生。例如，对从事科学技术应用等实际工作的专门人才和实用性成果的需求，在任何时期恐怕都远大于而且急于对从事基础科学工作的专门人才和基础科学成果的需求。但是，如果因此不对后者给予足够的重视，那么就会使国家科学、技术、文化的长远发展失去根基，而要弥补这种损失就非几十年莫办了！又如，大学毕业生一般至少可以工作 30 年，如果由于教育工作上的短视，使他们所受的高等教育存在某些严重缺陷（例如过分的专业化），那么他将在未来的工作中不能适应社会、科技发展与进步的要求（例如知识不断更新，职业变动等）。这将不仅给个人发展造成障碍，而且会给整代人和整个社会带来极大的困难和损失。

（三）坚持高等教育多样化的原则，避免划一性。高等教育具有多样性，这可能是高等教育发展的一条基本规律。所谓多样，从国际范围来讲是指不可能存在一个适合于各个国家的统一高等教育模式；从一国内部来讲是指对不同地区的高等教育和不同高等学校而言。它们的功能、模式也不可能是完全相同的，国家高等教育系统的结构因而是多层次、多种类、多形式、多规格的。高等教育具有多样性是因为（1）社会对高等教育的需求是多样的，它要求高等教育能够提供多样化的专门人才，多样化的科学、文化成果和多样化的社会服务；（2）不同地区、不同学校有不同的背景、条件和系统，它们满足社会需求（即使是同一需求）的途径也是不同的，即，对同一问题的理解往往并不是唯一的；（3）接受高等教育的人是多样的，他们的先天条件和后天实践各不相同，因此需要提供多样化的高等教育，使他们有可能按照各自的条件进行选择，以求获得最充分的发展。多样性规律告诉我们，政府在对高等教育实行管理时，绝不可做全国划一的规定与要求。不仅如此，还要引导地方和学校根据自己的实际情况发展高等教育，形成特色，反对不问实际情况的互相攀比、盲目模仿和一哄而起。只有这样，才能使高等教育生动、活泼、主动地发展，才能满足社会的需要。

（四）尊重必要的高等学校自治与学术自由。由于高等教育涉及高深学术问题，而从一定的意义上讲，掌握高深学问的学者、专家对学术本身最有发言权；真理是需要一定的时间经过实践的检验才能被认识和证明的，它是发展的，而且可以通过不同的途径去发现。因此实行高等教育管理必须遵循有关学术管理的原则，这就是：在学术问题上要充分尊重专家、学者的意见；不采取少数服从多数、下级服从上级的办法处理和决定问题；在法律许可的范围内允许不同意见的存在，鼓励它们的争论与竞争等。只有这样，高等教育才能繁荣发展。这就要求政府在管理高等教育时，尊重必要的高等学校自治与学术自由。

（五）建立一个具有良好自动调节机制的高等教育管理体制。如前所述，我们至今并没有完全掌握高等教育发展的客观规律，还由于其他可能存在的各种原因（政治原因、意识形态方面的原因、决策人员的素质等），政府对高等教育的管理在某一时期、某些方面很可能并不是合理的，也完全可能出现失误甚至违背高等教育发展的规律。为了让这种现象在刚出现时得到尽快的纠正，使高等教育和国家遭受的损失减到最低程度，必须建立一个具有健全的决策、执行、监督、反馈和咨询系统的高等教育管理体制。它可以根据有关信息对高等教育系统的运行进行适时的、灵活的自动调节与控制，使其达到应有的合理状态。这可能是高等教育管理中的一个最根本的问题。

三、什么样的管理是合理的管理——政府应当管什么？管到什么程度？怎么管？

合理的管理模式应当是什么样的，对这一问题我们从以下三方面加以讨论。

（一）政府应当管什么？政府对高等教育进行管理的目的是使高等教育的输出满足国家发展的需要，因此，它必然全面关注高等教育发展的规模、速度、结构、质量以及教育过程各个方面。但是，全面关注绝不意味着什么都要管，都要干预。否则就会出现不该管的事情管得过多过死，而应该管的事情又没有很好地管起来的现象。那么，政府究竟应该管什么？总结实践经验得出的答案是：应该管宏观而把微观放活。或者说，应该“办教育”而不要去“办学校”。这是因为：进行宏观控制是政府的职责，陷入微观管理必将削弱以至损害它的宏观控制功能；必将削弱应有的学术自治与学术自由；必将导致划一，背离多样化原则。所有这些都违背了前述合理管理的一般原则，因而是不可取的。政府应该有这样的管理思想：高等学校的教育工作者从整体上说是可以信任的，他们是有办好学校的责任感和积极性的，他们也是最了解如何根据自己的实际情况办好学校的。因此，政府的作用不是设法把他们“管住”，而是进行宏观控制与协调，为基层创造良好的环境和条件，使基层能够生动、活泼、主动地得到发展，从而使整个高等教育事业能够满足国家的要求。从这个意义上讲，政府的管理也是一种服务。

在这种思想指导下政府可以为高等教育制定宏观的战略、政策、规划和法规，开辟、提供和分配资源，设置标准，组织评估以及采取必要的管理、控制措施，以协调微观高等教育的发展，达到尽可能好的整体效果。

（二）政府应当管到什么程度。控制宏观搞活微观的原则明确以后，进一步需要讨论这种管理控制的程度，实际上就是集权或分权程度的问题。从国内外的实践经验看，我们不能抽象地评论集权制与分权制的优劣。从国际上看，既有对高等教育实行集权管理的国家，也有实行分权管理的国家。而且，即使管理模式类似，其集权或分权的程度也各不相同。从中国的情况看，20 世纪 80 年代以前政府对高等教育的管理基本上是中央高度集权式的，近十年来则以权力下放作为管理体制改革的重要方向。为什么会出现这样的过程？这是有其特定的原因和背景的。旧中国是一个半封建半殖民地的国家，新中国建立以前的百余年里，它在外部侵略和内部腐败统治之下，社会、经济极端落后，民不聊生，实际上处于分裂状态。所以新中国建立以后，人民迫切要求和拥护政府实行强有力的领导，把中国迅速建成一个统一、富强的国家。与此同时，建国初期我们在国际上被孤立，甚至与若干国家处于交战状态，国内的残余反动势力还严重威胁着国家的安全与稳定。为了根本改变国家的落后状态，就要自力更生建立起一个独立完整的经济体系，这就必须对经济建设和有限资源的利用进行集中统一的规划和管理。正是在这些历史的、政治的和经济的背景之下，形成了政府对各项事业，包括对高等教育的中央集权管理。应该看到，这种管理在当时曾经使高等教育在数量和质量上得到了迅速的发展和提高。尽管它是有缺点的，但在当时是合理的。但是，随着中国社会、经济、政治的发展，这种集中统一的管理体制已经越来越不适应发展的需要。它不可能照顾到地区、学校的多样性，划一的要求与规定往往脱离了实际；它限制了各地区、各学校根据自己的特点和优势发展高等教育的积极性，使高等教育系统缺乏活力、竞争与生气；它堵塞了高等学校获取资源的多种可能渠道，也影响了资源利用的合理性与效率；它不利于受教育者个性的发展与人才的合理使用；特别是，它已完全不适应当前正在进行的经济、科技和政治体制改革。在这种情况下，高等教育管理的分权化已是势不可挡的必然趋势了。上述的回顾与分析说明：政府对高等教育管到什么程度是合理的？对这一问题并无固定的答案，它与高等教育系统的外部条件有着密切的关系。我们对中央集权制和分权制都不能做绝对的肯定和否定，要根据实际情况做具体的分析。在今天的情况下，国家对高等教育只进行一部分计划控制（为满足关系国家命脉的某些生产、国防、科学和文化的长远发展以及重要社会发展的需要），其余则放开不做直接干预而利用科技、劳务等市场进行调节，可能是比较适当的。

（三）政府应当怎样管？政府对各种事业进行管理的方式应当根据它们的性质和特点而定。高等教育事业的最基本特点在于它的非物质生产性、学术性。如前所述这种特点就要求政府避免直接干预学术性事务，直接评价它们的价值，也不要采取行政手段推行某种意见或措施以及做出某种结论。因此，政府对高等教育应当尽量避免采取行政管理的方式，而采取财政的、间接的、协商的、说服的、引导的方式进行管理。只有这样，才能把失误的可能性降到最低，才能最大限度地调动基层的积极性，使高等教育事业迅速、健康地发展。

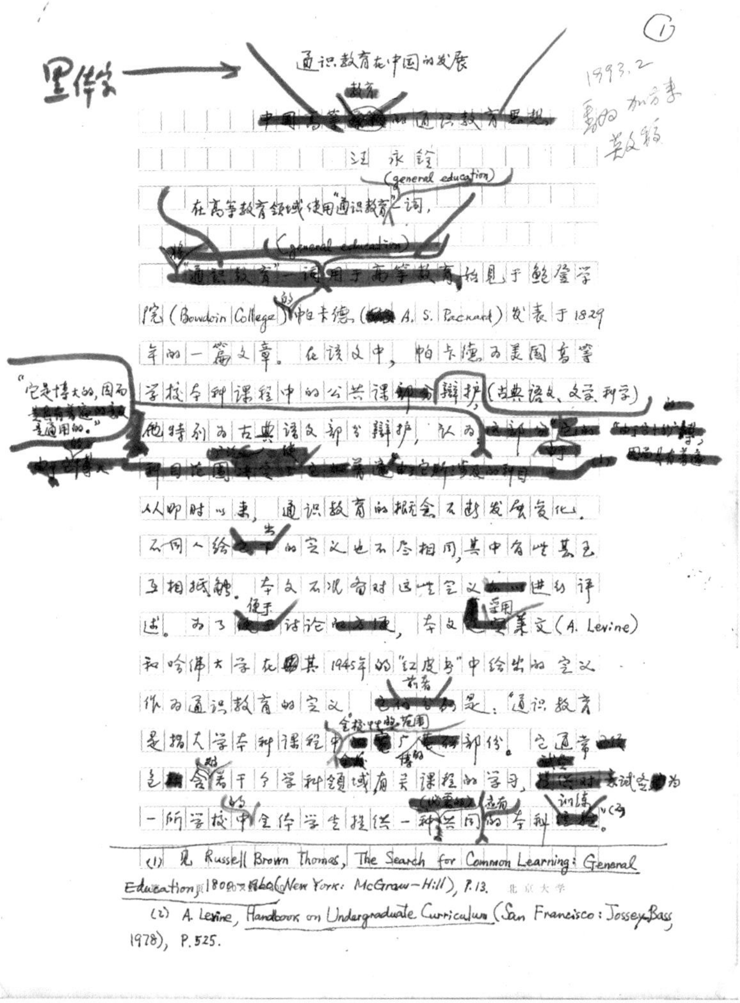
黑体 → 通识教育在中国的发展

汪永铨

1993.2

在高等教育领域使用"通识教育"(general education)一词，始见于鲍登学院(Bowdoin College)的帕卡德(A. S. Packard)发表于1829年的一篇文章。在该文中，帕卡德为美国高等学校各种课程中的公共课辩护(古典语文、文学、科学)……

从那时以来，通识教育的概念不断发展变化。不同人给出的定义也不尽相同，其中有些甚至互相抵触。本文不准备对这些定义进行评述。为了便于讨论，本文采用莱文(A. Levine)和哈佛大学在其1945年的"红皮书"中给出的定义作为通识教育的定义。前者是："通识教育是指大学各种课程中全校性的范围广博的部份。它通常包含对若干个学科领域有关课程的学习，……为一所学校中的全体学生提供一种共同的……训练……"

(1) 见 Russell Brown Thomas, The Search for Common Learning: General Education, 1800—1960 (New York: McGraw-Hill), P.13.

(2) A. Levine, Handbook on Undergraduate Curriculum (San Francisco: Jossey-Bass, 1978), P.525.

北京大学

(2)

后者是，"通识教育"是指学生所受整个教育中的一部分，这一部分首先关注的是使学生成为一个认真负责的人和公民"。(3) 与此同时，我们也接受该文的说法，认为"自由教育（liberal education）是通识教育最常用的同义词"。(4)

本文讨论中国现代高等教育各种阶段通识教育的发展和问题，特别是新中国建立以来的情况，并试图在中国社会实际和西方文化教育影响的背景下进行若干分析。

小标题用黑体字 →

不同时期中国高等学校的通识教育

19世纪中叶以前：

中国最早的高等学校可以上溯到西周（公元前11世纪至公元前771年）的辟雍和泮宫。(5) 其后，中国高等教育极少，有时甚至拒绝接受来自外国的影响。直至19世纪，西方自由教育的思想和实践才逐渐为中国高等教育界所熟悉。

第　页　20×20=400　　北京大学

(3) P. 603 同(2)，

(4) P. 528 同(2)，

(5) 张瑞璠，《"辟雍"与"泮宫"》，上海高教研究，1985年第2期，第107–114页。

全国校际高教研究所（室）工作讨论会总结

这次会议经过三天的大会交流、小组讨论，围绕预定的议题，提出了很多有价值的意见和建议。会议领导小组委托我做总结，下面谈三个问题。

一

这次会议做了三件事：一是交流了经验，二是讨论了问题，三是提出了进一步推动工作的看法和建议，大家都感到受到了启发，获得了信息，对今后工作会有帮助，总之收获很大。

会上同志们指出，现在高教所（室）队伍发展起来了，有700多个专门机构，刊物近400种，专、兼职研究人员成千上万。据我所知，这在世界上也是罕见的。十多年来，这支队伍在高等教育学科建设、高等教育理论研究和高等教育改革实践三个方面都做出了很大贡献，成绩是有目共睹的，但问题和困惑也不少，同志们都感到，现在已到了坐下来认真进行总结的时候了。但要把这十年来的工作总结好，不是一两天的事，这需要一个过程,这次会议对这个过程的完成,起到了很大的促进作用。这是这次会议的意义所在。

二

这次会议主要围绕下面四个议题进行了讨论。

1. 对过去工作的回顾

对这个问题，同志们一致认为，十多年来，我国的高等教育事业有了很大发展，高等教育学的学科建设也取得了很大进展，高教改革同样成绩很大。这些成绩与高教所（室）的工作是分不开的。无论是各高校的微观改革，还是国家的宏观改革，高教所（室）都在不同程度上参与了，起到了智囊团、参谋部的作用。此外，还做了各种各样的工作，如培训干部、培养研究生、编辑书刊、组织科研等。这些成绩和工作，目前已初步得到社会的承认和重视。但应该看到，我们的工作中还存在很多缺点，同时也面临不少困难。

同志们在讨论中感到，过去工作中的主要缺点是：

（1）在研究中对一些重要的领域研究不够。比如，关于高等学校如何坚持社会主义方向，如何改进思想政治工作，对此研究很少。

（2）理论和实践结合不足,思辨性的研究多,实践根据不足。

（3）研究方法陈旧。如何将思辨与实证相结合，定性与定量相结合，如何运用新的方法从新的视角来分析解决问题，对这些问题都有待进一步探讨。

由于上述缺点，使我们的研究水平还不高，深度也不够，科学性与可行性也受到影响，所以，研究成果往往不能及时地、有效地转化为实践。

在讨论中，大家感到工作中存在的主要困难是：

（1）办所（室）的指导思想不够明确。对于高教所（室）要不要办、为什么办、怎样办、办成什么样子这样一些问题，从领导到我们自己，都存在不明确的现象，正像有的同志所说，对这些问题的认识莫衷一是，工作中顾此失彼，疲于应付。这里也有领导重视不够的问题。

（2）经费困难。这是普遍存在的困难。有的同志讲，现在的高教所（室）谈不上“致富”，而是在“治穷”。对此应该进行呼吁、宣传，当然也不应坐等，还是靠自己去争取任务。

（3）队伍问题。主要是素质不高。现有队伍中，多数是各学科转行的，教育基础理论底子差，而科班出身的又缺乏经验，双方都有个提高的问题。再就是队伍建设中，因无章可循，常常在编制、职称、待遇等方面遇到困难，有同志说，有的高教所（室）甚至成了“安置所”,随便给安插与高教研究无关的人。

这些情况也是较为普遍的。正因为存在这些困难，很多高教所（室）出现人心涣散的情况。

2. 关于性质、任务、地位和作用

这个问题是同志们最为关心，也是讨论最多的问题。各级领导同志和我们自己对此认识是不一致的，经过这次讨论，我们的认识比较一致了。

1）关于性质。大家认为，高教所（室）最基本的任务是进行研究，这是它的矛盾特殊性所在，当然也不能拒绝参与本校的行政工作。但其性质应该是研究机构而不是行政机构，是咨询参谋机构但又不等同于秘书班子。高教所（室）的工作，都要以坚实的科学研究为基础。

2）关于任务。大家在讨论中举出了很多种任务，我看是不是可归结成四类。

（1）研究、咨询。这里的研究既有学科方面的，也有实践方面的。有的同志分成“三线”或三种类型，包括政策研究、课题研究和理论研究。这些研究并无高低之分，研究的目的一是为学科发展探求规律，二是为当前改革服务，也就是为改革提供理论、提供咨询。从研究性和重点来看，大家认为，总体上应以应用研究和开发研究为主，当然也不排斥某个所（室）或个人以基础研究为主要方向。

（2）培训干部。这里包括培养研究生和各种专兼职人员的培训，也包括为其他学科开设高等教育理论课程等。

（3）信息服务。这里包括资料收集整理、书刊的编辑出版等工作。

（4）组织、协调校内外的教育研究活动。其中也包括为本地区高教学会组织科研的活动。

以上各类任务，第一类是基本的，各高教所（室）应该根据需要与可能，自己做出选择，这时不要求全，要形成特点和优势。主动去适应去争取。

3）关于地位和作用。高教所（室）在整个教育事业中的地位和作用，我们已经谈了很多，这里主要谈的是在学校、上级领导部门和社会上的地位与作用问题，归根结底是领导如何重视的问题。我觉得一方面要通过宣传、呼吁，使领导从认识上逐步提高，另一方面要用我们的工作实绩和成果价值去争取地位，我们自己要有信心，敢于开创。同时正确处理好研究与参与、研究与服务、短期任务与长远打算、系统研究与零散研究、“阵地战”与“游击战”、校内与校外等关系，使它们有机结合起来。

3. 关于促使研究成果转化为实践

大家在讨论中一致认为，最基本的一条是加强理论联系实际的学风，同时在研究工作中应考虑以下三点：

（1）选题应注意让应用、开发性和与社会需要紧密联系的课题占有更大比例；

（2）要重视研究成果可行性，注意理论转化为实践的各中间环节的系统研究，要积极参与教育实践和开展实验研究；

（3）在科所组织上，吸收兼职人员，特别是行政人员、广大教师共同参与，也要积极开展横向协作研究。

4. 关于今后的发展和协作

同志们对这一问题提出了很多很好的建议，其中心点是：今后的发展，从全国讲，要百花齐放，多样化，不要搞统一的模式。各高教所（室）应根据社会需要和自身条件，在实践中发挥自身优势，逐步形成自己的特点和主要研究领域。有的同志把未来的发展方向归纳成 48 个字：一是要“确定任务、形成模式、主动适应”，二是要“注重应用、改进方法、积极参与”，三是要“明确目标、发展特色、努力提高”，四是要“利用特长、交叉协作、共生互补”。这些话，我想可以作为对我们今后发展战略的一个概括。

这次会上，上海、北京的同志介绍了他们搞协作的经验，对大家很有启发，这样的地区性横向协作对于推动高等教育研究和改革是必不可少的，大家都希望今后能扩大这种协作关系。一些同志提出要建立一个组织，加强协调和合作。不定期召开会议进行交流、讨论。大多数同志认为，目前以建立一个较松散的协作组织为好，有同志称之为“联席会议”，上海交大、华东师大的同志讲，愿意与上海市高教所一起，在上海筹备下一届“联席会议”，准备就某个专题进行深入讨论和研究。开会时间和议题，将在讨论成熟后再通知大家。

这次会议上，除了对上述四个议题进行了讨论外，还交流了各所（室）办所（室）的经验，大家感到听后有很大收获，我们将选择一些推荐给有关杂志发表。

三

这次会议之后，我们还将做以下几件事。第一，整理大家意见，搞一个会议纪要，在征求大家意见并修改后，印发给大家。此外，根据同志们的建议，我们将把此次会议情况打一个报告，连同会议纪要，向国家教委领导与有关部门详细汇报。还有的同志希望国家教委就高教所（室）的性质、地位和作用等主要方面下发一个原则性文件，我们也将把这一意见反映上去。

北京大学为地方发展服务的个案研究

北京大学是中国成立最早、规模最大的高等学校之一。1991年有本科生7000人，研究生2700人，教师2700人。全校共设29个系，61个研究所（中心）和4个国家重点实验室。

考察北京大学为地方发展服务的工作必须注意到以下的情况：(1) 该校是一所直属国家教委、面向全国的高等学校，其任务与面向地方的地方院校有所不同。因此，它为地方发展提供的服务既有面向学校所在地或其邻近地区的，也有面向远离学校地区的,还有面向某些行业的。(2) 它是一所“综合大学”，其系科、专业设置以基础学科为主，兼有部分应用科学、技术科学类专业，没有工、农、医类系科。因此，它为地方发展提供的服务在其内容和性质上不能不受到这类学科特点的限制，较少提供工程设计型的服务。

注意到上述背景，我们对北京大学为地方发展服务的工作讨论如下。

一、北京大学为地方发展提供服务的主要方面

1. 促进有关产业的技术革命，开发建立高科技的新产业

“北京大学计算机激光汉字编排系统”的研制成功导致中国电子出版业的兴起，是这方面的一个突出事例。

以电子出版系统代替铅字活版系统实现印刷术的又一次革命，是当代世界印刷业发展的方向。许多国家在六七十年代已经取得了这方面的一系列重大进展。但是，由于汉字的字形信息量过大，致使实用的中文电子出版系统长期未能实现。北京大学计算机科学技术研究所在数学和信息科学的有关领域有深入的基础研究，在此基础上他们逐渐形成了关于信息压缩的若干创新设想，并终于提出和实现了一种被公认为在世界上居于领先地位的、独特的字形信息压缩和复原技术。以此项技术为核心，该所与山东、吉林等地的有关工厂、研究所合作，研制成功“华光型计算机激光汉字编排系统”，在中国第一次实现了中文书籍的电子印刷出版，这是电子出版系统的一项重大突破。十余年来，经过不断改进，该研究所推出了“北大方正”系列的电子出版系统，可以完全代替传统的印刷系统。1991 年，该系统又实现了通过电话通讯或卫星通信进行报纸版面远程传输和照排的新技术，革除了航空和传真传送版面的传统方法，使报纸在外地出版与本地出版的时间差缩小到 20 分钟以内。

2. 采用新技术、新方法，研制新产品、新材料、新工艺、新流程，提高生产的产量、质量和效率

提出并推广使用先进的设计方法能够提高产品、工艺、流程等项设计和生产试验的效率，从而取得巨大的经济效益。例如，北京大学概率统计系对国际流行的现行正交设计方法做了重大修正，形成了一套新的正交设计方法。北京化工公司使用此法改进工艺，研制新产品，年增产值 2000 万元以上；中国船舶工业总公司在生产中运用此法，年增产值超过 1000 万元。现在，这一方法已在外地得到推广，该系为各地培训了使用此法的工作人员已超过 20000 人，在生产中使用成功的事例超过万件，年增产值达数亿元。

为生产提供新工艺、新产品、新方法是北京大学为地方发展服务的又一方面。例如，化学系根据在国际上首先提出的“串级萃取理论”，试验成功了稀土生产的新工艺。与原工艺相比，它可以几倍、几十倍地缩短生产由启动到稳态所需的时间；基本消除达到稳态前的不合格产品；大大提高稀土中某些含量少、经济价值高的元素的回收率。新工艺现已在上海、甘肃等中国五大稀土生产基地的十多个工厂推广应用，1985—1990 年这些企业由于应用该成果新增产值达 5 亿元。又如，化学系在其提出的关于催化剂、吸附剂的新理论的基础上，试制成功国内外首创的、石油化工生产用量极大的新型催化剂和吸附剂，它们的价格低廉，取代了原来十分昂贵的铂助燃剂，解决了石油化工工业中的一个大难题。这一成果已在长庆、玉门等炼油厂推

广应用，产生了巨大的经济效益。新的吸附剂并已打入国际市场。再如，化学系为辽宁等地的对虾人工养殖场研制成功“北大2号”对虾饲料添加剂，自1986年以来已在近20万亩虾池中使用，使产量提高了30%，增加利润近5000万元。

北京大学还十分注意促进地方在生产中采用新技术。例如，生物系针对河北省及京、津等地的需要进行了华北冬麦区麦田生态系统工程的研究，把计算机技术应用于麦田生态系统的调控，实现了麦田管理的规范化、科学化，使麦田生态系统能够始终保持最佳状态。以这一系统中的白粉病防治子系统为例，它可以就白粉病对小麦生长的影响进行逐日的动态模拟，确定不同麦田的白粉病最佳用药期与最佳用药量。仅此一项，在石家庄三个县37.5万亩麦田推广示范的结果，一年即可增收节支338万元，而且由于纠正了滥用农药的现象，因而大大减少了污染。又如，生物系利用基因工程技术培育出了适宜于贫困山区种植的抗病毒的香料烟植株，结束了中国不能生产香料烟的时代。1990年，仅沈阳烟厂就因改用国产香料烟而节约外汇3亿元。据测算，每推广种植10万亩此种烟草即可创综合经济效益1.5—2亿元。

3. 促进企业管理和其他有关管理手段的现代化

这是提高工作效率，提高管理、决策的科学性，促进地方发展的重要途径，主要方法是把计算机技术用于各项管理工作。北京大学计算机系为北京电视机厂研制成功计算机辅助企业管理系统，对该厂生产发展起了重要作用。仅因此使库存管理得到改善一项即可使该厂每年减少损失 6000 万元，减少资金占用 1500 万元。这一系统已推广应用于南京汽车制造厂、上海沪东造船厂等重要企业。该系还为其他地方进行了各种管理系统的研究与开发，例如银行管理系统、旅游管理信息系统、高校财务管理系统等。

4. 为地方环境保护和灾害防治工作服务

北京大学的有关系（所）根据地方环境保护的需要进行了大量的研究和技术支援工作。例如，环境科学中心和地球物理系与北京市有关单位合作，对北京市的大气污染动态规律进行了系统的研究,建立了不同季节、不同污染物（SO_2、光化学烟雾、臭氧等）的输送、扩散模型，据此可以预测污染趋势，并可估算相应治理措施的效果。又如，环境科学中心对福建省湄洲湾开发区的大气、海洋生态环境和污染状况进行了持续 5 年的调查研究，在此基础上为该地区完成了建设规划所必需的综合环境质量评价，对开发区内即将兴建的炼钢厂、化工厂、油码头等的合理布局及污染控制提出了具体建议。

在防治灾害方面，地球物理系在天气学的基础研究中提出了得到国际公认的一种新的天气模式，并据此提出了中国北方暴雨成因的新观点和预报新方法，纠正了过去预报工作中的片面性，提高了暴雨落区及强度预报的准确性。中央防汛办公室据此准确进行了黄、淮、海流域的暴雨预报，1984 年 7 号台风引起的北方7省特大暴雨预报和1985年辽宁省的特大洪水预报，因而大大减轻了灾害损失。又如，无线电电子学系为地方水利调度和防汛部门研制成功水文自动测报系统，可使水情收集时间由原来的几小时至一天以上缩短到15分钟以内，在湖北、陕西、山东及淮河流域等地1991年的特大洪灾中使预报工作准确、迅速、实时，为防洪做出了贡献。生物系为北京地区研究成功诊断、防治北京鸭小鸭肝炎的系列方法，使这一长期威胁北京鸭生产、死亡率高达95%的传染病得到控制。这一防治方法已推广到广州、河北、江苏等养鸭区，估计每年减少损失在100万元以上。

5. 协助地方制定发展规划

80年代以来，各省（市）、地、县贯彻改革开放政策，纷纷制定本地区的中长期发展规划，这是涉及地方发展成败、好坏的大事。北京大学有关系（所）积极参与了有关工作，包括：①规划所需基本情况数据的调查与收集。经济管理、社会学、城市区域规划与环境等系及有关研究所为有关地区进行了工业、农业、土地、人口、环境等基本情况的调查，为制定规划提供了大量的数据。如，遥感技术研究所用遥感技术对山西全省（16万平方公里）的农业资源调查，对内蒙古自治区（116万平方公里）的草场资源调查，对京、津、唐地区的资源调查等，为当地提供了资源的各种专题图，成为地方发展规划极其重要的依据。②协助地方制定单项发展规划。如高等教育科学研究所协助云南、贵州等6个省制定利用世界银行贷款发展教育的五年规划；历史系为安阳、白银等市提出旅游开发规划建议等。③为地方综合发展规划提出咨询报告。例如管理科学中心提出的梧州市发展战略研究报告、北京市昌平县（今昌平区）城镇体系研究报告，社会学系提出的把秦皇岛建成首都新门户和把通县（今通州区）建成北京重要卫星城的调查报告，社会学系提出的淮阴、洞庭湖、宝鸡等地区的发展研究报告等。

6. 为地方的经济、法律、社会等各类有关事务提供咨询或其他服务

7. 举办成人教育、继续教育，为地方培训所需人才

这种在职培训分为两类：

（1）学历教育。1991 年，北京大学的这种教育共设经济、法律、管理、图书馆等类专业 15 个，有在校生 4224 人，其中 95%为在职人员。1980—1991 年，共培养本、专科毕业生 11569 人，为补充有关地方稀缺的专业人员、提高专业队伍素质和工作质量起了显著作用。

（2）非学历教育。包括专业证书班、高级法官培训班、助教进修班、进修教师培训，以及各种专题讲习班和研讨班等。

二、北京大学为地方发展服务的主要经验与问题

1. 经验

（1）学校要积极为地方发展服务，通过服务密切与社会的

联系；了解社会的需求，取得社会的支持，促进学校工作的不断发展与改革。

北京大学的实践证明，为地方服务的效果和作用是双向的。它不仅促进地方的发展，也促进学校工作的发展与改革。这种促进作用表现在：密切了学校与社会的联系，加强了社会对学校工作的参与，改善了办学条件；使学校的教学科研工作更好地做到理论联系实际，增加了学校的收入等。

（2）要把为地方发展服务与教学、研究工作结合起来，正确处理两者的关系。

一方面，要根据学校的特点和条件，精心选择为地方发展服务的课题。这些课题应当：A. 在性质、内容上能与学校的教学、研究相结合，在水平上能与学校工作的层次相对应。非学校专长领域和低层次的普及性服务在必要和可能时也应当积极提供，但其比重要加以控制。B. 能够增加学校收入，但不是纯粹为了"创收"而与教学、研究无关。另一方面，要合理安排为地方发展服务工作与学校经常性教学、研究任务的比重，前者的工作量不能过大，不能影响教学、研究工作的质量和计划的完成。总之，要使为地方服务与教学、科研互相促进，尽量避免产生互相矛盾，争占学校有限的人力、物力、财力等资源的情况。

（3）要加强对为地方服务工作的管理。

如何保证为地方服务和教学、研究工作的协调发展涉及许多复杂问题。同时，不少为地方服务的项目需要组织跨系（所）的力量完成，因此加强对为地方服务工作的管理显得十分重要。

北京大学的做法是：A. 由学校的教学、研究管理部门促进和协助各系开展此项工作，考查各系（所）此类工作的进展情况与效果。对有利于教学、研究工作的改革与质量提高者予以支持和鼓励，对冲击教学、研究者提出意见以至予以限制和撤销。B. 设立科技开发部，专事规划、协调、管理全校的此类工作。C. 设立成人教育学院，专事组织、协调和管理为地方服务的在职人员培训等成人教育、继续教育工作。D. 学校由一位副校长和教务长统管此项工作。

（4）采取多种方式为地方发展服务。

为地方服务不应拘泥于某种特定方式，要根据提供服务的性质和提供单位的条件选择不同的方式进行。北京大学的经验说明，适宜的方式有：A. 参与建设地方的新技术产业试验开发区。例如，至 1991 年，北京大学已开办有 6 个独资公司和 3 个中外合资公司，其中北京大学新技术公司（独资，以北大方正电子出版系统为主要产品）和北佳公司（中日合资，以北佳激光印字机为主要产品）已成为北京中关村新技术产业试验开发区最重要的企业之一，1991 年销售额共达 1.9 亿元。B. 接受地方有关单位委托，按照双方达成的协议（合同），完成专项研究开发任务。这是最常用的方式，协议（合同）要明确规定双方的责、权、利。C. 将学校的有关研究、开发成果有偿或无偿地转让给地方有关单位。D. 自办工厂，生产地方所需产品。1991 年北京大学共有校、系属工厂 12 个，年销售额约 2000 万元。它们的产品都是社会稀缺、产量不大而又结合学校专业特点，能够不断得到更新的。其中如虾饲料添加剂、系列真空规管、心理教学仪器等的产量在国内居于首位。E. 独立或与地方合作，开办律师事务所等法人单位为地方提供所需的服务。F. 派出专家到地方有关单位兼职，担任顾问，或提供专题咨询服务。G. 举办成人教育（见前述）。H. 向地方开放图书馆、博物馆、实验室，或提供有关设备、设施，利用学校各种资源为地方发展服务，等等。

2. 问题

（1）认识上的问题

从学校方面来看，重教学、科学研究，轻为社会服务；重理论、学术性研究，轻技术、开发性工作的思想依然存在。加以有些人把为地方服务看作仅仅是学校为地方做贡献，忽视和低估了它对学校发展与改革的促进作用，因而为地方发展服务的工作在学校还没有普遍地受到重视，一些人并不认为从事这类工作是学校和自己应尽的职责。这种情况往往由于以下的影响而变得更为严重：在对教师进行评估，特别是在晋升高级职务时，与学术性研究成果所起的作用相比，教师所取得的技术开发性成果的作用甚微以至不起作用。这就很难使教师主动、积极地参与多属技术开发而学术研究色彩不浓的为地方服务的工作。除此以外，单纯为了创收而开展为地方服务的工作，也是阻碍这项工作健康发展的一个认识上的问题。

从地方一面来看，由于自成体系、自我发展的思想影响，也由于对大学并不十分了解，信任感不强，所以许多单位缺乏把大学作为地方发展可以而且必须依靠的力量的意识，对应当参与高等教育促其发展改革的认识也很不足。

（2）运行机制和政策方面的问题

从北京大学的实践来看，目前还缺少一种能促使学校主动、积极为地方发展提供服务的机制和相应的配套措施。例如：

——主管部门并没有对学校为地方服务提出明确的要求。学校无论是否为地方服务，无论服务的好坏如何，都可生存和照常运转下去。

——在核定学校的编制、经费，评定职称、分配服务工作所得等方面缺乏一定的鼓励学校为地方提供服务的政策；在某些评估高等学校工作的指标体系中，给予为地方服务项目得分的权重很低，甚至为零。

——中央部委所属院校（如北大）不属地方管理，在参与地方发展项目时，有由管理体制带来的问题。

——信息渠道不畅，又缺乏相应的协调和机制，学校对地方需要提供哪些服务，地方对学校能够提供哪些服务都了解很不全面，致使承担项目的状况不尽合理，影响了工作的质量与效率，等等。

（3）条件方面的问题

某些条件的不足，给学校为地方服务工作带来了困难。例如，经费不足，致使有些为地方发展所急需而学校又有力量完成的项目不能立项或半途而废；生产单位缺乏在学校科学研究成果的基础上进行技术开发的技术力量，学校缺乏进行中间试验、试生产的条件；在把研究成果转化为生产产品的过程中，学校与地方单位之间的“接力”有困难，等等。

三、结论和建议

北京大学为地方发展服务的工作证明：

1. 高等学校必须为地方发展服务。一方面这是“教育必须为社会主义建设服务”的总方针的要求，另一方面这是学校取得社会支持，使自身不断得到发展与改革的根本途径。

2. 高等学校能够为地方发展做出贡献。北京大学的经验证明，只要指导思想明确，即使像北京大学这种以基础学科为主、面向全国、直属中央部委的学校也能在许多方面为地方发展提供有价值的服务。由于有雄厚的基础研究和应用基础研究做后盾，它们有可能以具有独创性的科学新思想、新观点进行研究与开发，使地方发展得到某些突破性的进展。

3. 随着经济和社会发展水平的提高，随着各项改革的深化，随着各类有关人员的素质提高，学校与社会的关系将会越来越密切，学校为地方发展服务的双向作用将会越来越显著。学校为地方发展服务的广度和深度都会有新的发展。

通过对北京大学情况的考察，可以对高等学校为地方发展服务的工作提出下列建议：

1. 进一步进行调查研究，从理论和实践上阐明高等学校为地方经济、社会发展服务工作的意义和作用。使高等学校确立“为地方发展服务是学校的基本职责”的观念，使地方树立“高等学校是地方发展的依靠力量，地方有义务促进高等学校的发展”的观念，双方共同努力把此项工作做好。

2. 制定必要的政策和条例，促进高等学校为地方发展服务。例如，原则规定在此项服务中学校与地方的责、权、利；在制定学校人员定额标准时，考虑此项工作的需要，把参与此项工作人员的工作成绩作为其晋升职务和工资级别、获得奖励以及享受某些待遇的依据之一，等等。

3. 通过一定的组织形式，为高等学校为地方服务工作提供各种信息、建议和咨询，并进行必要的协调。

4. 建立专项基金，为迫切需要而资金短缺的项目提供资助或贷款。

5. 健全学校内部管理为地方发展服务工作的机构和机制，协调学校各单位的工作，提高学校为地方服务的总体能力，使教学、研究与为地方服务工作更好地互相结合，互相促进。

6. 采取适当措施，鼓励教师经常接触地方的实际，了解地方的需要，并在教学和科研中主动联系地方的实际开展工作。

7. 采取研讨会、成果展览会等形式，推广成功经验，促进学校为地方服务工作的不断发展。

8. 调查研究国外高等学校为地方服务的情况，结合国内实际吸取他们的经验。

我国比较教育研究的新发展

——《比较教育导论：教育与国家发展》读后

顾明远、薛理银合著的《比较教育导论：教育与国家发展》一书出版了。它表明：中国的比较教育研究有了重要的新发展。

20 世纪 70 年代末以来，中国的比较教育研究与过去相比，有了很大的发展，取得了许多重要的成果，也引起了国际比较教育界的注意。但是，由于历史的原因和一些现实具体条件的限制，我国比较教育研究的发展还未能全面赶上世界比较教育发展的步伐和水平。其主要表现之一是，我们的研究工作大多集中于介绍和研究有关国家（尤其是发达国家）的教育制度、教育发展与改革，以及各类教育相关问题的比较，还很少从“国际教育”和“发展教育”的角度进行比较研究。本书指出：“世界比较教育研究正在分化为三个部分，即比较教育、国际教育和发展教育。国际教育是用全球的视角，对国际共同关心的问题进行讨论和研究，达到国际交流和了解。发展教育则是主要研究教育在发展中国家所起的作用，研究教育与国家发展的关系。这就跳出了简单地介绍各国教育制度和静态地比较各类教育的框框。”这就是说，比较教育在原有的基础上，正在或已经形成国际教育和发展教育两个新分支。我们知道，一个研究领域或学科的新分支之所在常常就是它的新生长点之所在。本书全面介绍并评析了世界比较教育研究的新动向，倡导进行有关新分支的研究。这将大大有利于我国比较教育研究拓展视野，从教育与国家发展关系的角度，从全球的角度来进一步认识自己的研究对象，提出新的研究任务，发展新的研究方法。这对开辟我国比较教育的新天地，使其获得新的生命力，进入新的阶段，无疑有重要的意义与作用。

本书首先论述了随着社会、经济发展而来的教育现代化的进程。以此为背景，作者论述了比较教育研究发展的历史、现状与趋势；提出了“比较教育是国际教育交流的论坛”的观点；分析了比较教育研究的学术群体、机构、对象、目的、成果、媒介等比较教育活动的主要要素。关于比较教育的定义，国内外迄今没有一致的定论，本书的界定符合当前比较教育的实际，而对比较教育活动要素的分析则有助于我们进一步把握比较教育的质的规定性。在上述论述的基础上，本书讨论了比较教育的方法论及其有关问题。作者详细分析了比较法与逻辑分析法；建立了国际教育交流的模型并对比较教育流派进行了分类，从而从认识论上对“比较教育是国际教育交流论坛”的观点进行了论证。作者还选评了当代主要比较教育家的方法论观点；评述了比较教育研究中常用的方法。我们知道，建立起在哲学方法论和一般科学方法论指导下的适合于某一学科或研究领域的具体科学方法论，是该学科或研究领域得以发展和走向成熟的必要条件与标志。国外对比较教育方法论已有大量研究，而我国在这方面的研究则相当薄弱。本书在作者原有研究成果（《当代比较教育方法论研究》一书，由顾明远教授指导薛理银博士完成）的基础上进一步发展、深化了这方面的研究，提出了一系列独到的见解，其系统性和深入程度在我国比较教育方法论研究中是迄今所仅见的。可以说，这对国际比较教育方法论研究也是一种丰富与发展。

如前所述，作者认为发展教育是比较教育的一个新分支。本书讨论了近三四十年兴起和形成的“发展研究”与“发展学”中的若干基本概念；综述了与比较教育研究相关的发展理论，包括现代化理论、依附理论与世界体系论、人力资本理论等；进而讨论了教育与经济、政治、文化发展的关系，以及教育与满足基本需求、教育与持续发展的关系。这是对教育在国家发展中的重大作用的一次全面、深入的论证。在这里，本书特别指出：作为国家现代化的一部分，教育本身必须现代化。作者联系农业社会、工业社会、信息社会三大社会阶段的特点，对现代教育的基本特征进行了分析，明确了教育现代化的根本指向，并讨论了教育传统的创造性转化这一教育现代化进程中的重大课题。上述论证和论证中某些观点的提出在我国还是第一次。我国的比较教育研究目前与国家发展和社会主义现代化的战略还联系得不够紧密，在教育发展和国家发展中还未能起到它应有的作用，因而也还未能得到足够的重视。本书倡导发展教育研究，具体提出了我国开展发展教育研究在理论和实际上的六个方面的建议。如前所述，这将有可能促进我国的比较教育研究去突破现有格局的限制求得新发展，从而提高自己在教育发展和国家发展中的地位与作用。

在上述论证的基础上，本书进一步从人员、财物、结构、信息四个维度讨论了教育发展中存在的若干主要问题及其发展前景。作者具体分析了教育人口与教育发展的矛盾、教育投资不足与投资的使用效率和效益、教育结构的合理化、教育发展中数量与质量的矛盾、教育质量与课程改革以及教师队伍建设等问题，论述了这些问题对教育发展与国家发展的重要性，指出了它们的表现形式与实质，提出了解决问题的方向。所有这些对比较教育和发展教育研究都是十分有价值和有意义的。

本书最后论述了教育的国际化，提出了比较教育应当研究的关于教育国际化的十个课题，即：教育国际化与国家发展、教育国际化战略、国际教育关系、文化圈或新经济共同体中教育的相互作用、国际教育的课程与制度、跨国学生流动、海外华侨与留学生子女教育、全球课堂教育学、教育知识的国际化与本土化，以及比较教育的国际化。这些问题的提出与论述，显示了作者把握教育国际化问题的广度和深度，有着作者深刻和创新的见地。国际教育是比较教育的又一个新分支，本书的研究成果也必将推动我国比较教育研究在这方面的新发展。

顾明远同志是我国教育和比较教育界著名的学术带头人之一，薛理银同志是他精心培养出来的近年来崭露头角的青年比较教育学者。他们师徒合著的本书是我国比较教育界年长和年轻一辈学者共同合作取得的一项可喜的、有代表性的重要研究成果。全书表明,作者掌握、消化了令人叹服的大量国内外资料，把握了世界比较教育发展的脉搏。在此基础上，他们以与过去同类著作完全不同的框架撰写了本书，评介了世界比较教育的新发展，对比较教育的界定、任务、目的、方法提出了有独到见解的理论和观点，讨论了比较教育发展的方向，提出了发展比较教育的意见。这是一部有很高学术价值的学术著作，又是一本很好的比较教育教科书。它的出版是对我国比较教育研究现代化的一个重大促进。

制定高等教育发展战略的若干原则[1]

“战略”一词原指“在战争中利用军事手段达到战争目的的科学和艺术”[2]，后来逐渐被借用来泛指对某一领域（系统）发展的重大的、全局性的谋划。这种谋划主要包括：确定战略目标、制定达到目标的战略措施及其实施程序、提出针对某些可能出现的问题所准备采取的因应对策等。上述界定反映了人们的一种共识：“战略是科学，也是艺术。”说它是科学，这是指制定战略必须遵循本系统内、外部诸要素相互作用和由此引起的系统运动所固有的规律。说它是艺术，这是指系统及其环境的复杂性使系统发展战略的“解”常不唯一，制定出来的战略总是制定者对诸多可能的战略进行选择的结果，它总是与战略

[1] 本文是作者为《高等教育研究》编辑部组织的第二期博士论坛“面向21世纪的高等教育发展战略”所撰写的首篇文稿。

[2] 《简明不列颠百科全书》，中国大百科全书出版社1986年版，第9卷，第367页。

制定者的价值观和某些思维特点等主观因素有关。战略的客观性与主观性表现告诉我们，客观、主观和主客观结合状况的不同，将使制定的战略有正误、优劣之分，或者说有“合理度”的不同。而且，主客观的变化将引起已有战略合理度的变化。为使系统取得令人满意的发展，必须有相应的合理战略。因此，制定并适时调整战略，对各个领域来说都是一个重要的、永恒的课题。

近年来，国内对我国面向21世纪的高等教育发展战略（以下简称“高教发展战略”）进行了大量的研究，取得了一系列重要的成果。[1] 在这里我们将不讨论高教发展战略的具体目标、措施和对策，而侧重探讨制定高教发展战略的若干基本指导思想与普遍原则，以期对高教发展战略的决策提供一点参考。

“教育发展必须与社会发展相适应”，这是教育发展的一条基本规律，是一个已经取得广泛共识的命题。这个命题之所以正确，是因为教育系统不是一个孤立系统，它的发展是组成系统的诸要素、系统、环境系统相互作用的结果。显然，如果教育不符合社会发展的需要，社会将拒绝给予它所要求的投入（人力、物力、财力、信息），这就迫使它进行改革以适应社会的要求。因此，(1)与社会相适应是教育系统发展必须追求的总目标，适应则进，不适应则退，不适应则亡。(2）由于教育与社会系统都是不断变化、发展，而不是静止的，因此适应不是一次完成，一劳永逸的。适应了，又会出现新的不适应，经过改革、调整

[1] 参见国家教育发展研究中心等：《面向21世纪中国教育发展战略若干问题研究》。

达到新的适应了，还会出现更新的不适应。可以说，教育发展的过程是……不适应→适应→新的不适应……以至无穷的一个链形过程。(3) 由于系统的惯性和适应有待于创造必需的条件，因此教育发展往往不可能实时地与社会发展相适应。由上述分析可知：适应是教育发展的总要求，而适应又是相对的，不适应是绝对的；适应可以是“令人满意的”，但不会有“最佳的”。这样说，绝不意味着教育系统有了为自己不适应社会发展需要而辩解的依据，相反，它只是说明适应实际是无止境的，追求适应是教育发展的永恒课题。

基于以上的认识，我们认为，高等教育发展战略选择与决策的总原则应当是，使高等教育发展适应社会发展的要求。这里需要讨论的是，这种适应的判据是什么?

一、适应应当是对社会发展需要的全面（或称整体）适应而不是片面（或称部分）的适应。理论和实践都告诉我们：社会发展是社会各子系统（政治、经济、科技、文化……）相互作用的总体结果，而不是它们各自孤立发展的叠加。同理，社会发展的需要也绝不是各子系统各自需要的简单加和。因此，制定高等教育发展战略的一个基本原则是必须适应社会发展的整体要求，切忌片面满足某些部分甚至个别领域的需求。必须特别注意的是，部分或个别领域的需求往往是比较明确而具体的，而整体的需求则常常是相对模糊和抽象的。或由于认识上的片面性，或由于政治、经济上的种种原因而屈从于来自某些部分的片面需求压力，国内外高等教育在发展战略上都有过许多不当或错误抉择的实例。例如片面强调政治或经济发展的需要，片面强调理论或实际发展的需要，片面强调精神文明建设或物质文明建设的需要，等等。实践证明，这种片面性对社会及其各子系统的发展都起着阻碍以至破坏的作用。这些教训是必须深刻记取的。

二、适应是指不仅能适应社会发展的当前和近期需要，而且能适应那些可以预见的社会中、长期和未来发展的需要。由于社会及其需要是不断发展和改变的，而教育在很大程度上又是为未来社会培养人才的，如果不着眼于未来，那么今天培养的人才必将在思想、知识、能力等方面缺乏未来工作所需的必要基础和基本储备。那将是今天教育的一个历史性错误。所以，高教发展战略应当“立足当前，着眼未来”，从发展的观点出发，具有某种超前（先行）性。必须注意的是，当前和近期的需要往往比远期和未来的需要表现得更为明显、具体、迫切和容易取得共识，它们对制定发展战略的影响和压力因而也往往是主要的。所以，制定高教发展战略必须对此有清醒的、充分的认识，防止因此可能产生的各种“短期行为”，使高等教育在规模、结构、培养目标和规格、教育内容和方法等各个方面都能为未来需要提供准备。

三、适应应当表现为教育的社会功能与个体功能的全面发挥。教育具有促进社会发展和个体发展两方面的功能，这两者不是绝对对立的，它们具有矛盾的统一性。历史证明，如果从社会本位论或个人本位论出发片面强调教育的社会功能或个体功能，最终将既有碍社会发展又有害个体发展。因此，教育发展战略必须保证和促进教育功能的全面发挥。长期以来，我国高等教育在发挥其个体功能方面存在着严重的缺陷与不足。这是我国高教发展战略从全面发挥教育功能的要求出发必须着重解决的问题。为此，我们的战略选择应当是：在高等教育目的上，培养在全面发展的前提下个性得到充分发展的人；在具体的培养目标和规格上，克服过分专业化的弊端，使培养的人才具有更大的社会适应性；在教育内容和方法上，通识教育与专业教育相结合，加强智能培养，为个人发展建造宽厚的基础；在教学组织与形式上，突破教师中心、课堂中心的现状，采取能真正发挥学生主体作用的相应组织形式，向社会化、终身化过渡，等等。

四、适应应当表现为教育的发展符合教育自身固有的运动规律。社会各子系统的发展有其不同的特殊矛盾，因而各有其内在的固有规律。正因为如此，社会各系统的发展具有相对独立性。不符合子系统规律的战略决策，显然将阻碍本系统并因此阻碍整个社会的发展。所以，在制定高教发展战略时，必须把握高等教育发展的相对独立性，不能简单搬用其他领域的规律和战略。例如，不能把物质生产的规律和战略搬用来指导教育这种社会人的生产与再生产活动；不能把一般商品市场的运行规律和战略搬用来指导人才市场的发展等。

综上所述，制定一个能使高等教育适应社会发展需要的战略时必须做到：遵循高等教育的运动规律；在战略的空间维度上正确处理社会整体需要和局部需要的矛盾；在战略的时间维度上正确处理社会当前需要和未来需要的矛盾；在战略的功能维度上正确处理社会发展和个人发展需要的矛盾。这就要求我们对上述矛盾的估量和所采取的解决矛盾的措施都是正确的。这里所谓的正确，是指对认识（对矛盾的估量）和行动（准备采取的解决矛盾的措施）在尺度上的适度把握——既避免“过”，也避免“不及”，而适度的标准就是“符合客观实际”。这正是制定战略的难点和它的艺术性之所在。

关于“通识教育”概念内涵的讨论[1]

一、“通识教育”概念

“通识教育”(general education，亦译“普通教育”“一般教育”)一词在19世纪以前一般指中小学教育的总称。第一个把它与大学教育联系在一起的人是美国博德因学院（Bowdoin College）的帕卡德（A. S. Packard）教授。19世纪以前的美国学院课程几乎全部都是规定必修的，所有学生学习的课程基本相同。19世纪初，部分美国学院开始实行选修制，学生被允许选科或者选课。这一改革打破了传统的课程制度，不同学生所学课程之间出现很大不同。“大学生学习的课程是否需要一些共

[1] 本文由李曼丽、汪永铨共同撰写。

同的部分（common elements）”，[1] 在当时成为争论的一个焦点。帕卡德教授撰文为本科课程应该有共同部分这一观点进行辩护，他在文中提到：

> 我们学院预计给青年一种 general education，一种古典的、文学的和科学的，一种尽可能综合的（comprehensive）教育，它是学生进行任何专业学习的准备，为学生提供所有知识分支的教学，这将使得学生在致力于学习一种特殊的、专门的知识之前对知识的总体状况有一个综合的、全面的了解。[2]

这是通识教育最初被赋予的涵义。

在 19 世纪初及以后的一段时期里，帕卡德所指的“特殊的”“专门的”教育在高等学校中还不突出，因此他所提出的通识教育概念并未引起人们太多注意。直到 20 世纪初，“通识教育”一词开始较多地出现于一些评论学院教育的著作中，如梅克勒约翰（Alexander Meikelejohn）在 1920 年出版的《文理学院》一书中，在为四年制学院中的前两年教育阶段辩护时说：

[1] Thomas Russell, *The Search for A Common Learning: General Education, 1800-1960*, New York: McGraw Hill, 1962, p. 13.

[2] A. S. Packard, “The Substance of Two Reports of the Faculty of Amherst College to Board of Trustees, with the Doings of the Board thereon” , *North American Review*, vol. 28, 1829, p. 300.

> 如果（四年制学院）要办得成功，在前两年的教育中应该确立通识自由教育（general liberal education）的观念。[1]

10年以后，在《美国高等教育汇编》（*Compendium on Higher Education in America*）一书中，奥柏林学院的魏金斯（Wilkins）院长也曾使用了这个词语：

> 因此，学院教育，部分应该是一般的（general），部分应该是专门的（special）……部分应该是宽广的（extensive），部分应该是专深的（intensive）。[2]

在1932年出版的一份题为《自由艺术教育的变革与经验》（*Changes and Experiments in Liberal-Arts Education*）的报告中"通识教育"一词也出现过五六次。[3] 但总的来说，通识教育在30年代以前不是一个普遍使用的词语。上面几种著作或报告也是在对其含义未加仔细考究的情况下使用的。

---

[1] Alexander Meikelejohn, *The Liberal College*, Boston: Mashall Jones Company, 1920, p. 158.

[2] R. A. Kent, *Higher Education in America*, Boston: Ginn and Co., 1930, p. 441.

[3] Guy M. Wipple, *Changes and Experiments in Liberal-Arts Education*, 31th Yearbook, part 2, Bloomington: Public School Publishing Co., 1932.

从 20 世纪 30 年代中期起，大学常常把恢复与共同必修课程（它们曾在选修制改革中失去地位）有关的各种教学改革、实验冠以“通识教育”之名。专家学者也越来越热衷于讨论有关通识教育的理论和实践问题，有关文献非常之多。关于通识教育的内涵，在已有文献中的表述是多种多样的，迄今为止尚没有一个公认的、规范性的表述。各种文献及各个作者对“通识教育”概念的内涵几乎都有各自的界定。正如厄瑞克（A. C. Eurich）指出的：“每一个使用这个术语的人的头脑中都有某种限定性的概念。”[1] 因此可以说有多少个作者探讨过通识教育，就有多少种关于通识教育内涵的表述。亚瑟·列文（Arthur Levine）在《本科课程手册》（*Handbook on the Undergraduate Curriculum*，1978）中曾集中列举了十余种关于通识教育涵义的表述，其他著作中有关通识教育定义的表述也极为丰富多样。直到 1977 年，美国学者还在抱怨：“迄今为止，没有一个概念像通识教育那样引起那么多人的关注，也没有一个概念像通识教育那样引起那么多的歧义。”[2] 以至于有的学者认为，概念的混乱是通识教育实施不力的重要原因之一（A. C. Eurich，1939）。因此，如何认识通识教育的内涵是本文必须首先研究并回答的一个问题。

[1] A. C. Eurich, “A Renewed Emphasis upon General Education”, In *Whipple*, 1939, p.6.

[2] Carnegie Foundation of Teaching Advancement, *Missions of the College Curriculum: A Contemporary Review with Suggestions*, San Francisco: Jossy-Bass, 1977. p. 164.

二、“理想类型”方法和对通识教育内涵的理解

人们曾经为得出一个广为认可的通识教育定义做过艰苦努力。20 世纪 30 年代，美国高等教育界几个很有影响的、由大学校长或高等教育研究专家组成的学术研究团体，[1] 为了“提出一个可以被广泛接受的通识教育的新界定”，曾经通过研讨会和集体合作研究等方式进行了三次努力，可最终都以未达成任何一致意见而告终。[2]

为了能够较为准确地理解通识教育的内涵，我们搜集了从 19 世纪初期通识教育一词被提出以来到目前为止的、具有一定代表意义的著作及著名学者对通识教育内涵的表述，共计 50 种左右。从这些表述看来，对通识教育内涵的理解，可以有不同的视野和方法。若把通识教育作为分析对象给予概念上的界定，则很难在一个简单的命题式的界定中说明通识教育概念所包含的所有内容，上述美国学术团体的努力失败就是一个例证。为此，本文采用马克斯·韦伯（Max Weber）的“理想类型”（Ideal Type）法研究通识教育的概念。所谓“理想类型”，简单说它是一种方法，用于定义那些无法明确定义的社会事实；概念是通

[1] 这几个团体包括：Institute for Administrative Officers of Higher Institutions（organized in 1926）；A Collection of Sixteen Prominent Educators Trying to Define General Education（see Benezet, 1971. p. 22）；American Council on Education。

[2] Louis T. Benezet, *General Education in the Progressive College*, New York: Arno Press & The New York Times, 1971, pp. 22-24.

过突出被考察的现象的某些性质并舍弃其他性质而取得的。正如韦伯所指出的那样，理想类型“是通过单方面提高一个或更多的观点而获得的，通过把大量单个现象汇聚起来……它们同那些通过一套统一的思想形式而进行单方面强调的观点结合在一起……它具有纯粹观念上划定概念界限的重要性，现实通过它被加以衡量，以便在现实的经验内容方面为某些重要的因素分类，现实也通过它被进行比较。”[1] 例如，可以从现代社会中提取“分化”“市场化”“契约”“市民社会”等特征，而得到现代社会的理想类型，它是简化的结果，但显示出了与其他社会的不同，如与传统社会的区别；[2] 又如可以从现代资本主义中提取资本积累、合理性核算等特征，而得到现代资本主义的理想类型，以显示它与其他资本主义形式，如高利贷或军火商资本主义的区别。理想类型的描述和分析是我们认识复杂的社会事实的一个途径，正像任何模型和规律都只是复杂现象的“不完全的”概括一样，这里的理想类型分析方法，只是对无数变量中的重要部分尽可能多地概括。

根据理想类型方法，我们把分析的焦点指向已有的 50 种通识教育内涵表述中常用的若干共同核心概念，提取这些共同核心概念并分析其特性，进而从这几个最重要的核心概念的最重要的特征出发构建通识教育概念的内涵。

[1] 周琪：《当代西方社会结构》，中国社会科学出版社 1995 年版，第 9—10 页。

[2] 同上书，第 8—9 页。

从已有表述对概念的使用及其侧重点来看，这些表述主要是从三个核心概念来界定通识教育概念的：

1. 通识教育的性质。通识教育是一种什么性质的教育？已有表述是从以下这些特点来揭示通识教育的性质的：

①通识教育是“高等教育的组成部分”。如：

> 教育广义地可被分为 general 和 special 两个部分……这两方面不能割裂或对立。[1]

②通识教育是“非专业、非职业性高等教育”。如：

> 通识教育指非职业性和非专业性的教育……[2]
>
> 我们应该……对职业教育和专业教育与广泛、宽厚的文化（large and generous culture）有所区分，后者旨在使一个人成为完人（whole man），使之获得在较高层次上评价促进社会进步和福利的各种知识和事务。这不是真正的实用性（practical）教育，但是可使他们更好地从事实践工作。[3]

---

[1] Harvard University, *General Education in A Free Society*, Cambridge, Mass.: Harvard University Press, 1945, p. 51.

[2] *American Council on Education Studies*, Report, 1985.

[3] Henry P. Tappan, *University Education*, New York: G. P. Putnam’s Sons, pp. 15-16.

③通识教育是对“所有人的教育”，在高等教育层次即是对“所有大学生的教育”。如：

> 通识教育是培养我们所有的人，无论是作为父母亲、配偶、观光旅游者、领导人、选民、公务员、文化科学工作者、乐善好施者、公民在生活中都应具备的知识、技能和态度的教育。[1]
>
> 通识教育……是人人所应受的教育。[2]

④通识教育是一种“大学理念”(整个大学的办学思想)。如：

> ……确切地说通识教育只是一种观念、思想……当我们说及通识教育时，我们的意思是大学教育不应该太专门了。[3]
>
> 要谈通识教育，我们无可避免地要将它放在整个大学教育的情境下，才能对它加以比较明确的定位和阐述。[4]

---

[1] *American Task Force on General Education,* Report, 1988.

[2] *American Council on Education Studies*, Report, 1985.

[3] C. T. Lee, "*General Education: Ideal and Practice*", the paper presented on The 2nd Conference on General Education in Universities and Colleges（Taiwan）, 1997.

[4] 何秀煌:《大学通识教育再思考——华人地区大学通识教育的理念、制度、课程与教学》，华人地区大学通识教育学术研讨会与会论文（香港），1996 年 11 月。

⑤与“自由教育”（liberal education）同义。如：

> 通识教育问题实质上是对自由和人文传统的继承……我们试图寻找一个现代意义上的自由教育的对等词…… general 与 liberal 在本义上是相联系的，它在于塑造自由人，它旨在使学生的理性获得自由。[1]

英国学者贝利（Charles Bailey）也认为通识教育与自由教育是相同的，他提出了“general liberal education”和“liberal general education”两个概念，并认为这两个概念和自由教育是一致的，在他所著的《自由教育理论》一书中，这几个概念完全通用（Charles Bailey，1984）。狄尔登（J. Dirden）则从另外一个角度说明通识教育和自由教育是一回事，他说：

> 自由教育作为一种含有等级观念的教育思想好像是过时了，但是实际上它的精神并没有死亡，现在它以一个中性词汇‘通识教育’而流行。[2]

列文在 1977 年出版的《本科生课程手册》一书中把自由教

[1] Harvard Committee, *General Education in A Free Society*, pp. 1-2, 51-52.

[2] Gary E. Miller, *The Meaning of General Education*, Teachers College, Columbia University, 1988, pp. 182-183.

育和通识教育列为同义词：

> 自由教育是通识教育最频繁的同义词。[1]

米勒（Gary E. Miller）教授对这种提法颇不以为然，他探讨了这两个词的历史渊源，使读者理解这两个概念之间存在着根本的区别，“它们之间存在主要差别，关于内容和方法的假定全然不同”。[2]

史密斯（Virginia Smith）先生对米勒所做的这种区分的有用性表示怀疑，他说：

> 或许做这两种对比分析是有分析价值的，但是在目前的讨论中，很少用到这种区分，也没有人去做这种认识上认同的努力，事实上在学校本科教育的非专业组成部分的讨论中，从未想到过这两种模式有本质上的区别。[3]

目前，美国各大学学院的“课程计划”中对通识教育和自

[1] Arthur Levine, *Handbook on Undergraduate Curriculum*, San Francisco: Jossy-Bass, 1978, p. 2.

[2] Gary E. Miller, *The Meaning of General Education*, p. 4.

[3] Arthur Levine, *Higher Learning in America 1980-2000*. The Johns Hopkins University Press, 1992, chapter 14.

由教育不加区分地使用也证实了史密斯的说法符合实际情况；另外，在学者中间，即使是同一个人的同一本著作，这两个词也常常是被交替使用的，其中不乏赫钦斯（R. M. Hutchins）、博克（Derek Bok）、克拉克·克尔（Clark Kerr）、梅休（L. B. Mayhew）、布鲁姆（A. Bloom）这样的学问大家。

总结以上各要点，从通识教育的性质理解通识教育的内涵，它指高等教育的一个组成部分，指非专业性教育部分，它与专业教育一起构成高等教育；它是对所有大学生进行的教育；它也指整个大学的办学理念；与自由教育同义。

2. 从通识教育目的的角度界定通识教育的内涵，如典型的界定表述有：

> 通识教育指非职业性和非专业性的教育……目的在养成健全的个人和自由社会中健全的公民。[1]
>
> 无论其职业是什么，通识教育是为学生日常生活做准备，包括给他们一定社会的知识、信仰、语言和思维的习惯（的教育），它是对文化延续起重要作用的因素。[2]
>
> 通识教育作为大学的理念应该是造就具备远大眼光、通融识见、博雅精神和优美情感的人才的高层的

[1] *American Task Force on General Education*, Report, 1988.

[2] Earl J. McGrarh, *General Education and the Plight of Modern Man, Indianapolis,* Ind: The Lilly Endowment, Inc., 1976. p. 2.

文明教育和完备的人性教育。[1]

通识教育……的目的是开发人的理智美德，推理、论证、哲理性智慧，艺术和谨慎。[2]

通识教育旨在给学生灌输关于好公民的态度和理解。[3]

对我来说，通识教育是一种提供共同核心知识并注重培养自由社会中的行为、动机和态度的一种教育。[4]

该类定义首先指明通识教育的目的旨在关注学生“作为一个负责任的人和公民的生活需要”的教育，关注学生“做人”方面的教育，关注人的生活的、道德的、情感的、理智的和谐发展等，总之旨在培养学生的全面素质；这一部分教育是专业教育所不能有效地完全给予的，也不是专业教育所首先关注的；与专业教育相比较，通识教育的目的不在于专业知识与技能的陶冶和训练，而首先关注其作为社会的一分子参与社会生活的需要。

3. 从通识教育的教育内容的角度来界定通识教育的内涵。

[1] C. T. Lee, *General Education: Ideal and Practice,* the paper presented on The 2nd Conference on General Education in Universities and Colleges（Taiwan）, 1997.

[2] Robert M. Hutchins, *The Higher Learning in America*, New Haven, Conn.: Yale University Press, 1936, p. 62.

[3] Earl J. McGrarh, *General Education and the Plight of Modern Man,* p. 3.

[4] 哥伦比亚学院院长 Carman 的界定，转引自 Earl J. McGrath, 1976, p. 26。

即通识教育是关于什么教育内容的教育，其中有的定义集中于教育内容的特点；有的定义集中于教育内容的组成部分；更多的是从这两方面结合起来描述的。

> ……我们希望给20—25岁的青年一种关于人类兴趣的所有学科的准确的、一般性的知识。[1]
>
> 通识教育是一种使学生熟悉知识主要领域内的事实和思想的教育类型，例如自然科学、文学、历史和其他社会科学、语言和艺术，同任何与职业有关的目的无关。[2]

列文认为专门教育课程表示的是学生所学知识的“深度”组成部分，他自己关于通识教育的简单陈述是：“本科课程中的宽度组成部分。”[3]

从通识教育“应该教给学生什么内容”的角度理解通识教育的内涵，它是关于人的生活的各个领域的知识和技能的教育，是非专业性的、非职业性的、非功利性的、不直接为职业做准备的知识和能力教育，其涉及的范围应该是宽广的、全面的。

---

[1] Charles William Eliot, “Inaugural Address as President of Harvard College” , in *Education Reform：Essays and Adresses*, New York: *Century Company*, 1898. pp. 3-4.

[2] North Central Association of Colleges and Secondary Schools, “Manual of Accrediting Procedures” , in *American Education: Its Men, Ideas, and Institutions*, 1934, p. 353.

[3] Arthur Levine, *Handbook on Undergraduate Curriculum*, p. 1.

以上我们从已有的对通识教育界定的若干主要表述，用理想类型的方法从性质、目的和内容三个角度对通识教育概念内涵做出了初步建构。简言之：就性质而言，通识教育是高等教育的组成部分，是所有大学生都应接受的非专业性教育；就其目的而言，通识教育旨在培养积极参与社会生活的、有社会责任感的、全面发展的社会的人和国家的公民；就其内容而言，通识教育是一种广泛的、非专业性的、非功利性的基本知识、技能和态度的教育。

三、几点说明

其一，对已有通识教育内涵表述的考察表明，通识教育是一个内涵丰富的多维度、多阶段的历史范畴。通识教育从提出至今已将近两个世纪，它在实践中发生了很多变化，不同的历史时期赋予它一定的时代特征。通识教育作为一个概念具有多维性，因此从不同的角度认识通识教育自然会得出不同的定义，一个为大家广泛接受的命题式的形式逻辑定义迄今并不存在。因此，我们在认识和使用通识教育一词时要防止简单化，以免造成对其内涵的不完全理解。

其二，人们在使用通识教育一词时，实际上存在着两种不同的用法，一种是指称大学的整个的办学思想或观念，即指大学教育应给予大学生全面的教育和训练，教育的内容既包括专业教育，也包括非专业性教育。这可以看作关于通识教育内涵的“广义的”理解。另一种指称不直接为学生将来的职业活动做准备的那部分教育。这可以看作对通识教育内涵的狭义理解。在本文中，如不做特别说明均指后者。

其三，关于“通识教育”的译法。在英语里 general 是“全面的，普遍的，一般的”；或解作“不限于（人的、事物的、时间的）一部分的”“综合性的”。[1] 因此人们通常将 general education 译为“普通教育”或“一般教育”，但据台湾学者高明士的研究，译为通识教育更为恰当。[2] 他的根据是，章学诚释“通”为“达”，“通者，所以通天下之不通也”，而 general education 首要的任务就是让学生学识贯通，章氏“通”义颇合其义；同时，general education 还要求“识”，“识”取唐儒刘知己对“学者博闻旧事，多识其物”中的“识”解，刘氏解“识”引用了孔子的“博闻，择其善而从之”。博闻是学问之要求，为 general education 中“通”的功夫，但择善的功夫则取决于“见识”“器识”。general education 正是强调在掌握基本知识、技能的基础之上培养人对自我以及自己和社会、自己和环境等各种关系做正确判断、正确选择的能力，“通”和“识”正可涵盖其义，将 general education 译为通识教育理由全在于此。目前，华人社会对此一译法已经基本取得共识，认为它比“一般教育”“普通教育”更贴近 general education 本义。本文采用这种译法。

[1] 《最新牛津现代高级英汉双解词典》，山西人民教育出版社 1991 年版，第 644—645 页。

[2] 高明士：《传统中国通识教育理论》，台湾《通识教育季刊》1994 年第 1 卷第 4 期。

以上仅仅是我们在研究通识教育问题时，对第一个必须回答的问题所做的一些理解和限定。通识教育的含义，或许只有在对其他问题的深入、广泛地研究之后才能加深理解。

关于我国高等教育科学研究的几点思考

一

进行高等教育研究和从事任何其他科学研究一样，首先必须掌握应有的最基本信息——我们所要研究的课题的历史与现状。这种信息最普通、常见的载体便是相应的文献和资料，包括有关本课题的著作、论文、报告、调查统计材料等。只有研读、评析了这些文献资料之后，才能知道对于所要研究的课题已经有了哪些前人曾经做过的工作和他们所获得的成果，才能知道哪些问题已经涉及,哪些问题尚未涉及,哪些问题已经解决,哪些问题尚未解决或解决得还不能令人满意，以及如果要解决这些问题有哪些可供选择的方案，等等。这样，我们才能对准备进行的研究工作的意义、价值和可行性做出判断，以便决定是否有必要和可能进行该项研究，并进而在决定开展研究以后，对研究的范围、内容、途径和方法做出设计。正因为如此，查找、搜寻必备的资料历来就是对一个研究工作者最起码的要求和他所必须具备的基本功。近年来，由于信息技术的飞速发展，多媒体、因特网的使用正日益普及，人类获取信息的手段，信息资源的交流与共享已经发生了根本的、革命性的变化。从原则上讲，世界整体形成了一个总的信息库，它正朝着可以为任何人方便、快速地提供他们各自所需的信息的方向发展。这无疑将极大程度地提高科学研究和决策工作的效率和质量，加速社会和科技的进步与发展。

改革开放以来，我国信息资源的开发、处理、流通和利用工作已经取得了巨大的成绩。但是，与科研和决策工作的要求相比，与国际发展的水平相比，还有不小的差距。就高等教育领域而言，由于形成具有一定规模并比较规范的研究工作只是近二十余年的事，因此这种差距就比其他领域更大，可资利用的高等教育的专用工具书和文献资料、索引等寥寥无几。而人力、物力与财力的不足，又进一步加剧了研究人员获取所需信息资料的困难。正因为研究工作缺乏一个强有力的专业资料信息支持系统，因此研究人员往往并不完全掌握所要研究问题的本身以及与该问题有关的已有研究的历史、现状及其可能的发展。于是高等教育研究就出现了不少本可避免的现象，如研究课题、内容和结果的简单重复，理论和方法落后于当代发展的新水平，创新不够，等等。这些显然不利于提高高等教育研究的效率与质量，不利于高等教育的未来整体发展。

上述情况说明，我国高等教育研究的发展呼唤建立一个为它服务的专业性的资料信息（数据）库，并把它与国际互联网联通。这样的数据库只要有全国高等教育各有关主管部门、高等学校、研究机构、出版部门、有关中介组织以及各种高等教育的信息源通力协作、共同建设，在今天的信息技术条件下，是应该可以从小到大地建成并不断发展的。这样的数据库，必将促使我们的高等教育研究发展到一个新阶段。这样的数据库也必将不只是为高等教育研究服务，而且是高等教育事业的一个强有力的决策支持系统，使高等教育决策的科学化、合理化提高到一个新水平。

二

新中国成立五十年，特别是近二十年来，中国的高等教育研究工作发展迅速，已经取得了丰硕的成果。然则，如何从总体上认识这些成绩？中国高等教育研究目前所处的阶段、进一步发展需要解决的主要问题如何呢？对此，我以为至少有如下一些启示。

1. 中国高等教育研究基本实现了由“非制度化”向“制度化”的转变

新中国成立的前二十年，有关部门、学校和个人由于自身实际工作的某些需要，进行了有关高等教育的若干研究工作。

这些研究从性质上看基本属于政策阐释、情况描述、工作总结一类；从组织形式上看多数是由研究者个别、零星、分散进行的；从规模、数量上看是小型、少量的；从研究者看大都是领导、管理人员或学校各学科教师，那时还几乎没有专门从事高等教育研究的专业人员。这可以看作高等教育研究的“非制度化”阶段。

近二十年来，从党和国家把工作重点转移到现代化经济建设上来以后，在基本路线和改革开放总政策的指引下，我国的高等教育事业持续快速发展，产生了一系列极其深刻的变革。在这一形势的推动下，高等教育研究工作以前所未有的规模和速度发展，进入了一个完全新的阶段。这主要表现在以下几个方面。

——政府视高等教育研究工作为必需，并为此进行了大量的组织、领导工作。1983 年，成立了教育部领导下的全国教育科学规划领导小组，负责编制包括高等教育科学在内的教育科学发展规划,并对重点研究项目进行了规范化的管理(批准立项、划拨经费、检查进度、组织成果鉴定、交流与评奖等)。这一规划工作成为全国哲学社会科学规划工作的组成部分。除此以外，政府部门及其所属有关单位，还根据高等教育发展的需要，适时提出规划以外的课题直接组织有关单位或学者进行研究。国家自然科学基金委员会近年来也开始批准少量有关高等教育研究课题的立项，并给予资助。总之，高等教育研究工作已经正式纳入政府的有关事业规划，成为国家科学研究工作的一个不可或缺的组成部分。

——高等学校和有关部门建立了一大批高等教育研究所（室、中心）。有资料表明，这类机构目前已达七八百所之多。这说明，高等教育研究有了自己专业工作的正式组织。

——形成了一支高等教育研究的专业队伍。包括教授、副教授、研究员、副研究员和具有其他各级职称的研究人员以及相应的有关工作人员。

——“高等教育学”已列入国家高等教育的学科、专业目录并建立了相应的若干硕士点、博士点，该专业和教育学科、管理学科等其他专业已培养出一批有关高等教育领域的硕士和博士。培养高等教育的教学、科研、管理和其他有关实际工作者已成为我国高等教育的正式任务之一。

——成立了高等教育研究的全国性群众学术团体——中国高等教育学会，从事组织有关的学术活动，出版有关的书、刊、资料等工作。该学会成立于 1983 年，至 1999 年有团体会员（各分支学科及各部委、各地方的研究会）83 个。这意味着高等教育研究人员已经形成一个规模庞大的学者群体，并已组织起来有了自己的独立于其他学科的学术团体。

上述情况表明，在我国，高等教育研究已在全国和各有关单位成为一种组织起来的有目的、有计划、有领导的专业活动；它有自己的专门任务和为完成这些任务所需的专门机构与队伍；它的活动得到政府和社会在制度、政策、经费等物质条件上的支持与调控。总之，高等教育研究已成为一种公认的社会分工，一种专门职业。我们把高等教育研究工作的这种总体状况看作已经基本上达到了“制度化”的状态。国内外各门类研究工作发展的实践表明，从“非制度化”阶段转变到“制度化”阶段是本门研究状态的质变表现之一。只有“制度化”才能使本门研究有赖以存在的稳固基础，得到持续发展的保障。我国高等教育研究的实际历程正证明了这一点。今后，我们还必须使高等教育研究“制度化”的内涵和水平随着社会的发展而不断发展与提高。

2. 要重视和加强高等教育研究

“社会主义建设必须依靠教育”，而发展教育必须遵循教育的运动规律。因此，为正确认识各种教育现象，探索教育规律而开展教育研究是社会发展的需要。如果说普通教育是教育的基础部分，那么，高等教育可以说是教育的“龙头”。它决定着高层次人才培养的数量与质量，因而在很大程度上影响着甚至决定着国家在未来世界竞争中的成败。所以，高等教育研究有着重要的地位与作用。还应当看到，信息社会的到来，知识经济的挑战，建立知识创新体系的要求等社会发展的新形势，给教育特别是高等教育提出了一系列新任务，它面临着一系列需要解决的新问题。在这种情况下，高等教育研究更应当得到进一步的重视与加强。然而，目前我们在这一点上是做得很不够的。仅从科研经费一个侧面就能看出问题的严重性，在“九五”期间，高等教育列入国家教育科学规划的项目共有 135 项，其中只有

47 项得到政府拨款，共 80.9 万元，平均每项每年只得到研究经费 3442.6 元。这样的状况如不改变,高等教育研究将何以为继?

应当强调的是,与其他学科相比,高等教育研究除了是社会、经济发展的需要以外，更有其学科发展本身的特殊需要。教育是一种十分复杂、高级的运动形式。从本质上看，它是社会人（与自然人相对）的生产的运动，与自然界和社会的其他运动几乎无不相关。因此，可以认为，教育是世界上各种运动形式中最复杂、最高级的一种运动。正因为如此，我们对其运动规律的认识与掌握迄今为止远滞后于其他运动形式，教育科学作为一个学科与其他学科相比还处于层次和成熟度不高的发展阶段。但是，从实践的角度看，教育却是一个永恒的范畴，它与人类社会共始终。同时，教育又是一个人类普遍参与的活动，社会的人无不参加或曾经参加过教育（包括受教育与实施教育）的实践。因此，人们对绝大多数的各种专业活动常因自己不熟悉而没有或不能形成看法,也不去发表什么意见。但对教育则不同，他们常常不同程度地具有自己对教育的某些期望与认识，有着这样那样的观点、建议与批评。有的人因此把教育形象地说成是“一个最大的‘行业’”,“一个谁都能对它‘说三道四’的‘行业’”。群众的广泛参与无疑为教育的发展提供了动力、活力与智慧，是促进教育发展的得天独厚的有利因素。但是，由于教育学科的不成熟，人们容易把某些个别的狭隘的经验，甚至是某种主观愿望（尽管可能是善良的愿望）当作教育发展的规律或必然。因此，教育也就比其他领域更容易产生认识和行动的误区与误导。新中国成立以来我国教育发展中的失误与挫折无不与此有关。这说明，与其他领域相比，教育研究有其由学科本身发展状态决定的特殊重要性与迫切性。要贯彻执行科教兴国的战略，就不能不切实认识到：开展教育研究是硬任务而不是软任务。高等教育是教育的最高层次，因此它是教育运动诸形式中最复杂、最高级的一种，必须重视和加强高等教育研究可以说是不言自明的了。

3. 要在提高高等教育研究的理论和方法论水平上下功夫

上述高等教育学科不成熟的情况表明，亟须提高高等教育研究的理论和方法论水平。

恩格斯说过："想要站在科学的最高峰，就一刻也不能没有理论思维。"理论是人们把在实践中获得的关于客观事物的感性认识上升到理性认识，并将其系统化的结果，是反映现实的概念和原理的体系。被实践证实为正确的理论是客观事物运动规律的反映。对任何一种运动形式而言，如果没有形成相应的理论，也就是没有掌握该运动发展的机理，我们就不可能正确认识和真正理解该运动的过去和现在，也无法预见它的未来，有关的实践也将因此缺乏正确的指导而陷入盲目性。与此同时，理论又是随客观世界和人们实践活动的发展而发展的。所以，理论建设是任何学科发展的一项基本要求与任务。对不成熟的高等教育学科来说，它的重要性与迫切性因此显得更为突出。高等教育学科理论不成熟而亟待加强的表现是多方面的。

——关于建立高等教育学科的专有科学语言问题。迄今为止，我们对高等教育的描述、解释、预言以至理论研究所用的语言仍多属于自然语言或借用其他有关学科的语言；我们所使用的高等教育概念有许多还并没有得到精确的界定，更没有形成一个完整的概念体系。举一个最简单的例子，就连何谓“高等教育”，到现在也还没有一个公认的科学的定义。这种情况严重影响了对高等教育科学认识活动的进行与理论的建设。我们必须加紧关于高等教育自己的科学语言和概念体系的创造与建设。

——关于把实践经验上升到理论的问题。五十年来，我们有着丰富的高等教育实践经验，这是高等教育理论建设的基础。但是，我们有时往往把研究工作停留在具体工作经验、教训与得失的阐述与总结上，忽略了对这些问题理性认识的升华或对它们进行有关理论解释的必要。因此，如何加强对规律性探索的自觉意识也是需要提升的一个方面。

——关于建设真正属于高等教育领域的专门理论问题。毋庸置疑，高等教育理论研究多年来取得了长足的进步，但值得注意的是，任何学科的理论都应是与该学科研究对象相应的某种特殊的、相对独立和具体的规律的反映。马克思主义理论是放之四海而皆准的理论，是指导高等教育理论的最高层次理论，但是我们不能用马克思主义理论代替高等教育理论；自然科学、社会科学和人文科学以及思维科学的理论，是高等教育理论不能背离的高层次科学理论，但是它们也不能代替高等教育理论。

过去我们在高等教育实践中有过许多失误，没有把这种一般性与特殊性区别开来正是重要原因之一。然而，目前我们还未能建立起高等教育自己的特有的理论体系。例如，高等教育的理论框架和具体内容基本是沿袭普通教育学而来的，并没有完全脱离它的窠臼。这两者虽有一定的共性但其系统的内部构成和系统与环境的相互关系是各不相同的。又如，高等教育是一个跨学科的领域，它的发展与政治、经济、社会、自然和人的生理、心理发展密切相关，因此，高等教育理论不可能是就教育论教育的一种理论而必然与这些相关领域的理论有联系。我们的研究工作确已引进、借用了许多相关领域的理论，因而推动了高等教育理论的发展。但是这种引进和借用常常有全盘搬用或者把某些教育理论与其他有关领域理论简单、机械地加以叠加的现象。因此，如何把有关理论在高等教育这一运动形式上真正有机地融合起来，形成与高等教育这一特殊矛盾相对应的真正的跨学科的高等教育理论仍然是一项艰巨的任务。

在高等教育研究中与加强理论研究同等重要的是，我们必须有正确的、良好的研究方法。“我们不但要提出任务，而且要解决完成任务的方法问题……不解决方法问题，任务也只是瞎说一顿。”这是我们都熟悉的毛泽东的名言。巴甫洛夫则针对科学研究工作说过：“科学是随着研究方法所获得的成就而前进的……方法掌握着研究的命运。”从中国高等教育研究的发展来看，对方法的重要性一般说来是有所共识的。这表现为许多研究工作都注意讨论了自己研究本身的方法问题；已经有了与高等教育研究方法和方法论有关的论文甚至专著；在研究中广泛运用了国内外的各种重要的有关方法——除了一般的科学方法如观察法、调查法、实验法、文献法、统计法、归纳法、演绎法、公理法等之外，也已涉及有关方法论的问题，例如，关于实证主义、逻辑实证主义、证伪主义、历史主义、系统论、控制论以及它们所属某些流派的方法论都曾在某些高等教育研究中有所反映。但是，由于方法问题是一个十分复杂的问题，它与研究的任务、理论和实践是紧密相关的。实际情况表明，我们在研究中对方法的重视、探讨以及科学的选择还是不够的，研究和实践中的失误和损失，有许多正是由此产生的。

从中国高等教育研究发展的现状看，在重视和加强方法论研究方面是否有如下一些问题值得注意。

——关于建立能反映高等教育研究特性的方法和方法论问题。方法论在层次上有哲学方法论、一般科学方法论、具体科学方法论之分，它们是相互依存的。在高等教育研究中我们必须以最一般的哲学方法论以及自然科学、社会科学和人文科学、思维科学等一般科学方法论指导高等教育学科具体方法论的研究与实践。但是我们不能用前两者来代替后者，我们的直接任务应当是努力探讨和建立与高等教育研究相应的具体方法与方法论。同时，即使就具体的科学方法而言，由于不同学科的对象各不相同，它们的研究方法虽然必定会有某些共同性的方法论原则，因而我们必须学习、吸收其他学科的已有方法论成果，遵守那些共同的方法论原则，但是为了本学科的发展，更应着力于建立为解决本学科特殊矛盾所需的有着本学科特点的相对独立的方法和方法论。

——关于正确处理质与量的问题。任何事物都是质和量的统一体，任何运动状态都表现为质和量两方面的规定，而这两方面又是相互联系而不是各自孤立的。因此，在科学研究中，质的研究和量的研究是不能截然分离的。由于种种原因，过去有一段时间里中国高等教育研究的描述性、思辨性成分较重，定量分析不够，对质的研究结论缺乏量的规定的支持。近年来这种情况已有很大改变，但又有认为唯定量研究为科学，甚至忽视量的研究反映了哪些和如何反映了质的规定的现象。在这种情况下，有的定量研究就只是将某些数据用已有的数量化方法进行计算，等于做了一道大习题。所以既反对视定性研究为"不是科学"，又反对视定量研究为"没有理论"这两种片面观点，如何把定性研究与定量研究紧密结合起来，是今后高等教育研究中必须高度注意的一个问题。

——关于个别和一般的问题。认识和探索研究对象的运动规律并用以指导实践改造客观是各具体学科科学研究的目的。这里所说的"规律"是指任何研究对象在其本身（系统内部）和环境处于某种确定的条件时，它的运动必然处于某种确定（或最可能）的状态。所以，首先，我们在从高等教育研究中得到某种规律性的认识时（这是高等教育研究的重要目的，也是高等教育研究常常乐于宣称的结果），一定要说明它是在什么边界条件下的规律性表现，不可把一时、一地、一校即局部的、个别的某些认识，不适当地夸大为普遍适用的最佳原则，甚至不加分析地贬低以至否定其他研究成果。这种现象在实际中不是没有发生过，其后果也是极坏的。其次，作为科学研究的最高要求来说，我们不应停留、满足于对局部、个别的认识，还必须在此基础上把它们从多方面联系起来，经过思维上的综合，追求达到对高等教育的整体的、本质的认识。

如前所述，高等教育是极复杂、极高级的一种运动形式。它不仅涉及自然科学、人文和社会科学、思维科学，而且它既是科学又是艺术；它还与一般科学问题不同，涉及价值观问题，而我们知道，一般所称的科学是不解决价值观问题的。因此，高等教育研究的理论与方法论建设是一个十分迫切、十分艰巨而且不断发展的任务。现在，关于建设高等教育理论体系框架以至高等教育元科学的讨论已经不少，这是十分可喜也是必要的。但是从高等教育现已达到的水平看来，也许更重要的是要真正把实践与理论结合起来，既反对脱离实践的空谈理论，也反对忽视以至轻视理论指导的经验主义的实践。这样，也许经过几代人的努力，我们能够构建起高等教育自己独立的理论和方法论体系，使高等教育学成为一个名副其实的真正的学科。

4. 要养成高等教育研究的优良学风

科学研究必须有好的学风（包括文风和工作作风），它最重要也是最基本的表现应当是实事求是。纵观五十年来的中国高等教育研究，这基本上是我们学风的主流，是值得我们欣喜的事。

今后，我们在继续保持和发扬已有的好学风的同时，恐怕也还得时时注意在研究工作中进一步努力做到下面几点。

——**不唯上** 即在把坚定正确的政治方向放在第一位的前提下，不把自己研究的注意力集中在“我注六经”上。只要怀着一颗对国家高等教育事业发展忠诚的心，有认真、负责、严肃、科学的态度，就应该在必要时敢于面对各种“权威”开展有关问题的讨论。当然，如果只是为了标新立异而做反面文章，甚至以制造某种轰动效应为目的，那就是必须坚决反对的坏学风了。

——**不唯书** 多读书、读懂书是科学研究功底深厚的重要保证。但是，“尽信书不如无书”。科学研究更重要的是要“厚积薄发”,读书既要“进得去”又要“出得来”,不能“唯书是从”,把自己变成书的“奴隶”，而要有独立思考，对书的内容有自己的认识、体会与见解。如果把研究工作做成各种有关书的内容摘录的叠加,甚至为了“抢先”而把一些新书、新资料生吞活剥、断章取义，牵强附会地拿来作为研究的新论据那就更为不妥了。

——**不唯众** 科学研究的最高行为准则是“服从真理”，而真理有时会掌握在少数人的手上。因此，科学研究不能把少数服从多数作为它的“游戏规则”。自己要“知之为知之，不知为不知”，而且敢于在事实和真理面前“力排众议”，切忌“人云亦云”，“随大流”。高等教育研究中要防止那种随波逐流，以致无意中助长“谬种流传”之势的不良学风。

——**不唯我** 这里所谓的不唯我，是指在科学研究中，在学术问题上，不可盲目自信、自以为是，甚至唯我至尊，搞“六经注我”，贬低以至排斥不同于自己的意见。个人和个别群体对事物的观察、研究往往只能从自己所可能获得的客观对象的部分信息（因为常常得不到全部信息）得出结论，因此总不免有某些不足和局限性。对这些结论期待着开展不同意见和观点的平等讨论与商榷是完全必要的，也是“学术民主”学风的要求。当然，需要强调的是，我们不是反对“权威”和“学派”，相反，就中国高等教育学科而言，我们需要在现有的基础上出现更多的权威，形成不同的学派，那才是高等教育学科繁荣昌盛的标志。这里所说的只是表明，从学风角度看，权威与学派只能是在科学研究的长期扎实的实践中产生而不能自封。

——**不唯“风”** 科学研究在不同的时期总会有不同的“热点”问题。研究工作者对这些热点必须有高度的敏感性，这样才能使科学研究的发展永远适应而不滞后于社会发展的需要，甚至可以为其做某些超前的准备工作。但是，如果把握不当，也会出现某种不利于科学发展的“风”。例如，把一个时期的某些热点问题当作似乎是全学科唯一的最重要、最有价值的问题，不管自己原来的领域如何，形成人人争说“热点”的形势，以至关于“热点”的研讨会、文章甚至专著层出不穷而且出现的速度惊人。这其中虽然不乏对推动解决热点问题的有利工作，但是总的说来，“追风”总是科学研究作风上的一种浮躁表现。浮躁就不免重复和浅尝辄止，就会有失严谨、科学，更不可能创新。高等教育研究要适应社会的需要，因此，结合“热点”进行研究，从本学科的角度为解决“热点”问题服务是必需的。

但是高等教育也有从社会发展的全局和分工看，需要长期研究和解决的相对独立的问题，因此研究不能只是围着热点转。科学研究作风上还是要求实、要扎实，必要时还要能“甘于寂寞”。

对个人来说，优良的科学作风是学者优良素质的表现。它固然是科学工作者们自身实践和修养的结果，但必须在一定的社会条件下才能养成。这种必要的条件就是要坚决实行百家争鸣的方针。只有允许学术上不同意见的存在与自由争论，只有真正把实践作为检验真理的唯一标准，上面所说的科学研究优良作风才可能形成和不断发展。

5. 关键在于建立一支过硬的高等教育研究队伍

中国高等教育研究水平的提高归根结底要靠建立起一支高水平的研究队伍，这大概是不言自明的一种共识。目前我们已经有了一支数量相当庞大的专兼职结合的队伍，其中兼职研究者占了大多数。能够有如此众多的不以高等教育为其专业和职业的人（包括高等教育的有关管理者甚至决策人，高等学校的教师、学生，有关研究机构以至社会各界关心高等教育的人士）参加到研究工作中来，这是其他学科领域很难甚至不可能出现的现象，也是高等教育研究的一大特点和有利条件。专业与非专业队伍的结合可以使我们的研究具有特别广泛、雄厚的群众基础，可以因此获得研究所需的多种多样的大量信息和思想、智慧的支持。我们必须十分重视和珍视这支队伍，继续保持、发展和提高这支队伍，把它作为我们研究工作不可或缺的一个支持系统。

当然，和其他任何学科一样，作为一个学科发展所必须具备的基础、核心与带头力量，我们必须有一支强大的专业研究队伍。就高等教育研究专业队伍的现状来看，首先，我们有少数从教育学“科班出身”的专家。他们有教育学的深厚功底，是高等教育研究依靠的带头人。问题在于这类专家的人数屈指可数，远远不能满足研究工作发展的需要。近年来，教育学专家中关注高等教育研究的人已逐渐增加。有必要采取一定的措施和政策，吸引他们中的一部分人，定位到高等教育研究上来。其次，现有的专业研究人员中的绝大部分年长专家和相当一部分中年学者是从其他学科、专业“转行”来的。

他们多是目前研究工作的学术带头人或中坚力量。高等教育是一个跨学科的领域，他们的这种学术背景，是高等教育研究求之不得的，他们的背景和研究工作已经极大地提高了高等教育研究的广度和深度。这些学者常戏称自己为“半路出家”者，视自己教育学的功底不足，为开展研究的弱点之所在。从交叉学科形成的一般过程来看，它们往往是由各母学科的学者就某种问题从分别研究，到互相沟通、学习、借鉴、渗透、合作以至有机融合（而不是机械加和）成为一个有其独立特质的、新的交叉学科。因此，“半路出家”者如何提高自己的教育学水平，“科班出身”者如何提高自己的跨学科研究的能力，可能是需要进一步努力解决的问题。再次，我们现在已经培养出了一批与高等教育学科有关的硕士、博士，还有不少在读的硕士、博士生。

他们受过或正在接受比较系统的有关训练，这是中国高等教育研究队伍未来的主力军和希望之所在。应当注意的是，由于经验、条件和思想认识上的种种不足，对他们的培养仍然有许多需要大力改进的地方。例如在培养目标上怎样能既体现必要的一致性、规范性要求，又能符合社会和学生的多样性需求的实际；在培养方案上关于知识结构和能力结构的设计与要求是否合理；在培养途径上怎样能把教学、研究和社会（生产）实践真正结合起来；怎样能切实加强创造性的培养；在师生问题上如何能把教师群体和导师个体的指导作用更好地结合起来；如何能真正做到教学相长和培养学生的独立工作能力；在校园和班级文化上，如何创建一个培养高等教育科学研究和高层次实际工作人员的良好学术氛围和工作氛围，等等。这些都是需要认真研究解决的问题。

中国高等教育研究队伍建设的困难比起其他领域来讲，应该说是较多而且较大的。但是只要我们坚持不懈地扎实工作下去，经过几代人的努力，中国一定能建立起一支训练有素的、能立足于世界高教研究之林的大师级学者和数量充足、结构合理并能不断向前发展的高等教育研究队伍。到那时，高等教育学在中国也就会无愧色、无争议地成为一个公认的与其他学科平起平坐的学科了。

《通识教育：一种大学教育观》序

通识教育（general education）是对近代高等教育有重大影响的一种教育思想与实践。研究它，既为认识高等教育发展历程与规律所必需，更对当前和今后的高等教育改革有重要意义。

通识教育源于亚里士多德（Aristotle）提出的自由教育(liberal education)思想。亚氏认为：自由教育是自由人(freeman)应受的教育，它的目的在于发展人的理性、心智以探究真理，而不是为了谋生和从事某种职业做准备；它把后来被称为自由艺术（liberal arts）的有关文化修养基础课作为教育内容，反对刻意学习对劳作、生活有用的知识与技艺，认为那将使人的身心变得粗鄙、偏狭而不自由。在这里，亚氏是把接受自由教育而在不追求功利和免于为生计而劳碌的闲暇中进行理论的沉思视为最高贵的事业和生活。后来，随着社会的变迁，自由教育在不同时期受到了来自不同方面的挑战。工业革命以后，社会、经济、科技的迅速发展，知识总量的剧增，以及学科领域和职业分工的不断分化，使人们日益重视和要求学习实用的、为一定职业做准备的知识与技能，这就促使大学打破统一进行自由艺术教育的旧传统，出现了选科制、选课制等新的高等教育制度与模式。至此，自由教育受到专业教育（specialized education）的致命冲击，高等教育专业化成为高等教育发展的主要特征之一。在这种新旧教育思想矛盾激烈的历史背景下，美国帕卡德（A. S. Packard）教授于1829年撰文，为大学仍应设公共课而辩护，认为作为进行专业教育的前提，大学生必须学习有关的公共课，以得到必要的共同培养，并称这部分保证学生具有一定广度的知识和技能的教育为“通识教育”。自19世纪至今，西方（特别是美国）的大学、有关学术团体和政府主管部门对通识教育进行了大量的实践与研究，形成了一系列极其重要的著名报告。通识教育成为近代高等教育发展中的焦点问题之一。

在我国，自以“端正趋向，造就通才”为宗旨创办京师大学堂至新中国成立以前，高等教育基本按西方大学的模式办学，通识教育的影响十分明显。新中国成立后，在“一边倒”学习苏联教育模式的政策要求下，批判了“通才教育”思想，改高等教育为高度专业化的专才教育，这就在人才培养的规格和质量上带来了众所周知的新缺失。改革开放以来，我国高等学校进行了加强基础、拓宽专业口径等一系列改革。最近，中共中央、国务院更做出关于深化教育改革、全面推进素质教育的决定，要求高等教育要普遍提高大学生的人文素养和科学素质，重视培养大学生的创新能力、实践能力和创业精神。所有这些都说明，我国高等教育的发展变化也无不与通识教育有密切关系。

综上所述可以认为，从某一个侧面看来，近代高等教育的发展可以说是一部通识教育与专业教育的关系、地位、作用不断发展变化的历史，所以，如前所述，研究通识教育是必需和有重要意义的。然而，令人遗憾的是，据我所见，目前国内研究通识教育的专著似尚阙如。因此，本书的出版对我国高等教育事业的发展和高等教育学的学科建设无疑是有理论和实际价值的。

通读本书，我以为作者至少在以下一些方面发展了前人的研究成果，对通识教育研究做出了独自的贡献：

——就全书而言，作者对通识教育进行了从理论到实践、从历史到现状的系统阐释与讨论。在分析、综合各家之言的基础上，作者给出了自己关于通识教育概念的新界定；理清了通识教育发展的渊源和历史线索；剖析了通识教育的哲学和教育学理论基础；论证了通识教育理念在高等教育发展中存在的合理性；讨论了中外通识教育实践的实际状况与问题，并提出了相应的实施通识教育的有关政策性建议。可以说，本书是作者在前人认识的基础上对通识教育进行新的全面再认识的成果。这对我们今天正确理解和把握通识教育、促进高等教育有关理论和实践的发展都是有意义的。

——在理论和研究方法方面，本书是对过去同类研究的一次应予重视的深化。这主要表现在：(1) 在通识教育概念的内涵方面，相当完整地搜集、整理了有关哲学家、教育家和学术界迄今为止提出的50余种对通识教育内涵的表述，分析了他们对通识教育核心概念的理解，在此基础上，用韦伯（Weber）的“理想类型”方法研究给出了对通识教育的界定。(2) 在关于通识教育的合理性方面，从人的全面发展学说、交往合理性理论，以及未来知识经济社会对培养创新人才、建立知识创新体系的要求,论证了通识教育存在的合理性及其与专业教育的关系。(3) 在关于通识教育的实施途径方面，指出了百余年来主要依靠设置“通识教育课程”这一做法的局限性，强调通识教育不能只是某些知识和技能的传授而更应是对人的素质的全面陶冶和形塑，从而提出了以“校园文化的非专业化”来拓展、完善通识教育的实施途径，等等。作者的这些研究成果是有原创性的，它们为丰富和发展通识教育研究做出了很有价值的贡献。

——在国内外的通识教育实践方面进行了新的考察。对国内外通识教育实践的考察过去多限于五六十年代以前的历史介绍或有关实际情况的描述。本书搜集了美国数十所大学20世纪70年代至最近的本科课程计划和其他有关资料，据此对美国大学通识教育实践的现状及其中的若干重要问题，如通识教育的内容、课程结构、在整个教学计划中所占的比重等做了分析。与此同时，作者专门就通识教育在中国高等教育中的反映，它的发展、现状与问题进行了阐述与讨论。这些比较系统的工作对吸取国内外通识教育实践的经验教训，促进今后高等教育的改革与发展是很有实际作用的。

本书是李曼丽同志对自己的博士论文进行修改、补充后写成的。作者从事本项研究迄今已5年有余。她从进入北京大学攻读博士学位起即选定本课题进行研究，在获得博士学位任教于清华大学后仍继续这一研究不辍，这种潜心于教育基本问题的专题学术研究的精神，在今天实属难能可贵。全书表明，作者从事科学研究工作的态度是严肃、严谨和认真的。她考察问题时做到了追本究源，以事实和各种原始资料为依据，务求持之有故，言之成理。她在研究中运用了大量历史的和外国的材料，但并不食古、食洋不化，而是以古、洋为鉴，得出自己的独立结论。总的看来，本书是踏实、深入进行科学研究的结果，较少东采西撷、浅尝辄止、随声附和甚至炒作之嫌。这种科学作风是值得提倡的。当然，应当说明的是，通识教育是一个十分复杂的问题。它可能是高等教育中需要长期、不断研究的一个“永恒的课题”。本书虽然已经做出了不少成绩，但这些成果还只能说是初步的，且有粗糙和值得商榷之处，有待今后进一步研究和完善。

作者在攻读博士学位期间我忝为导师，是以深知作者为本书写作付出了大量艰辛的劳动。初生之物其形虽“丑”，而其“生”则是应当庆贺的。为此，我祝贺本书的出版，如果它能对高等教育事业和高等教育研究的发展有所裨益，则作者幸甚，序者亦幸甚。

论文出处

1. 论加强文科高等教育，汪永铨、郝克明、陈学飞，原载《教育研究》，1981年第8期，第44—48页。

2. 建国以来我国文科高等教育的几点经验教训，郝克明、汪永铨、陈学飞，原载《教育研究》，1981年第10期，第71—78页。

3. 发展高等教育科学的几个问题，汪永铨，原载《教育研究》，1983年第5期，第8—12页。

4. 重视和加强高等教育学的研究，汪永铨，原载《中国社会科学》，1983年第5期，第54—55页。

5. 关于高等学校教师队伍合理结构问题的讨论，汪永铨、丁小浩，原载《高等师资管理研究》，1985年第3期，第19—31页。

6. 关于建设具有中国特色的教育科学体系问题，汪永铨，原载《教育研究》，1987年第10期，第8—9页。

7. 外国高等教育结构的比较——高等教育结构中的几个共同性问

题，汪永铨，原载《教育研究》，1988 年第 2 期，第 3—13 页。

8. 关于政府对高等教育的管理，汪永铨，原载《上海高教研究》，1988 年第 4 期，第 18—23 页。

9. 全国校际高教研究所（室）工作讨论会总结，汪永铨，原载《社建高教研究》，1989 年第 4 期，第 69—71 页。

10. 北京大学为地方发展服务的个案研究，汪永铨，原载《高教探索》，1992 年第 3 期，第 33—38 页。

11. 我国比较教育研究的新发展——《比较教育导论：教育与国家发展》读后，汪永铨，原载《比较教育研究》，1995 第 4 期，第 51—52 页。

12. 制定高等教育发展战略的若干原则，汪永铨，原载《高等教育研究》，1998 年第 1 期，第 20—21 页。

13. 关于“通识教育”概念内涵的讨论，李曼丽、汪永铨，原载《清华大学教育研究》，1999 年第 1 期，第 96—101 页。

14. 关于我国高等教育科学研究的几点思考，汪永铨，原载《教育研究》，1999 年第 10 期，第 23—28 页。

15.《通识教育：一种大学教育观》序，汪永铨，收入李曼丽著：《通识教育：一种大学教育观》，清华大学出版社 1999 年版，第 1—4 页。

辑二

纪念汪永铨教授

怀念老汪

郝克明

鲁迅曾经说过，人生得一知己足矣。老汪的离世使我痛失了一位难得的挚友，更是我国教育科学工作的巨大损失。老汪虽然离开我们已经一年了，但是他的音容笑貌，他对教育科学工作深刻的认识和高度的责任感，他在科研工作中极其难得的科学态度和严谨学风，他对同志的真诚，点点滴滴仍然深刻地留在我的心中，激励我前进。

20 世纪 50 年代，我在北大留校工作时，就知道汪永铨是北大物理系最年轻的教授之一，当时我很钦佩他，但是没有接触过。1960 年，北大党委把我从北大校刊主编的岗位上调到学校党委政策研究室做主任，我对学校的全面情况有了更多的了解。我知道老汪已被任命为学校新设置的无线电子学系主任，当时他才 30 岁出头。这是他给我最早的印象——北大最年轻的教授和系主任。

“文革”结束后，1978 年，我恢复了在党委政策研究室的工作。我记得老汪当时是北大的教务长，还兼任北大汉中分校的副校长。有一天老汪找我，说他想筹备设立高等教育研究室(后来发展成为高等教育研究所)，听取我的意见，并希望我能参加。他的谈话非常真诚和恳切。我对他来找我感到很突然，听了他的谈话，我是又惊又喜。惊讶的是，他是理科教授，怎么忽然对教育研究感兴趣了？但我更多的是高兴，因为这一想法与盘桓在我脑海多年的想法不谋而合。

早在“文革”前，北大党委陆平书记跟我说过，成立北大党委政策研究室就是想要研究探索中国特色社会主义高等教育的问题。他当时提出这个问题，我想主要是出于“反修”的背景。新中国成立以后我们高等学校的教育教学工作，相当长时期是学习苏联的，从学科专业设置到课程教材，整个的教育教学体系和制度可以说是全套向苏联学习。当时还有很多苏联专家来学校做指导。后来由于在对斯大林评价上的分歧以及苏共领导在国内外采取的一系列政策，我们与苏联在认识上分歧越来越大。1964 年春节，毛主席找教育界一些人士谈教育问题。主要意思就是教育要改革，学制要缩短（当时北大等部分高校学制是 5 年），要精简课程内容、减轻学生负担，并提出要改革考试制度，不要把学生当敌人等。这就是毛主席著名的“春节谈话”。清华大学校长蒋南翔和北大校长陆平都参加了。陆平听了主席讲话后，回校连夜向党员和各系的干部传达讲话内容，并让我们政策研究室积累和研究在教学改革方面的经验，探索中国发展高等教育的路子。但在当时的条件下，这样的探索根本不可能开展起来，当时对什么是社会主义教育等重大问题思想上也没有弄清楚，而且很快政治运动就来了。先是1963年“四清运动”，紧接着就进入了“文革”。我们设想的研究还没来得及展开就不得不中断了。但这个问题一直留在我的心里，对这个问题的思考也一直在我脑海里没有停止。再加上经历了整个“文革”，亲眼看见了这场浩劫给中国高等教育乃至整个教育带来的巨大损失。这些经历使我感到教育宏观科学决策的重要性。在“文革”期间把所有高等学校错误定性为执行了修正主义路线，把知识分子都定性为资产阶级知识分子，给教育事业造成了巨大的损失和破坏。教育宏观决策的失误是教育发展最大的失误。1978年正处于十年浩劫之后，百废待兴。党委政策研究室的主要工作是在党委领导下参加拨乱反正和平反冤假错案等工作，根本没有时间和精力做其他的事情。所以，老汪来找我谈筹办高等教育研究室时，我非常高兴。他所谈的正是我一直想做而没有机会做的事情。

我们的这次谈话非常融洽，对于为什么要成立和怎样办高等教育研究室，我们两人的想法可以说是惊人的一致。这次谈话后，我决定辞去党委政策研究室的工作，专心致志投入到高等教育科学研究中来。

当时北大党委书记是中央派来的党内资深的老同志韩天石，后来他离开北大曾担任过中央纪检委书记。尽管北大党委的工作很繁重，但是他听了我关于拟成立高等教育研究室的汇报，看我的决心很大，最后也支持了我的请求。

可以说，正是老汪的这个提议和与我的这次谈话，使我下决心走上了教育科学研究，特别是教育宏观决策研究的道路，从此揭开了我人生重要的一页。这一点是我永远难忘的。

在北京大学成立高等教育研究机构和高等教育学科，是老汪最早提出和亲手创办的，反映了他对建国几十年来我国教育发展特别是高等教育发展历程和经验教训的深刻思考，也体现了他对教育科学、教育事业强烈的责任感和使命感。应该说他是我国高等教育学科的奠基者之一。他特别强调，由于教育是培养人的工作，因而教育是世界各种运动形式中最复杂、最高级的运动，与社会的联系也最为密切。作为一个学科，教育与其他学科相比还处于层次和成熟程度不高的发展阶段。但是，从实践的角度看，教育又是一个社会成员普遍参与的活动，和其他专业如经济、科技、环保等领域的活动不同，几乎所有人都可以对教育说上几句。有些人常常把自己对教育的某些认识和看法理所当然地作为评价教育的标准。因此，教育也就比其他领域更容易产生认识和行动的误区与误导。建国以来我国教育发展中的许多失误与挫折无不与此有关。这说明，与其他领域相比，教育研究特别是教育宏观研究有其特殊的重要性、艰巨性和复杂性，对教育科学研究工作者也提出了更高的要求。

关于高等教育研究的一些重大问题也是他首先提出来的。当时我们组建高等教育研究室时，人很少，条件也差，除了老汪和我，只有三四个人，而且连进行研究和讨论的屋子都没有，但是我们决心先干起来。首先研究什么问题呢？老汪提出在各自确定选题研究的同时，集中力量首先研究一下高等学校文科教育的问题，这一提议我们大家都很赞成。当时，高等学校文科面临的问题很突出，全国高等学校文科的在校生数和招生数只占学生总量的10%。清华大学的何东昌校长和刘达书记在《人民日报》上刊登了一篇文章，大意是要在高等教育的指导思想和实际工作中，注意纠正“重理轻文”问题。全国最著名的理工科学校领导率先提出要重视发展文科，这也说明了当时高等学校文科发展和改革的紧迫性和重要性。老汪提出，我们要认真系统地研究一下文科教育的问题，提出加强和改革文科的意见和建议。

老汪不仅对教育科学研究工作的重要性、复杂性有独到和深刻的见解，他对教育科学研究认真、严谨的科学态度和研究方法更给我留下了极其深刻的印象。和老汪一起从事研究工作对我的启发非常大。老汪告诉我，他从理科转到文科，看了很多关于文科特别是教育科学方面的书籍和文章。他发现文科特别是教育科学研究领域的很多文章议论比较空泛，许多观点缺乏客观的论证和论据的支撑；不像理科研究领域，提出任何新的观点都要有充分的论证和论据。关于对文科教育的研究，他组织和领导我们从调查研究和查阅国内外有关的文献工作入手，开始进行对我国文科教育的系统研究工作。在调查研究工作方面，除了认真听取研究校内文科教师和“文革”后第一届（即大家常说的77级）文科在校学生对文科教学工作的意见外，还注意征求校外一些用人部门对高等学校文科教育的意见。由于“文革”包括“文革”前相当长时间，我们对国外高等学校文科发展的状况很不了解，老汪为此还查阅了大量国外高等学校的文献资料，深入了解和研究各国特别是一些发达国家文科的变化和发展状况。在研究工作进行的过程中，一个偶然的机会，我遇到在教育部工作的彭佩云同志。她当时是教育部党组成员兼政策研究室主任。因为“文革”前她曾在北大工作过，和我比较熟悉。她问起我的现状，我告诉她已经从北大党委政策研究室转到高等教育研究上来了，和汪永铨等同志一起正在研究文科教育问题。彭佩云热情地邀请我们到教育部去谈一谈对这个问题的研究情况。我们到教育部时，彭佩云还约了教育部高校文科教育司司长黄天祥、副司长季啸风等同志一起听。因为他们对国外文科教育发展的情况很不了解，首先由老汪介绍国外文科教育发展的情况。老汪的介绍非常精彩。我记得他从大量阅读的第二次世界大战后国外文献资料中，分析总结了国外特别是一些发达国家文科发展的重大特点和变化。我印象比较深的，一是在专业设置上非常重视应用型文科，如财经、法律、管理等专业，他特别提到管理科学的蓬勃兴起和发展。适应各国社会发展的需求，管理科学并从一般的工商管理进一步细分为工业管理、农业管理、教育管理、医疗卫生管理、行政管理等多个学科专业，同时国际比较学科也有了很大发展。二是在培养目标上，不同于我们原来提出的文科高等教育的培养目标主要是“培养高等学校教学及研究人才”；国外不少发达国家文科高等教育培养目标除培养高等学校教学及研究人才外，还大量培养各种管理人才、决策咨询人才等，就业面比较宽，社会应用性强。老汪的这个报告把国外发达国家在文科专业设置、培养目标、科学研究等方面一系列的变化讲得非常清楚，非常深刻。对开阔我国文科高等教育的研究视野，很有启发和帮助。他的报告把在场的人都吸引住了。彭佩云当场对黄天祥说，要认真研究学习北大同志的意见，并提出请我们再次到教育部来讲对文科教育的意见和建议。

为什么老汪的研究汇报能够引起教育部领导的重视呢？因为他不是泛泛空谈，而是在大量调查和分析研究的基础上提出各种观点和意见。作为曾经的物理学教授，老汪把在自然科学中严谨的方法和科学的精神运用到了教育科学中。在这方面他给予我极其深刻的影响，可以说他是我走上教育宏观研究科学道路的良师。当时由老汪主要起草的《改革和加强我国文科建设等几点意见》和由我主要起草的《建国以来我国文科高等教育的几点经验教训》都刊登在当时全国性的主要研究刊物《教育研究》上，并获得《教育研究》优秀论文奖。这项研究成果不仅对推动当时的高等学校文科教育的发展和改革发挥了重要作用，就是从现在来看，也很有参考价值。正是在和老汪的这项共同研究中，我深深地感受到他对教育科学研究极其认真的科学态度和严谨学风，他的研究和文章里的每一个论点都有充分的论据支撑。所以提出的意见和建议总让人耳目一新，很有说服力。

在这次合作研究中，老汪提出让我主要负责总结一下建国以来我国文科教育发展的经验教训。我花了整整一个暑假的时间，走访了很多人，看了很多文献，也开了很多夜车，认真思考写出了关于这个问题的研究报告。老汪看了报告说，你的报告一看就是下了很大功夫，很不容易。我很高兴我的付出得到了老汪的肯定。然而，他也许并不知道，他所看重我的“肯下功夫”，正是极大地受了他在研究工作中科学态度的影响。

1981 年我被调到教育部政策研究室工作。我把老汪关于成立高等教育研究室的创意也带到了教育部。我认为政策研究室不应只是部领导的写作班子。因为教育部领导负责全国教育的领导和管理工作，日理万机，工作千头万绪，非常繁忙，对许多重大问题，特别是一些带有前瞻性的问题，不可能抽出很多时间进行研究。政策研究室应在教育部领导下，协助领导研究教育发展和改革的重大问题，为部领导的重大决策提供参考。但部里的工作仍然有起草文件和重要讲话的需要，我向当时教育部领导同志提出成立国家教育发展研究中心的提议，得到教委领导的支持；并在新成立的国家教育委员会第一次全体会议上获得正式通过。国家编委批准了教育发展中心 40 人的编制。政策研究室和教育发展研究中心联合进行工作，工作重心逐步转到教育宏观研究工作中来。

我到教育部政策研究室后，首先联合农业部、机械工业部、电力工业部、轻工业部、司法部等 8 个国务院部委的教育司司长和一些高等学校的研究机构，从社会需求入手，共同进行中国高等教育结构研究工作。(注：这个时期全国三分之一的高等学校特别是重点高校都分别由有关部委管理。)当时教委负责同志何东昌很重视和支持这项研究，他说，社会发展对人才结构的需求问题一直困扰在他心里，但他没有时间专门就这个问题进行深入调查。老汪更是非常支持我抓这项工作。当时他还对北大负责计算机教学和科学研究的张世龙教授了解刚刚兴起的计算机软件行业对人才层次的需求状况。张世龙教授说在软件行业领域所需要的专门人才如系统分析员与程序员的人数比例大体为1:5至1:10。系统分析员应相当于四年制大学毕业的水平，而大量需要的程序员有二年大学水平的专门学习即可。但是当时程序员也由大学本科培养，不仅造成人才的浪费，还严重影响计算机软件行业的发展。老汪告诉我他和北大高教研究所愿意参加关于高等教育结构的研究工作，并主动承担了国外高等教育结构的比较研究。

老汪做的比较研究工作不仅限于高等教育结构的研究还包括高等教育发展与经济社会发展的关系研究。他的研究工作非常严谨和扎实。老汪带领的团队分了五个组分别进行美、日、法、苏、德五个国家经济发展状况与高等教育发展状况的分析研究。他要求查阅这几个国家1900年以来逐年经济发展与高等教育发展的情况和主要指标，并每五年进行一次对比和比较。一般一个国家至少要用六七张表把这些国家的经济发展状况与高等教育发展包括规模、学科类别、人才层次（包括本科、专科在校生数、招生数）等在内的情况进行详细的展示并分析比较。后来为了进一步提高比较研究的科学性，他又把国外部分的研究扩展为 37 个国家，这些国家都收集到从 1940 年到 1980 年的数据进行比较。他的研究成果是在这些大量数据信息资料的基础上进行深入分析思考、高度概括凝练的结果。我看了老汪关于国外高等教育结构研究情况的报告，他关于所调研的国家的情况和数据信息的介绍分析，大概有近 200 页，而最终的总结结论只有 8 页左右。这些在扎实调研基础上形成的分析结论，深刻而且精炼，非常有说服力，对我们研究国内高等教育结构有很大的启发和帮助。老汪在研究高等教育结构时，还很注意研究高等教育发展与经济社会发展的关系。当时我们很多人都想当然地认为，一个国家的经济发展水平是影响高等教育发展的最重要因素，这几乎是一个公认的规律。老汪经过调查研究后发现，各国的高教发展并不都与经济发展有密切关系，有些国家如美国第二次世界大战后高等教育的大发展，主要是由于战后大量复员转业军人对进入高等学校学习的迫切需求；日本战后高等教育大发展更多是出于当时首相竞选拉选票的政治目的，而不是经济增长的需求等。老汪笑称："我研究来研究去各国教育大发展与经济发展的规律是什么，最后发现各国情况很不相同，可以说是没有规律。"这句话反映出老汪唯真求实的精神和善于跳出原有思维局限看问题。他的这句话在国家教育发展研究中心和北大高教研究所传为美谈。他对这个问题的分析所做的结论是"高等教育的发展是经济和社会各种因素综合作用的结果"，就很切合各国包括中国的实际。80 年代我国高等教育的大发展，很重要的原因是由于十年浩劫高等学校停止招生，大批青年由于失去进入高等学校的机会，迫切要求进入高等学校学习的需求，而不仅仅是经济发展的需求。他对国外高等教育结构的研究报告，在国内教育界引起很大反响。教委负责同志何东昌看了老汪的这篇“外国高等教育结构的比较”报告后说，这是他所看到的称得上是比较教育科学研究论文中最好的一篇。有老汪参加并和我一起担任主编的《中国高等教育结构研究》专著，获得我国第一届全国教育科学研究优秀成果一等奖。

老汪后来因为专注于北大高教研究所和北大教育学院的建设，还亲自带博士生，没有时间直接参加国家教育发展研究中心的研究课题；但是我很清楚，我们的研究工作都受到老汪严谨、科学的精神和方法的影响。他长期被聘为国家教育发展研究中心兼职研究员。他非常关心国家教育发展和改革的进展情况和问题，除了因生病，他从不缺席国家教育发展研究中心的兼职研究员会议。这个会议经常讨论国家教育发展和改革的重大问题，国家教委的有关负责同志也常常出席，听取意见。老汪在会议上的发言不多，但他所提的意见和建议都经过深思熟虑，讲得非常深刻和中肯。1986 年，老汪出席了国家教育发展研究中心和联合国教科文组织共同举办的“面向 21 世纪高等教育国际研讨会”。在谈到政府职能话题时，他强调政府对教育的管理主要是管教育事业，对学校主要是抓大政方针，而不是管理学校的具体事务。老汪听到会上一些欧洲高等学校校长都只强调学校的办学自主权时，他在会上明确提出，在强调办学自主权的同时还应强调政府从国家全局出发对学校的宏观指导作用，强调学校为社会服务的职能。他说，国家之所以拨很多的经费（这些都是纳税人的钱）办大学，就是要学校为社会为人民服务，不能离开这些谈学校的办学自主权。老汪在会上的发言，得到包括美国教育界泰斗波伊尔在内的许多专家的赞同。20 世纪 90 年代初国家教育发展研究中心和由美国波伊尔领导的教育研究机构进行合作研究交流项目“大学如何为社会服务”，在关于这个问题的一次研讨会上，老汪做了中国一流大学如何为国家经济和社会发展服务的发言，受到中外专家的好评。

他对在北京大学建设和发展教育特别是高等教育学科，很有战略思想和宏大志向。他认为教育科学领域是跨学科的领域，他对我说，他想充分运用北大多学科的优势，把北大的高等教育研究所建立在与经济学、数学、计算机科学、心理学、政治学、社会学等诸多强大学科的跨学科合作上面。从北大高教所创办时期，他就注意在一些研究课题中和经济系教授厉以宁、数学力学系教授陈良焜等进行密切合作，并组织我们去听心理系教授的课。后来老汪从我国留学生中精心挑选的闵维方同志也是中国教育经济学的第一位博士。在研究生招收方面，老汪坚持招收具有跨学科背景和本科非教育学科的学生，这些都极大扩展了高等教育科学研究的视野。可惜的是他在 90 年代因患脑中风在一定程度上影响了这一理想全面实现的步伐。但这个关于教育科学研究的顶层设计是很有战略眼光和具有开创性的，如果能够全面实现，一定能出一大批高水平的跨学科的研究成果，成为一个世界第一的教育学科。在老汪和闵维方同志的领导下，现在北京大学高教研究所和教育学院设立的教育经济学科已经有了很高的水平，是国家批准的全国高等学校教育经济学科唯一的重点研究基地，教育经济学科也被评为国家教育学科领域的重点学科。这也可以说是实现老汪宏伟目标的重要一步。

老汪把全部精力都投入到高等教育研究和培养人的工作中来。他对研究所的重大研究课题和年轻人的成长，都倾注了全部的心血，他对研究工作、对年轻人的要求非常严格，特别是绝不放过学术研究中任何浮躁和不扎实的倾向，眼里“揉不进一粒沙子”，这在北大也是出了名的。他始终不渝地坚持学术研究要有实事求是的科学精神。他特别对学术风气概括出应“五不唯”，即不唯上、不唯书、不唯众、不唯我、不唯“风”这些非常经典的警句。他是这样说的，也是这样做的。例如他提出“不唯我”就非常发人深省。他特别反对和厌恶研究工作中的学霸作风。他虽然学术渊博，说他是中国高等教育学科的奠基人之一、杰出的教育专家，是一点不为过的。由于他在教育科学研究工作的重大贡献，2012 年，在全国教育科学领域近万名专家认真推荐和评审的基础上，他获得教育部首次授予的“全国教育科学研究突出贡献奖”。但在他的身上，看不到一点文人相轻的影子。他待人平易随和，特别注意听取和吸收各方面的意见。记得在 21 世纪初的一天，老汪对我说，高教研究所曾在 20 世纪写过一篇著名的关于高等学校在校生规模效益的研究报告，针对 80 年代高等学校数量发展过快而在校生数量规模偏小、平均规模不到 2000 人等情况，提出注意提高高等学校规模效益的重要性，并提出学校在校生平均规模为 4000 人的建议。这篇研究报告在国内教育界引起很大震动，在一定程度上对克服高教发展中任意铺摊子、建新校、不注意规模效益的情况起了很大作用。老汪这时却特别强调对我说，从最近美国的加州理工学院连续几年在美国大学排名为前三名，而该校学生（大部分是研究生）总数为 2000 人，现在看来过去所做的这个结论不能绝对化。从这点也可看出老汪对自己领导的研究工作极其难得的科学求实精神。北大高教所的学风和学术基础非常扎实，和老汪的严格要求及言传身教是分不开的。老汪非常关心青年科学工作者的成长。他爱才，惜才，在对年轻人严格要求的同时，注意给年轻人压担子，放手让他们大胆工作。在 20 世纪 90 年代初期，他就让品学兼优、四十岁刚出头的闵维方同志代替他主持高教所和教育学院的工作（后来闵维方又被选拔任北大常务副校长、党委书记）。在他的培养和扶植支持下，丁小浩等一批优秀青年学术研究工作者脱颖而出，成为推动北大教育学院和高等教育研究所的重要骨干。

老汪在我心中永远不能忘记的是他忠诚教育科学事业的精神，他对功名利禄看得很轻甚至不屑一顾。他整天想的、做的以及和我的交谈都离不开教育事业和教育科学研究话题。20 世纪 90 年代，他生病住在北大校医院时，我去看他，没有想到这样杰出的大师级人物，却挤在一个好几个人住的大病房。当时天气酷热，病房没有空调，每个病床上只有一个小的土风扇送一点微风。但他毫不在乎，更没有任何怨言，也没有提出任何要求。他的病稍好后，又不顾同志们的劝阻，每天骑着一个旧自行车，拖着有病的身子，继续坚持到高等教育研究所工作。在他的家里，桌子上、床上堆满了各种书籍和文献资料，还有他修改的密密麻麻的博士生论文。据他的妻子鲍小陋同志说，他经常开夜车到深夜，劝也劝不住。他的整个生活和他的生命都和他挚爱的教育科学研究事业紧密联系在一起，鞠躬尽瘁，一直到他的生命之火熄灭。

老汪的品格和道德情怀也使我至今难忘。他对待同志非常热情坦率和真诚。我离开北大后，虽然与他见面时间少了，但我在工作中遇到一些问题仍然向他请教。他是我能够推心置腹、交心最多的人之一，也是对我帮助最大的人。他虽然身体不好，但是由于他的精神境界，他非常豁达和乐观，说话很有情趣，而且非常幽默。我常常和他开玩笑，他也不会生气。他的头有一点点向右偏的习惯，他就自嘲说自己的长相是典型的时钟六点三十五分，令人忍俊不禁。提到在“文革”中受到的迫害和委屈，他也很淡然，甚至还笑着说，当时他作为“走资派”在学校的煤场劳动改造，被学校的一个“战斗队”拉出来示众批斗时，他的名字汪永铨竟然也被歪曲为“汪有权”“汪有钱”，多挨了不少苦头。说到这里，他却还没有忘记感谢当时煤场的工人师傅给他解了围。

他总是关心别人而很少考虑自己。随着病情逐渐加重，他已经不能去高教研究所工作时，我到他家里去看他，劝他好好休息。他除了问我发展研究中心的研究工作，对他自己的病很不放在心上，还常跟我开玩笑说“我现在是浪费粮食”，“你们都很忙，不要浪费时间来看我”。他和他长期孱弱的病妻互相体贴、互相照顾，有时还互相打趣开玩笑，相濡以沫，其乐融融。他妻子的病逝给他的打击很大，他好像变了一个人，很少说话，即使过了两年，他对我说起时还含着眼泪，喃喃自语地说，人怎么就没了呢。情深意切，令人心酸，更令人敬重。

怀念老汪的种种往事，愈发感到他的去世，对教育和教育科学事业，对他亲自创办和领导的北大高教研究所和教育学院，对他的朋友和学生都是非常的遗憾和可惜。老汪无论是对教育科学研究的远见卓识、严肃认真的科学态度和他所做的重大贡献，或是对年轻后辈的精心培养和栽培提携，还是他的个人品德,都是我国当代教育科学领域非常难得的大师。他在做人方面，更是值得人们永远学习的楷模。毛泽东同志曾说过，要做一个纯粹的人，一个有道德的人，一个毫无自私自利之心的人。老汪就是这样的人。他虽没有讲过多少人生的大道理，但是，他对教育事业的忠诚，他对研究工作的科学态度，他的情操、品德和行动，却深深渗透和铭刻在人们的心中。在和他短短半生的交往中，他是值得我永远怀念和追思的老师和挚友！

怀念汪永铨教授

厉以宁

我和汪永铨教授是在“文化大革命”这一特殊年代认识的。那时,“校革委会”下令把各个系的“牛鬼蛇神”集中起来管教。最早，集中管教的地址是在北京昌平区北大分校，校本部和各个系的“有问题的人”就集中在这里,白天劳动,晚间读“毛选”。集中来的人分散到各个不同的组。汪永铨是物理系的教员（当时的职称是副教授），并曾在学校担任副教务长职务，我是经济系的一个普通教员（当时的职称是讲师），分配在同一个组，我们就这样相识了。但集中管理的地址屡有更换，有时在昌平区北大分校，有时在校本部的红湖旁边。稍后，集中管教的地址有了名称，校本部的集中管教地址称为“监改大院”，昌平区北大分校集中管教地址称为“昌平监改大院”。

我和汪永铨教授相识后，彼此产生了一种相互信任感。这种相互信任感是很难得的。在“监改大院”的恶劣环境下，不断有同在一个组的人向“监改大院”的工作人员告密，内容无非是某某人说了一些不满意“监改大院”的话，或某某人把外地的武斗情况告诉了同房间的人等。结果可想而知，“犯规者”被一阵毒打，等等。因此，人人都不敢多讲话，也不敢传递社会上的小道消息。汪永铨和我既然被分配在一个组，睡在一个房间内，两人之间之所以有交情，这和相互信任感的存在是有密切关系的。

1968 年 8 月，军宣队、工宣队进入北京大学，“监改大院”被撤销，关进“监改大院”的“有问题的人”被各个系或学校有关部门分别领走了。汪永铨回到物理系，我回到经济系，都编入各自系里的学生班级，继续作为“有问题的人”，向本系的军宣队和工宣队交代问题。不久，学校的军宣队和工宣队做了决定，北京大学、清华大学的教职员工分期分批到江西南昌附近的鲤鱼洲农场劳动。我和汪永铨教授的见面机会很少。

直到“九一三”事件后，1971 年 9 月底北大教职员工分批撤回北京，才算进入另一阶段。我在经济系也有了向工农学员讲课的机会，但仍然经常下乡。当时，北京大学在北京郊区大兴县（今大兴区）办了分校，我长期同工农兵一起在大兴县分校工作和生活。这段时间我根本见不到汪永铨教授。

1976 年 10 月，“四人帮”被粉碎，不久高校恢复招生。北京大学经济系在新生（1977 级和 1978 级）进校后，恢复了原来的教学秩序，我负责讲授西方经济学、比较经济史、西方经济学流派等课程。我还在教育经济学方面担任了选修课的讲授工作。在教育经济学研究中，我有机会同汪永铨教授联系，并共同为北京大学教育经济学研究工作出力。正由于在“文化大革命”期间，我和汪永铨教授在“监改大院”中有一段交往的经历，彼此了解，所以改革开放后的研究合作是有基础的。

当时我们（包括郝克明教授、汪永铨教授、陈良焜教授、秦宛顺教授、靳云汇教授、范培华教授）主要研究一个重要的课题，即试图确定我国教育经费在国民收入中合理比例究竟是多少。最初我们仅从北京大学的范围内安排研究人员，但越来越感觉到工作量太大，绝不是北京大学一个学校就能完成的，决定扩充研究队伍。同时，我们向教育部正式申请了“六五”计划期间的国家哲学和社会科学重点科研项目，由北京大学厉以宁和陈良焜、中央教育科学研究所孟明义、北京师范大学王善迈等主持这一国家项目的研究工作。

参加本项目研究的共有：北京大学、西南交通大学、北京师范大学、武汉大学、河北大学、河北师范大学、华东师范大学、苏州大学、江南大学、广西师范大学、宁夏大学、大连管理干部学院、中央教育科学研究所、国家计划委员会经济研究所等二十多个单位。经过三四年的研究，《教育经济学研究》一书终于在 1986 年 4 月完成，经审核后于 1988 年 4 月由上海人民出版社出版。

在这一课题讨论、执笔和审读过程中，汪永铨和我经常在一起讨论，他这时已经调到北京大学教育研究中心工作，同我交流的机会多了，我从他那里学习到不少知识，使我难忘。

记得当初在审阅书稿各章时，由汪永铨教授和他的研究生丁小浩博士（后来丁小浩博士留在北京大学教育学院工作，成为教授和学院领导人之一）合作的第十四章初稿引起了我的注意，第十四章题为“高等学校教师队伍的合理结构问题”。高等学校教师队伍的合理结构在20世纪80年代前期是一个崭新的研究题目，只被极少数教育工作者和教育经济研究者所关注。汪永铨和丁小浩师生二人却从高等学校教师的合理结构和合理职称结构的科学含义、合理职称结构的静态模型、合理职称结构的动态模型、算例与结果讨论四个方面进行研究，得出了中肯的建议，并得到教育部专家们的好评。

在这里可以看出，汪永铨教授在教育经济学研究中是以高度责任感来从事研究的。他认为科学的结构观念必须建立在调查的基础上，必须有充分的数据作为支撑。我作为《教育经济学研究》一书的主编者在审阅各章时，一直强调“靠数据说话”的方针。我个人之所以对汪永铨和丁小浩合作撰写的该书第十四章很重视，与此直接有关。

岁月如梭，距离《教育经济学研究》一书的完成（1986年4月）至今已经31年了。这是当年二十多个单位、大约一百多位教育经济学工作者集体投入精力和时间的共同获得的成果。汪永铨教授作为该项目的参与者和审核者，离开我们已经好几年了。为了纪念汪永铨教授，我写下了这篇短文。经历已成为历史，是客观存在。汪永铨教授在教育经济学中的贡献则是无法磨灭的。

两截人生一线牵

——怀念汪永铨同志

王义遒

2016 年 7 月 4 日，八宝山的告别厅里，哀乐萦回，他安详地躺着，没有痛苦，没有忧愁……

我悲痛，一个活生生的人走了。

但我也有点告慰，他没有痛苦了，没有忧愁了。

之前有好几次，汪中带我到医院，看到他身上插着好多管子，艰难地呼吸着。他开始知道我来了，有点表情，不能言语，以后几次，就丝毫没反应了。探望失去了意义，就久久不去了。然而心里时刻惦记着他。

一周年过去了。洪捷和春萍要我写点什么，以志纪念，我满口答应。相知六十五年的故人离世一周年，应当有所表示。但是真要写时却又觉得没有什么好再写了，以前两篇《西山某处，警卫一连》和《真是读书人》似乎已将要说的话说得差不多了。于是搜肠刮肚，苦苦寻思，终于在他身上又悟到一个"时势造人"

旧道理的新例证——他的两截人生。从而使我不得不对他更生一层敬仰之意。

我觉得，他的人生以 1964 年（35 岁）分界，似乎是两截子（20 岁以前怎样，我不了解，姑且算在第一截）。

35 岁之前，他豪气冲天，英姿勃发。怀着“我非学物理不可，物理非我学不可”的傲劲，冲向有爱因斯坦在前的科学前线。1952 年院系调整之际，他用自行车带着未婚妻鲍小陋来回清华燕园之间，风流倜傥，让一群学生啧啧称羡。之后他领导物理系最大的普通物理教研室，从副主任到主任，将教学秩序搞得井井有条，教师悉心备课、研讨教学成风，物理概念抠得严丝合缝，且多有所发明。从此北大物理系严谨之名享誉全国（当然其中黄昆、虞福春先生功不可没）。

1958 年他带着无线电和电子学两个学科，以及 1956 年“向科学进军”后新生长出来的波谱学、水声学和计算机科学技术等学科，从物理系、数学力学系分出来成立了无线电电子学系，任首任系主任，才 29 岁，为当年北大乃至全国所罕见。于是，他被誉为北大历史上怀有雄才大略、励精图治的陆平校长的“红人”。也因此，为他种下了后一截人生的渊源。

他确实是“陆平的红人”。这不仅表现在“大跃进”时期物理楼（无线电系从物理系分出来后占据了原物理南北楼）彻夜灯火通明，屡放“卫星”。1963 年陆平一声号令，全系（除六年制本科一二年级仍在燕园上基础课外）搬迁到昌平校区（“200 号”）。暑假动迁，九月初开学，教学科研、实验生活，秩序井然，那里热气腾腾，一扫过去的荒芜景象。之后又奉“最高统帅”之命，北大到汉中建“三线”，无线电系还是首当其冲，圆满完成任务。

他珍惜年轻学系的声誉如同生命，从这样一件小事就可看出。1961 年我从苏联学成回国，向时任主管理科副校长王竹溪先生汇报学习情况。他曾问我：“现在大家还叫你王义遒（读作‘酉’）么？”我答：“是，改不过来了。”（1951 年我进清华物理系时，先生任清华物理系主任，曾告诫我要将名字读音纠正过来，让人家叫我王义遒，“遒”读作“求”。）他说：“当大学教师了，名字读错了不好，我跟你们系主任说一声，一定要纠正过来。”果然，汪永铨在一次全系教师大会上严肃地对大家说，校长说的，当大学教师还读错名字是缺少文化的表现，一定要纠正过来。当年无线电系教师基本都是年轻人，大家挺要面子的，谁想被说成当大学老师还“缺文化”，于是我从中学起就一直被叫错的名字终于纠正过来了。

我在苏联学的是“核磁共振”，用无线电方法研究物质结构，回来后我很想在此方向上继续发展。这还得到了化学系徐光宪先生的热情支持，他要我组织个讨论班，一起研究。可是汪永铨不以为然，他要我做有关国防的工作。我说我可以做点跟国防相关的材料工作。他认为还是离得太远。迁昌平后，我跟化学系的联系稀松了，就只好跟着他去寻找国防项目。我想这就是他要实践“西山某处，警卫一连”梦想的一个环节。于是他就亲自联合清华找到了国防科委，他们答应分别在两校各成立一个直属国防科委的“无线电电子学研究室”。于是我就转到了研究原子钟的方向，与国防建设紧密相关，成了我的终身事业。那些年，我们教研室还曾有过一些穿军装的人。对此方向我也有所了解，我刚到苏联时在莫斯科大学，导师就是分子钟的发明人，后来得了 1964 年诺贝尔物理学奖。但不久我转学到了列宁格勒大学，导师是射频量子振荡器和核磁共振傅里叶变换方法的发明人（可惜他英年早逝,否则也会是诺贝尔奖的候选人），所以我对原子钟也不生疏，并非完全改行。这是他帮我做出的人生选择，我终身不悔。

对无线电系的发展，他可谓殚精竭虑，踌躇满志。他跟当时清华无线电系的总支书记李传信常有讨论，李还到昌平来过(他之后曾任清华党委书记)，见我一身素朴打扮，叫我“土博士”。受陆平“学习苏联，参考欧美”思想的影响，他们一道研究过麻省理工学院（MIT）的课程体系里为什么有较多的人文课程。现在当然知道这就是“通识教育”了。对于系里的科学研究，他也颇为前瞻，曾要计算机教研室几位业务较强的年轻教师研究“仿生学”方向。他总想事事走在全国前面。不仅如此，他还鼓励学生课外活动，搞无线电测向竞赛，体育锻炼，“200 号”操场下午非常热闹。总之，无线电系显得生气勃勃，蒸蒸日上。

在这种情况下，1964 年党委决定由他来兼任总支书记，而他又将计算机教研室主任陈良焜和我这个在“学大庆评功摆好”活动中被评为“政治上老老实实听话的，业务上勤勤恳恳干活的，生活上平平淡淡无所求的”教研室的主任拉来当助手，做副书记。

这后来成为他“排挤打击工农干部”的一大罪状。

俗话说，“学而优则仕”。他走的就是这条路。他已经放弃物理了，也不再搞他曾经颇为拿手的无线电实验了。他将当年发豪情、成大志的事让给或冀望于比他更年轻的教师和学生了。这是他的“自我牺牲”，将实现一个人的大志化为圆众人的梦想。我想，他自认为的事业应该是当个懂行的好领导，就像后来清华的李传信那样。

可是，他偏偏是在北大，这就倒霉了。就是那年（1964年），上级在北大搞了个“社会主义教育运动”试点。社教工作队一进校，就认定北大是“烂掉的单位”，就撇开北大党委，大揭“阶级斗争的盖子”，要“夺权”，说北大干部严重不纯，实行“阶级报复”，批判陆平为首的北大党政部门执行资产阶级修正主义教育路线。这个陆平的“红人”自然成了“黑帮”。他挨了多次批判斗争，做了无数次检讨，过不了关，成天灰溜溜的，思想上的矛盾冲突异常激烈。

其实他不是没有预感。更早些时候，对“阶级斗争要年年讲，月月讲”以及“阶级斗争，一抓就灵”等一套说辞，曾觉得很“突然”、很震惊，生怕自己跟不上形势；接着是文艺和哲学社会科学界批判一些名家，关于教育的“春节谈话”，乃至后来连军队“大比武”都挨了批，成为“不突出政治”的典型。那时候我们曾彻夜长谈，对此颇感困惑，自认为政治觉悟不高，缺乏自信，命运不掌握在自己手里，真有“皮之不存，毛将焉附”和“山雨欲来风满楼”之感。

第二年在中央直接干预下，这场错误斗争总算结束了。中央要求斗人者与挨斗者和好，团结在一起谋发展。连当时奉命来组织斗争的无线电系社教工作组组长、时任华中工学院（今华中科技大学）党委书记的朱九思都说过这样的话 ：“其实，华工也是这样办学的，要是将北大说成是‘修正主义教育路线’，我回去不也照样挨斗。”所以他一边组织斗争，一边心神不定。这连我都看出来了。

命运真捉弄人！“和好”的局面还没有来得及建立起来，而且多数教师学生都下乡“四清”、整农村“走资本主义道路”的基层干部去了。忽然晴天霹雳，“第一张马列主义大字报”出笼了。于是，污泥沉渣再起，汪永铨又被打翻在地，简直沉到池底下去了！“坐飞机”、做劳役、关“牛棚”，样样都经受过。不过北大“黑帮”实在太多，他反倒心安理得，在“牛棚”里与丁石孙悄悄说些戏谑挖苦的真心话，又现出了他的原形，两人遂成知己。

在军工宣队当权下，他获得“解放”。很快一声令下全系搬迁汉中，先是建护坡、修马路，他像个壮劳力，无所不干。以后搞“教育革命”，招收工农兵学员了，他被结合进领导班子。当时以部队建制管理，后来的 8341 部队来的连长、指导员马德贵十分明智，他自知管教学科研，哪里离得开汪永铨 ；以后恢复了系党组织，索性将总支书记推给了汪，自己甘当副手。这样，汪永铨就“官复原职”了。他也善自为之，处处谦虚谨慎，事事与军工宣队商量着办，还深入学生群众，颇得工农兵学员的尊重与敬爱。之后他任分校“教改组”负责人（相当于教务长），俨然是汉中分校的领导了。不过，他早就没有风发的意气，而且对某些做法深感忧虑。他曾偷偷问我：“你们量子电子学专业，不学量子力学行吗？”我以“大不了将来再来一次幼童留美”来回答。可见，他是想得很长远的，但这不是当年的气候！

1978年汉中分校返回北京，他被委任筹建“电教中心”，这对迎接教学技术的突飞猛进非常必要。之后他又创办了“高等教育研究所”，从而在国内成为高等教育研究的先驱。当丁石孙受命任校长，他很快当上了教务长和研究生处处长。其实，当时他应该是担任北大更高领导职务的，据说是教育部某位领导对他有点意见，猜测无非是他跟军工宣队合作比较圆通。从上面所说可见，这种合作应该是对北大当年发展大有好处的，而且军工宣队里也有不少通情达理、尊重知识的人员。凡事不能以大局来笼统概括所有细节。这当然使他郁闷不已。我想这也是他坚辞教务长之职，并与丁石孙校长合谋把我拉出来顶替他的一个缘由。这当然是我后来推测出来的。

其实，师生们对他都是谅解的，理解他的“初心”。因此，虽然他已离开无线电系好多年了，凡是系里大事、毕业生聚会，大家总还忘不了他，邀请他与会。在这种场合，他总要谦恭地表示道歉，说他在任时也许曾伤害过某些人，使他们招致厄运。他对此深感愧疚，完全没有了当年的豪气。

对于高等教育这项研究，他也有雄才大略。他以学物理的缜密思考来审视高等教育，因而对一些流行的说辞，包括素质、科类划分以及一些理论和政策，都有其独特的想法。他曾对我说，要慎用“素质”等术语，使用“术语”要追究其“定义”、明了其界限。他严格按照“科学”的要求来做研究：从实际出发，掌握大量数据和资料，用严格的逻辑理性得出结论。他的高校结构研究就是这样的一种典范。所以一些感悟、随想式的文章在他看来都不属“研究”（我结合工作写过一些有关高等教育的文章，但我从不认为自己是高教研究舞台上的演员，最多只能算个“票友”）。当然，他也并不一概反对这类著作，因为不少所谓高等教育名著，从纽曼、洪堡到博克、波耶尔等人，都是在理性指导下多年实践的总结。然而他更欣赏的是有数据支持的实证资料。马克思说过：“一种科学只有在成功地运用数学时，才算达到了真正完善的地步。”他作为一位学物理出身的教育科学研究者当然是希望高等教育也能走上这“真正完善的地步”。然而，正如他所说的，教育是人人都可说话的一门学问。谁没有被教育过，谁没有教育过人？所以谁都能对教育说出一些“道理”。这样，要使教育走上“科学”之路，谈何容易。而对于人才培养，不仅要靠学校教育，学生毕业后的工作条件与环境机遇，对一个人能否取得杰出成就往往起到关键作用。对成功人士做教育的因素分解，决非轻而易举，其中错综复杂的关系很难梳理清楚。只要找到一个反例，就可使某种理论破产。我看即使在当下使用大数据、云计算的时代，也很难对一个人才的成长做出完备的数学模型来。因为对于一个人的成才，不可能实时地将各种教育因素，包括家庭（甚至“胎儿教育”）、学校、社会、环境等对人的心理和能力的影响恰当地用数据记录下来。所以，他对一些肤浅流俗的东西非常不屑，而对自己已经深入研究过的见解，也严格要求，慎之又慎，因而他常显现出“述而不作”、卓尔不群的状态。所以我曾说他很像他的故乡人屈原，总是“心不怡之长久兮，忧与愁其相接”。

因此，他的后一截人生，总是忧愁多于喜悦。他忧国忧民忧事业，悲天悯人。这种忧，无非是作为一个中国知识分子的为国家民族分忧，“先天下之忧而忧”。

但是，不管是胸怀豪情壮志的前一截人生，还是充满忧思愁绪的后一截人生，有一条线索却总是一以贯之的：他所图的从来不是小我，都是大我。他从不谋一己之利，所作所为都是为国家、为民族、为事业，甚至为世界的“大我”！这就是为什么想起他来使我更生了一份敬仰！

热 烈 欢
农村建设的工农兵学员

亦师亦友五十年

——贺汪永铨先生八秩寿辰

陈良焜

难忘的“磁滞回线”与“又红又专”的榜样

我和汪先生年龄相差不算太多，说汪先生是我的老师，固然和汪先生半个多世纪对我的教导、帮助有关系，但是汪先生给我上过课也的确是事实。记得大约是1954年，我是数学系的学生，那时数学系学生喜欢追求思维的逻辑严密性，似乎除了严格的数学证明，其他都不是真正的科学，对于时称“自然科学之王”的物理学课程也不肯好好学习，任课的年轻老师花了很大力气纠正这种偏见，但效果欠佳。一次老师因故不能上课，汪先生来代课。我清楚记得讲课内容是磁滞回线，严格的概念引入、严密的数理推导、严谨的逻辑表达以及重要应用价值的阐述，侃侃讲来似蜻蜓点水又举重若轻。这堂课使得不少同学扭转了偏见，认识到理论和实际及至物理和数学的密不可分。从那时起我认识了物理学讲得这么好的一位老师，也开始了我和汪先生的关联，算来已经是五十四年了，当然那时汪先生不会认识我。50 年代的大学生活严格而有序，“为祖国健康工作五十年”的口号激励着学生们每天下午 5 点以后都要到操场锻炼一小时。我常在二体锻炼，旁边的球场也是年轻老师们运动的地方，常有汪先生上篮的矫健身影，知道他是体育爱好者。我当时还是学生干部，在党委召开的会议上也见到汪先生，逐渐知道他是普通物理教研室主任，党内的职务记不清了。若干年以后我和汪先生同属无线电系，一位无线电系的长者告诉我，汪先生新中国成立前在清华物理系读书时就是班里的尖子，属于当时出国留学的备选者；对此汪先生矢口否认说是无稽之谈，但是这位长者院系调整前已是清华物理系的教师，说话一贯严谨，所以留学备选者的说法决非空穴来风。总之，当时我对汪先生的初步印象正是蒋南翔校长在清华提倡的又红又专的“双肩挑”才子，也是我自己的努力方向。

火红的“大跃进”年代和“红旗机”的日日夜夜

我正式和汪先生有了密切交往是“大跃进”的年代。1956 年制订的国家科学 12 年远景规划，把计算机半导体等新兴高技术学科列为发展重点，作为规划中的培养人才基地。北大计算机软硬件学科设置在当时的数学力学系，1958 年在全国超英赶美的“大跃进”氛围中，数学系提出以张世龙先生任主任的计算机实验室为基地研制每秒运算万次计算机——红旗机。除了原来教研室、实验室的教师参与外，由于人手不够，又抽调一批计算专业应届毕业生参加，其中王选就是后来最有成就的一位。随着任务的扩展，低年级学生也参加进来，不仅如此，当时又有将近百位来自全国各高校的师生以“边干边学、以干带学”的口号来北大参加计算机培训班，实际上也加入红旗机的研制。我本来不是计算专业的学生，但是由于一直担任学生支部书记，所以也被党总支抽调，随同王选他们一起进入实验室，担任支部书记，应对迅速膨胀的规模，协助张世龙先生组织红旗机的研制。1959 年，学校为适应国内外形势和尖端学科的发展，决定成立无线电电子学系，并决定将数学系的计算机实验室调入无线电系，成立计算技术专业和计算技术教研室。汪先生被任命为无线电系党总支书记兼系主任，张世龙先生任教研室主任，我任支部书记，从此我归入汪先生麾下。五十年来，经历了十年“文革”和改革开放，时而机构变动又分离，时而工作职务变动又复归，中间大约二十多年在汪先生领导或指导之下，无线电系风风雨雨走到了今天。

无线电系成立之初，一批年轻的教师、学生在汪先生率领下，以意气风发、气吞山河的气势，每个专业都瞄准了世界前沿定出自己的赶超目标，红旗机当然也是一项重点。今天回首看来，依照当时的科学技术水平以及物质条件，都不可能实现那些目标，但是“初生牛犊不怕虎”，几天几夜不睡觉，疲劳得拿着电烙铁焊接计算机插件把手烫出大泡都不知道痛，居然也拼出来每秒万次的状态演示，并且拍出了纪录片，目前还存于校档案馆，成为王选早期科技活动的记录，多次在中央电视台播出。当然这种不顾客观条件的拼体力也累垮了王选，60年代初王选拖着重病之身回上海养病时，对送他上火车的同学、同事、好友说"我们可能要永别了"，真好像"易水寒"一般悲壮。后来人们逐渐认识到不讲科学是做不出红旗机的，决心推倒重来，一直到1966年"文革"开始还未完成从而终止，成了一桩说不清、道不明的公案。红旗机在"文革"中多次作为修正主义科研路线的反面典型受到批判，随着王选事业的成功以及不少参与红旗机的教师成为我国知名的计算机专家，红旗机又成为培养造就人才的摇篮。但是无论如何，我认为当年一批年轻人意气风发、雄心壮志、勇挑重担的精神是可歌可泣的，而不顾条件、不讲科学、只管唱高调、死打硬拼的"极左"态度则不足取。虽然主要责任在于当时的大环境使然，但是我们这些基层干部也有值得吸取的教训。

1959年党内开始"反右倾"运动，北大党委也提出反对"以党内专家自居，向党自傲"的所谓"党内专家"案，校内各系各单位纷纷寻找本单位的"党内专家"。张世龙先生本人是老燕大的地下党，是当时国内少数懂计算机的专家，对在"大跃进"中红旗机的上马尽管也积极参与，但是对当时提出一两年就完成的高指标以及一些不科学的做法不同意，于是成为无线电系及至全校的反党的"党内专家"典型遭到批判，被免去教研室主任的职务，给予党内警告处分并下放农村劳动。我虽然学生时期不在计算专业，但是对计算机有一定兴趣，曾经旁听过张先生给计算专业开的课，所以也是他的学生。抽调参加红旗机后我和张先生是同一个支部，还是支部书记，于是首当其冲地成了揭发批判他的先锋，他被免职后我被任命接替他任计算技术教研室主任，扮演了不光彩的尴尬角色。但是这时汪先生的发言却比较冷静，和在其他场合各种“高屋建瓴”式的发言很不同。后来60年代初为“反右倾”运动平反过程中，汪先生又积极参与为张先生平反（尽管这段时间汪并不担任系党总支书记）的文件起草，还细致地做我的思想工作，解除我的尴尬状态。通过以上过程我开始意识到，其实当初汪先生就是不赞成批判张先生的，只是在那种环境下只能冷静对待。我也意识到这是我和汪先生政治品格方面的差距。

不管怎么说，无论系龄还是教师年龄以至领导班子年龄，当时的无线电系都是学校里最年轻的系。校领导对我们充满期望，全系也是满怀信心地往前奔，我们这些汪先生的助手也都认为汪先生大概是学校领导的接班人。

沦落到扫马路的“难友”

平地一声雷，1966年6月1日晚中央人民广播电台发北大的“第一张马列主义大字报”。矛头直指北大党委陆平、彭佩云，在全国范围掀起“无产阶级文化大革命”的高潮。从1963年暑期开始无线电系就迁到昌平校区（“200号”），汪先生任总支书记兼系主任，我则被任命为副书记之一，“文革”开始系里矛头当然指向我们这些“陆平黑帮”“黑帮爪牙”，全系批判大会头号对象自然是汪先生。出于紧跟形势的考虑，也出于划清界限立功自保，我也在会上发言揭发批判。汪先生却对所有发言中的批判斥问一概承担责任，毫不上推下卸，尽管许多事情都是上级布置的。接着“黑帮”“牛鬼蛇神”们被分配从事各种劳动，从摇煤球、扫马路到盖房子及至下乡劳改，前后大约两年多。现在回忆起那段经历，尽管在人格尊严方面不堪回首，但也不是一无所获，我们这些知识分子多数出身于中产阶级家庭，长期从事脑力劳动，肩不能担担、手不能提篮。劳动中也发现我和其他难友确有不同，他们有人曾经有过劳动锻炼，自然驾轻就熟；即使没有这种经历，但是像物理、化学、地质、地理出身者比起我这个抽象数学专业者又胜一筹。记得和汪先生、王楚（副系主任）一组扫办公楼到临湖轩的马路，汪先生就笑我推车没有推车相，抡扫帚没有扫地样。至于修路盖房，王楚先生的力学招数就更得到淋漓尽致的发挥，不断受到工人师傅的赞扬，我也从中受益匪浅。后来不管是公务组织还是家务劳动中，我的招数和技能都有长进。

1969 年秋国际国内形势发生巨大变化，北大也开始大规模疏散。汪先生去了陕西汉中 653 分校，我则先疏散到怀柔农村，接着转到昌平校区“200 号”参加筹办电子仪器厂，并且先后在各自单位被“结合”进入领导班子，这一分离就是将近十年。

再创辉煌：教育学科和管理学科的建立

“文革”结束后百废待兴，北大也面临拨乱反正的调整过程，汉中分校撤回北京。昌平园区原有单位重组并迁回燕园。由于历史和兴趣方面的原因，我不愿继续在电子仪器厂工作，恰好经济系开展数量经济学研究招收数理背景的教师，于是我选择到了经济系。这时是1979年，我已经47岁，已经到了知天命之年，对前景还是十分困惑。回首虚度的二十几年，于是不再有什么雄心壮志，只是希望在教学岗位上好好培养学生，站好最后一班岗。这时汪先生到了高教研究室。当时各大学都有高教研究室这种机构，任务是为学校研究问题、起草文件。后来汪先生又出任教务长，做着领导工作，我则是一名普通教师，没有太多交往。

80年代初我在厉以宁先生领导下，除了教学之外开始做一些经济计量模型，似乎又看见了一些前进的曙光。这时汪先生通过阅读厉先生关于教育经济学的专著找到厉先生，建议开展教育经济学方面的研究，于是有了国家“六五”社科重点项目“我国教育经费在国民收入中的合理比例和教育投资的经济效益”的申请和启动。我作为厉先生的主要助手参与整个项目的申请、组织、规划和运行，最终北大成了全国二十多个单位合作大项目的牵头者，其研究成果二十年来屡次获奖并成为国家确定公共教育经费政策的基本依据，也奠定了北大教育经济学学科在国内的领先地位。由于该项目的主管单位是教育部全国教育科研规划领导小组，汪先生是该小组的成员，于是我和汪先生的老交情在新任务之下又骤然密切。这时我突然发现汪先生已经把北大高教所由学校的调查研究、文件起草单位俨然办成一个科研教学单位；而按照当时的国内体制，教育教学的研究和教学设置在师范院校，综合大学是不介入教育学科的。不但如此，汪先生还在高教所实行了很有创意的策略：(1) 利用北大多学科综合优势，把经济学、社会学、心理学、数学、计算机科学等各方面的力量都引入发展北大的教育学科；(2) 实行引进和派出的策略，吸引海外学者归来和派出国内学者出国学习、进修交流，和国际机构、学者建立密切的交流合作关系；(3) 和教育部以及国内原有的教育科学研究教学单位也建立起密切的交流合作关系。这种高瞻远瞩的策略不但实现了校内各个学科的双赢多赢，突破了当时中国教育学科原有体制闭锁沉闷的状态，迅速接近国际前沿，同时又不脱离中国的现实，使得学科发展始终针对我国的实际，为北大教育学科迅速发展、为后来成立教育学院奠定了基础。他本人也在多个方面取得重大成果，成为我国教育学科的领军人物并荣任北大资深教授。

这里还要提到汪先生和北大管理学科的关系。改革开放之前，中国社会科学的指导思想长期处于不明晰甚至相当混乱的状态，基本担当的是党的方针政策的诠释和群众政治思想工作的任务，甚至连技术性较强的会计统计学科也由于理论基础不清，内容变得支离破碎。改革开放之初，一些工科院校由于理工学科没有意识形态的障碍，较快和国际接轨，从数理特性较强的系统工程管理科学下手，纷纷成立管理工程系或者管理学院，综合大学的社会科学还在不停地争论马列的地位与作用，对于管理学科则处于懵懂无知的状态。汪先生纵览国外著名大学的专业设置，发现几乎无一例外地都设有强大的（工商）管理学院，其中多数都有冠名说明与社会的密切关系。汪先生向丁校长汇报这一情况，建议启动关于管理学科的可行性分析，同时也向厉先生和我通报有关信息。这时北大经济系正在酝酿建立经济学院，下设经济管理系。本来完全可以以此为契机建立管理学科，但是最终决定成立直属学校领导的管理科学中心。其原因有二，一是经济系内部始终纠缠着姓资还是姓社的争论，不少参与管理学科建立的人希望新设置的管理学科多做实事，不要卷入费力劳神、无意义的争斗；二是当时校内各单位都有人对管理学科有兴趣，学校也希望将之办成交叉性学科。1985年经济学院成立，由经济学系、国际经济系和经济管理系组成，与此同时管理中心也正式成立，由丁石孙校长任主任，王恩涌、厉以宁、陈良焜为副主任。经院和管理科学中心成立大会是一起在办公楼召开的，丁校长在会上讲话时特别提到“条件具备时不排除成立管理学院”。管理科学中心成立之初，教学科研都是各系老师兼职，但是设置管理科学硕士点并开始招生后就面临挂靠问题（学生归哪个组织管理）。按说由经院代管是顺理成章的，但是由于上述第一个原因，不愿卷入无谓之争，恰好高教所也处于单位小却有研究生的类似状态，加上厉先生、我和汪先生的历史与现实渊源以及学术观点的一致，就把管理中心的学生、教学、管理、思想教育及至后来逐渐发生的人事、财务、实验室陆续归入高教所管理。1993 年在经济学院管理系和管理科学中心基础上成立北大工商管理学院（次年更名光华管理学院），但是光华学院始终把 1985 年作为建院的起点。由这一历史进程可以看出汪先生的高瞻远瞩，以及在促成北大管理学科建立方面的重要作用。

北大人的拳拳赤子心

人们经常讨论北大精神，最常见的说法是“民主与科学”“兼容并包”。这些提法当然都对，“民主与科学”是五四运动的口号，后来成了北大的精神或者说“文化”，“兼容并包”是蔡校长的办学理念，后来成为北大学术宽容自由的环境特征。我这里想说的是我认为的北大人的精神，那就是无论在顺境还是在逆境中，保持不屈不挠、奋勇进取的态度，总要在自己的岗位上创出一番事业来。这样的例子举不胜举。前面提到我的好友王选 60 年代初重病回家休养时悲壮告别的一幕，但是经过两年调养，身体稍有恢复，闲不住的他又开始通过收听国外电台广播复习英语，身体再好一点，他在熟练掌握英语的基础上大量阅读计算机的最新外文文献，了解世界动态。1974 年国家准备上马印刷技术改革项目，王选以他对世界技术发展的了解，提出直接开发第三代汉字计算机激光排版方案，获得国家支持，在世界印刷术的故乡完成了整个产业革命。还有数学系 54 级张景中同学 1957 年（大学三年级）被打成“右派”，发配到新疆建设兵团劳改，几年后“落实政策”，听说是学数学的就让他去食堂卖饭票，再后来又进一步“落实政策”到子弟中学教数学。就是在这种环境下仍不悲观、不沉沦，结合中学平面几何教学思考计算机证明问题，一旦环境改变，得到平反，他调到中科院四川分院，很快在机器证明方面做出世界水平的贡献，被选为中科院院士。

寄语老友

汪先生虽然没有经历刚才提到的二位那么深的苦难，但是依我看来也属磕磕绊绊地一路走来。本来是物理系青年有为的尖子却丢弃业务调任党政工作，正在意气风发地建立北大尖端学科，一场“文化大革命”却又被打翻在地，转眼十年。80 年代汪先生任教务长兼高教所所长，协助丁石孙校长为北大的拨乱反正、重新启航提出一系列建议。北大教务长几乎无一例外是副校长的候选者，偏偏汪先生却从教务长位子退下来回到高教所（据说时任教育部的某领导不看好汪先生，于是汪先生就坚决辞掉教务长的职务）。五十多岁的年纪在一个和自己专业距离较远的航道重新起步，困难可想而知。据我所知，汪先生每天晚饭后八点钟开始睡个把小时，九点多起床开始每天第三阶段的奋斗，一直干到清晨四五点。就是凭着这种刻苦精神迈过一道道坎，随同教育学院的建立一起走向人生的又一次辉煌。汪先生是北大人精神的又一个生动的例子，昭示我们特别是青年朋友，是北大人就要有志向永不丢的精神（用时髦的话说，是不轻言放弃），巨石压不住，大风摧不垮，无论什么环境都能落地生根、发芽结果。

一转眼半个世纪过去了，我们都已经到了耄耋之年。在庆贺汪先生八秩寿辰之际，我不愿意说什么“高山仰止”“桃李满园”的话，也不想吹什么“烈士暮年，壮心不已”。记得在中青年时代汪先生好说两句话——“小车不倒只管推”“活着干死了算”。虽然现在人生八十不稀奇，但是我们这一页已经翻过去了。

在老年朋友的聚会中，常有人介绍自己安度晚年的经验体会，其实无论发挥余热也好，享受生活也罢，只要自己认为合适就是最好。我愿意用以下的话和老友共勉：“气定神闲，顺其自然。”

偶然在校园里遇到鲍女士问一声：“汪先生怎么样？”回答：“还那样！”“还那样”就很好，维持原样的确很好，反正不会越来越好。季羡林先生和臧克家先生是老朋友，一位住城里，一位在燕园，都是忙人。每年见一面。后来有一天季先生发现两位都老了，每年见一面见不了几回，于是提议每年看望两次。我过去几年也是每年去看望汪先生一次，现在也打算增加为两次，不知老友以为如何？

最后祝老朋友生日快乐，多多保重，过几天去看你和鲍女士。

为了那不应遗忘的历史

——写在汪永铨先生八十寿辰之际

迟惠生

2008 年 5 月 5 日，北京大学 110 周年校庆的翌日，信息科学技术学院在大讲堂召开大会，庆祝学院成立五周年暨无线电电子学系成立五十周年、计算机科学技术系成立三十周年、信息科学中心成立二十三周年，汪永铨先生作为无线电电子学系创系的主任，应邀上台与大家见面。为了下午再出席电子学系专门的庆祝大会，他表示提前离席回家休息一下。可是，由于身体原因，下午的会他终于没有来。

五十年的岁月，他已从当年北京大学最年轻的意气风发的系主任变成了一个行动不便的老人。

而我，作为当年无线电电子学系的首届新生以及他后来的下级与同事，确感有许多话要说——

为了那不应遗忘的历史。

为了那些对历史做出过贡献的人。

1958 年 9 月我考入北京大学物理系。入学后不久，就听到要建立无线电电子学系的消息。后来听说建立新系的来由，是时任铁道部副部长的陆平于 1957 年被派到北京大学，先任党委书记，后兼任校长；他向钱学森先生咨询北京大学应发展哪些新系科，钱先生建议，根据 1956 年制定的国家十二年科技发展规划，应该发展无线电电子学、计算机技术、半导体技术及原子能技术等。所以学校决定新成立几个系，无线电电子学系即为其中之一。

无线电电子学系的首位系主任就是汪永铨。那年他 29 岁，是全校最年轻的系主任。

系的名称是参照莫斯科大学的系名起的。当时的五个专业中，无线电物理、电子物理、无线电波谱法、水声物理是从物理系分出来的，而计算机专业则主要是由数学力学系分出来的。教师中绝大部分都很年轻，有相当一部分是提前留校的学生。系领导们也都很年轻。这样一个年轻的系，其最大的特点就是朝气蓬勃，勇于探索。我在六年的学习过程中，尽管不知道作为系主任的汪永铨整天忙些什么，但是没有几年，现代化的昌平新校区建起来了。那是专门为无线电电子学系、技术物理系与数学力学系的力学部分而建的，因为这几个单位有涉及需要保密的研究。后来，三线的汉中校区也建立起来了。无线电电子学系为我国国防事业做出很多贡献，教学与研究也蓬勃开展起来，一些研究成果在全国获得了大奖，许多毕业生成了有关单位的领导与骨干。

我想在这个年轻的系的成长过程中，他作为主要领导一定是倾注了许多的心血。可是 1964 年在北大开始的文教系统“四清”试点中，汪永铨受到了不公正的批判。他们当时筹划在“西山某处、警卫一连”的环境中为国家好好发展雷达事业的想法，被扣上“阴谋”“野心”等帽子，而他呕心沥血为国家培养优秀人才的努力，被说成是“培养修正主义的苗子”。

而敝人，刚留校工作不久，就成了他培养“苗子”的典型，是几乎每次批判他时必然被举的例子之一。

1965 年，由于中央书记处的干预，北京大学的“四清”试点停止，我们被派到北京近郊搞农村“四清”。我和汪永铨被分到“四清”工作团昌平县团（团长是陈希同）中越友好公社分团（副团长是王学珍）回龙观工作大队。大队长是北京卫戍区教导大队队长孟毅君上校，汪永铨是副大队长，我是大队组织干事。那是我和汪永铨先生相处较久的一个时期，同吃同住同工作，大约近一年时光。

孟大队长是“三八”式干部，万里的老部下，一开始对与高级知识分子共事有些戒备。可是没多久，他就觉得老汪是个很好打交道的人，“没有知识分子的臭架子”。

我们工作队员中，既有部队来的，也有机关来的，还有党校的教员；有年老的，也有刚毕业的中专生，他和大家都能融洽相处，众人对他也很尊重。

我刚毕业没有多久，他又是我的师长和领导，所以开始时我也很拘束。可是很快就与他熟悉起来，因为他与人相处总是把对方看作同事与朋友，时不时还开两句玩笑。

即使对于被清查的对象，他也给以尊重，以平易的态度谈话，绝不摆架子吓人。

所以，尽管离开了校园，脱离了教学科研，可是相对而言，那是心情放松的时光。大家也都觉得那是为维护社会主义的纯洁而努力奋斗的有意义的日子。

可是，连这样的日子也是短暂的。1966 年 6 月 1 日晚，我们突然从广播中听到了口气严厉的所谓“全国第一张马列主义的大字报”，矛头直指陆平、宋硕、彭佩云。6 月 3 日晚，工作队中所有北京大学成员被通知回校看大字报，随后要求工作队返校“参加‘文化大革命’”。

那几天我见到的汪永铨，焦虑、无言，我也不知如何是好。

1966 年的 6 月，对于许多人来说，是一生中挥之不去的梦魇。

汪永铨作为一个“黑帮分子”，受到过令人发指的批斗和人身侮辱。6 月 18 日发生在全校的“斗鬼”骚乱中，他的脖子上被人挂上了厕所的手纸篓子，其中装满了石块，细细的铁丝嵌入了脖颈，被拉去游行。后来的日子里，他又时不时被拉出去批斗，再后来又被送进“劳改大院”监督劳动。

他挺过来了。

他按党的教导正确对待了。他后来被“解放”了。

他被“占领上层建筑”的军宣队和工宣队派到汉中分校负责抓“教育革命”，他又全身心地投入工作中去了。

“四人帮”的倒台，无论对于国家而言，还是对于经过那些日子的许多人而言，无疑是一种巨变。汪永铨先生先是被学校指派开拓电化教育的新领域，后来又筹备高等教育研究所，他开始了在一个新学术领域的长征。

在丁石孙任校长的初期，他担任了学校的教务长。而那时，我正在无线电电子学系任副主任。在学校开会时，有时与他短暂地交谈。我觉得他经常处于矛盾之中：一方面要拨乱反正把学校的中心任务抓好，但许多条件不具备，耗费很多精力；一方面高等教育的研究在北大刚开创不久，也要尽快做出成绩，但是缺少高水平的年轻人才，也需要投入很多精力。我看他是处于两难之中。

后来，他果然辞掉了教务长的职务，专心致志地经营高等教育研究所。他还积极从国外引进了从斯坦福大学获得博士学位并在世界银行做过教育专家的闵维方以及其他一些洋博士，后来又让闵维方接替他做了所长。他的研究有了新的收获，他对年轻学者的期望与帮助也有了成果。我想，这一段时期也许可以说是他较为顺畅的时期。

1991 年，学校调我负责一些管理事务，过了没几年，闵维方也被调到学校工作。汪先生对此大不以为然。有一次路上见了，他对我说：“你把自己耽误了还不算，又把闵维方也耽误了。如果全心全意搞业务，肯定会很优秀。”他当然也知道，之所以造成这种局面，完全是身不由己。

好在我等绝非恋栈之人。

半个世纪对于历史而言只是短暂一瞬，但对于一个人来讲却是人生的漫长旅程。

汪永铨先生已届八十了。作为北京大学人文社科资深教授的他，其事业却发轫于物理学。在风华正茂的年代，刚为北京大学的历史抹上绚丽的一笔，便经受了不断的折腾。还算幸运的是，在坎坷的行进中，他终于修成了正果。

我们做学生时，听说他如何之有才，教学效果好，文章写得好，字也写得漂亮。

我们当教员时，听他讲话，条理清晰，面面俱到；他工作有能力，处世比较老成。当然，也有人对他不以为然。

当我们变老时，看到更老的他，步履艰难地去开会，却也不失风趣地依然把我们当孩子般看待，于是感到他还是童心未泯，依然热爱生活。

因此，我要套用一位名人的话，借此机会，祝愿他这个比我更老的老头，永葆青春，健康长寿。

为了北京大学，也为了中国的高等教育。

汪先生引导我走上教育研究之路

喻岳青

常有人问我：你是学物理学的，怎么会一脚插到教育学领域里来？我的回答是两个字：人缘。是汪先生引导我走上了教育研究之路。汪先生也是学物理学出身的，20 世纪 50 年代我在北大物理系做学生时，汪先生就是我的老师。1958 年北大组建无线电电子学系，汪先生任系主任兼党总支书记，我也由物理系转到了无线电电子学系，从学生中抽出来参加新系的建设工作，毕业后顺理成章地留校当了教师，成了汪先生的下属。80 年代初汪先生以北大教务长之职组建北大高等教育科学研究所并任所长，是推动中国高等教育科学发展的元老级学者之一。80 年代中期因为高教所的两项具体任务（一是要筹办一个高等教育刊物，一是承担顾明远先生主编的《教育大词典》中“高等教育分卷”的编撰工作），汪先生需要一个助手，大概是出于多年的相知相交，他觉得我还是一个可用之人，就找到我，希望我到高教所协助他工作。为此汪先生曾三次亲自到我家里来与我长谈，一谈就是半天，介绍高教所的发展、性质、任务、人员等情况，并详细解释我将要承担的工作的意义和要求。我何德何能，哪里承受得起如此“三顾”之情，遂恭谨奉命。但我生性胆怯，担心进入一个全新的领域不一定能胜任，就说我先试试看，如果能做好，就做；做不好，你就另请高人。一个多月后，在副所长孙念恭先生的敦促下，我正式由无线电系转入高教所，开始了我的教育研究生涯。

难以忘怀的岁月

说起我和汪先生的相知相交，应该说是一个 Long Story。我在北大物理系当学生时，汪先生没有给我授过课。那时汪先生是系党总支委员兼管学生工作，我不是学生干部，所以还不相识。在我当了无线电系的教师以后，我的生活轨迹是宿舍—图书馆—实验室三点一线，而汪先生在他的办公室里运筹帷幄，我们的生活似乎也没有产生交集。只知道作为系主任的汪先生有着非常宏伟的抱负，我们这些普通的教师也是满怀着希望。

1966 年“文革”爆发，汪先生被打倒了，成了“走资派”，我是“革命群众”。开批斗会时，他在台前低头挨批判，我在台下举拳喊口号，也没有直接接触。

后来军工宣传队进校，开展“斗批改”，对汪先生进行了一段时间的审查，到底也没有查出什么过硬的罪证，加之认识态度又比较好，汪先生成了学校最早“解放”的一批干部。

1969年夏，学校军工宣队决定组派一个工作队到汉中分校去领导那里的运动。因为“文革”期间汉中分校还留有部分管理人员、生产建设工人和复员转业军人，曾卷入当地的派性斗争，情况比较乱，需要弄清问题，进行整顿，并恢复生产。赴汉中分校工作队由8341部队的一个军队干部带队，一个工宣队师傅，还从无线电系和技术物理系各抽调两名教师随同参加，作为工作队成员。无线电系抽调的人就是汪先生和我。选调汪先生，我想是表明军工宣队信任和重视已“解放”干部的一种姿态。选调我，我猜是因为我出身贫农，“阶级路线”起了作用。再就是我在业务上是一个庸才，不在“修正主义苗子”之列。幸运！于是我们一同去了汉中分校，这是我与汪先生密切接触的开始。

在汉中分校最初的一段时间里，我们同吃同住，越来越熟，直到无所不谈，彼此有了深切的了解。那时汪先生负责抓恢复生产，他基本上和那里的工人一同劳动，挥锹搅拌沙石水泥、扛石头，脏活累活带头干，深得工人们的好评，和工人的关系融洽极了。那里的汽车司机还教会了他开大卡车。在我看来，那是他最快乐的一段时光。分配给我的工作是协助宣传队做政工工作，调查处理那里的几个“反革命”案子，落实政策，并负责向北京大学领导写简报。经过调查，那些所谓的反革命都只是莫须有的罪名。我在撰写上报材料时，常常颇费斟酌，既要保护当事人，又不能把问题说得一点都没有，要让军工宣队领导能够接受。这时我就会征求一下汪先生的意见，他也会给我出些主意。所以我的工作也做得很顺利，甚至还受到军工宣队的表扬。

我们那时在一起谈得比较多的包括各自的人生经历、兴趣、爱好及对一些事情的看法等。按说一个挨过许多整并刚刚“解放”的干部，一般会存有戒心，说话谨慎，但汪先生却非常坦荡，几乎什么都能说。我在他面前也就很放肆，有话就说，成了心心相印的挚友。我发现我们有许多共同之处。比如说，学物理学吧，都不是自己原来的志愿。他在入大学之前，也许是因为渊源，也许是因为爱好，曾想学文科。有位科学家前辈对他说：“学习科学，是将来用以安身立命的，文学什么时候都可以作为一种爱好。”于是他上了清华物理系，并且真的把物理学当作自己的事业来做，只是世事弄人，未遂其愿。而我也是对文学有着天生的爱好。1956 年正是我高中毕业准备考大学的一年，山东大学出了李希凡、蓝翎，批判俞平伯的红楼梦研究。我看了他们的批判文章，觉得与我对红楼梦的理解相去甚远，这就更激起我学文学的兴趣，并准备报考北大中文系。但那一年同时又是提出“向科学进军”口号的一年。我的数理老师都极力劝导我报考物理系，其理由和说辞都和汪先生的那位科学家前辈如出一辙。我的中学校长给我的毕业留念题词是：“向科学进军，为祖国的工业化而奋斗！”而且那时还流行着“学好数理化，走遍天下都不怕”的说法。于是我报考了北大物理系，并且正正经经在大学学了六年物理学。但我却从来没有认真地把物理学当作一个事业，积习难改，大学的许多时光都是在看闲书和杂书中度过的。

有时我们也会聊起“文革”中的一些事儿，那是一个疯狂的年代，往事不堪回首。但汪先生谈到被揪斗、蹲牛棚的一些事时却显得心平气和，看不出丝毫的怨恨和伤感，有时还不乏幽默。比如谈起一些同僚的滑稽表现，就会会心地微笑；对于有些看不开而没有挨过去的人，会深感惋惜。他谈到“牛棚”里监管他们的工人师傅，为了保护他们不被红卫兵揪斗，故意把他们赶去干活或学毛选。他觉得即使在那种情况下，许多人还是保留了一份理性和良知，使得他看到了希望。我感到只有像汪先生这样豁达的人，把世事看平了，看透了，才会有如此的淡定。

我们谈得最多的还是关于文学，这可能是我们最大的交集。汪先生曾多次谈到他阅读《双城记》的感怀。我也会谈些我读过的杂书，甚至忘情时还会背诵几首歪诗，高歌一曲。我是从小学阶段就养成了看闲书、杂书的爱好。当然与汪先生的家学渊源不可比。但我有过一段特殊的经历，父亲很早故去，家里孤儿寡母，养不起我，我是由伯父抚养长大的。伯父是我们全县最好的一所小学里的大厨，所以我跟着伯父住在那所学校里，并在那里念小学。由于成天待在学校，几乎和所有的老师都混得很熟，受到很多老师的关爱，所以我有机会看到很多书。老师中有很多是思想进步的，还有一个是党的地下工作者（这是新中国成立后才知道的）。我所在那所小学很特别，从不用国家颁行的统一教材。语文念的是朱自清、巴金等人的散文和《古文观止》，数学念的是《算术指南》和《算术杂解》。教师鼓励学生广泛阅读。在小学阶段我就读完了中国四大古典名著及其他一些书籍。在新中国成立前那个偏远的湘西小城，我甚至读到了毛泽东的《沁园春 · 雪》。我很怀念那所小学，我不知道今天那所小学变成什么样子了，我也不知道全国是否还有这样的小学校。

汪先生读书当然比我多，但我们读书的态度却截然不同。汪先生读书认真，是研究，是做学问，而我读书只是爱好，是消遣，“好读书，不求甚解”。汪先生多读“正书”，比如说，他就系统地研读过《资治通鉴》；而我则不爱读“正书”，觉得费劲，偏爱闲书。汪先生读书有目的，要为其所用。比如说，1957 年大学里开展“红专辩论”，有的学生提出要走“别里捷的道路”（别里捷是苏联小说《远离莫斯科的地方》中的一个知识分子典型。小说描写的是卫国战争期间在远东建设一条战略输油管道的奋斗故事。别里捷是这个工程的总工程师，但又是一个党外人士，他并不关心政治，甚至在有些问题上和党的领导还产生一些矛盾，但工作负责，科学严谨，对工程的完成做出了重大贡献。该书 20 世纪 50 年代中期在中国出版，是继《钢铁是怎样炼成的》和《卓娅和舒拉的故事》之后，在我们那一代青年中产生过重要影响的书）。汪先生说他那时还没有看过《远离莫斯科的地方》这本书，为了做学生工作，就要了解别里捷到底是一个怎样的人，走的是什么样的道路，就赶紧找来阅读，分析体现在别里捷身上的“红专关系”。我听了哑然失笑。我告诉他，我在中学时就读过这本书了，别里捷也是我喜欢的一个人物，但我从来没有关心过他的什么“红专关系”，倒是丹妮娅和他的浪漫爱情令我心向往之。由此可以看出，汪先生和我在读书的态度上有多大的差别了！大家都公认汪先生在待人、处事上都非常周到、缜密。我常常猜想，这是否和他研读《资治通鉴》有关，并从中吸取了许多有益的哲学和方略？

1969 且 10 月，林彪发布备战的一号命令，北大无线电、技术物理和力学三个系的师生在一周之内搬迁到汉中分校，军工宣队也加强了分校的领导，成立了几个机构，如教育革命领导小组、政工组、生产领导小组，继续进行“斗批改”。我被安排到教育革命领导小组，那时的教育革命就是师生下厂、下乡，接受工人、农民再教育。我的工作是联系各个教育革命点，了解情况，帮助总结经验，向军工宣队领导汇报情况。汪先生还是在生产领导小组抓生产。

1970 年“文革”前招入的大学生全部毕业，分配工作，同年招收第一批工农兵学员，各系恢复教学。汪先生被结合进入了无线电系的领导班子，当了系革命委员会主任（也就是系主任）。尽管当时工农兵学员的文化基础比较差，汪先生还是满腔热情地积极组织教师搞好教学，想方设法要让学员多掌握一些知识。他经常和工农兵学员在一起倾听他们的意见和要求，所以和学员的关系也处得很好，学生都很尊敬他。有的工农兵学员毕业多年以后，来到北京时都会到汪先生家里去看望他，由此可见学员对他的感情是深厚的。

因为汪先生负责系里的工作，经常会向学校军工宣队领导请示和汇报工作。因为我在分校教育革命领导小组（有点像教务处），他常会拿着自己写的请示或汇报报告先给我看看，说是让我给参谋参谋，这样写行不行，俨然把我当成了上级领导层的人。这种情况使我诚惶诚恐。后来我觉得坐办公室实在没意思，我就向军工宣队坚决要求回系里工作，尽管挨了批评，我也没改主意，最后还是同意我回到系里，当上了电子物理专业的副主任，又成了汪先生的属下。

汪先生在汉中分校领导无线电系期间，三线办学条件极其艰苦，加之“文革”尚未结束，各方面、各部门的运转都不正常。即使在这种情况下，汪先生还是努力想把无线电系办好，不仅要使教学走上正轨，还想把科学研究搞起来。那时一无经费，二无项目，汪先生就带着我们一帮专业干部到外面到处跑项目，跑经费。因为我主管专业的科研，我是经常随汪先生外出的一个，还有半导体的秦国刚（现为中科院院士）、张陶生等。所跑的单位包括国防科委、第四机械部、北京市科技局等。在那种情况下，碰壁时多，有收获时少，但我们还是坚持不懈。出外就要在外面吃饭，我记得不管人多人少，都是汪先生买单，别人也不去争着付钱，不像现在吃饭都争着抢着买单。也许是都囊中羞涩吧，但汪先生的工资也不比大家多多少。有一次吃饭，吃一盘木须肉，我连连称赞好菜、好菜，有红色的肉，黄色的鸡蛋，黑色的木耳，褐色的黄花，碧绿的菠菜，白色的大葱，色、香、味、营养俱全，吃菜就要吃这样的菜。也许是那番说词给汪先生的印象太深，在汪先生那里留下了把柄，至今只要是同桌吃饭，汪先生都会对年轻的同事们说："喻老师吃菜可讲究了！"所谓"讲究"者也，不过一盘木须肉而已。放到今天，这菜再普通不过了，可那是70年代初呀，吃盘木须肉可不是常有的事！什么鲍鱼、鱼翅那时只听说过，没见过，更别说吃了。

1976年，"四人帮"倒台了，"文革"结束了，军工宣队也撤走了。不久汪先生就调回了北京，主持电化教学中心的创办和电教大楼的建设。后来就是当教务长，创办高教所。我是1979年最后一批返回北京的，回北京后仍在无线电系，和汪先生有了一段不长时间的分离。1986年春我又再次成了汪先生的部下和助手。大概这就是缘分吧。

感受巨人的肩膀

当我写下这个小标题时，其实很犹豫。通常，只有在学术上取得巨大成就的人，才会引用牛顿的那句名言——"所有的成就都是站在巨人的肩膀上取得的。"（大意如此）像我辈这样无成就可言的人，是断然没有资格说这种话的。但就我个人的经历而言，无论我取得一个微小的进步，或是攀上一个小小的台阶，都感受到了汪先生给我推举的力量，切实地体验到了一个巨大肩膀的支撑。再想想，托举者是巨人，但被托举者却可能各不相同。有的可成大器，有的只能成中器或小器，甚或也有不成器者，这都取决于被托举者自身的努力和条件。但凡了解汪先生的人，都知道汪先生甘为人梯、提掖后学的品格。仅就北大而言，就有两位副校长和一位党委书记出自汪先生门下。在校外,受过汪先生教导、经汪先生提掖而成大器者亦不为少数。我未成大器，不等于说托举过我的人就不是巨人。何况这仅仅是一种个人感受的表达。这样一想，也就释然了。

我到高教所后，第一项任务就是办一份高等教育的刊物。那时汪先生已邀请学校党办、校办、政策研究室、各职能部门、出版社及学报的负责同志组成一个编委会，大家讨论了刊物的名称、宗旨及组稿、选稿、编辑、出版的运行方式。我把讨论的意见集中起来，草拟了一个以两办（党办、校办）名义发向全校的通知，动员各方面的人参与教育研究，以利于组织稿件。当时因为还没有办刊经验，就暂定为内部刊物，定名《高等教育论坛》。第一期经过了比较充分的准备，稿件质量都比较好，由我撰写了“编者的话”（即发刊词），于 1986 年 10 月顺利出刊了。由于是汪先生任主编，各方面都积极支持。我的工作就是组织稿源和初审稿件。在每一期出刊前都要开一次编委会，由我向编委会汇报稿件的审阅和编排情况，由编委会共同把关，因此质量还是比较有保证的。那时全国有影响的高等教育刊物还不多,我们出刊后,受到了高教研究界及一些高等学校的关注。尽管是内部刊物，还是有不少外稿投进来。在这个刊物上发表的文章，先后有二十余篇获得了从全国到北京市的各级研究成果奖项。它至少反映了北京大学在教育研究方面所做的工作，也是北大高教所向外界发出的声音。我虽然做了一些具体工作，但如果没有汪先生的号召力和影响力，这个刊物是办不好的。随着时间的推移，教育研究有了较大发展，有影响的刊物也越来越多，我们作为内部刊物的竞争劣势就显露出来了。我们不得不花了数年的时间，在许多人的共同努力下，终于在2003年转成了公开的正式刊物并更名为《北京大学教育评论》。办刊是我走进教育领域的第一步，但还不是我自己的研究。

我的教育研究是从编纂《教育大辞典》开始的。我记不清是哪位学者说过，要进入一个学科，就要从理解它的词汇开始。为了解教育学中的那些专用的词汇，我开始恶补自己的教育学知识，系统地读了一些教育学教材和专著，还阅读了新中国成立前编辑出版的教育辞书、新中国成立后出版的《中国大百科全书·教育卷》及《不列颠高等教育百科全书》等工具类书。正是由于参与这次辞典编纂工作，使我打下了一点教育学基础，实现了由门外到门内的跨越。高等教育分卷由汪先生主编，由几个高校和教育研究机构协作进行。我作为汪先生的助手，主要是在汪先生指导下协调各单位，进行辞目的收集、汇总、筛选和整理,拟定辞目分类框架及撰写样条等工作。每次召开《教育大辞典》编委会，汪先生都带着我参加，并主要让我汇报分类的编纂工作。本来分卷只设主编，总主编顾明远先生和第一副总主编季啸风先生，觉得我似乎做了很多工作，并给予肯定，提名我任分卷副主编，这应该是汪先生给予指导的结果。通过多次的会议，我结识了许多教育界的学者，开阔了眼界，学习到很多知识。辞典的编纂过程是每一条都先由我初审，再由汪先生复审，再送总编纂处和出版社终审。在这个过程中，我深切地体会到了汪先生在学术上的认真和严谨。词条不是大块文章，每条少则只有二三百字，长条也不过千八百字，但要求表述准确、内涵丰富，不能有任何多余的话语。经过汪先生复审的词条，总是改得密密麻麻，有的几乎都是重写。我在反复阅读汪先生修改的稿件时常常会琢磨，为什么要这么改，和原稿的区别在哪里，这样的思考真让我受益匪浅。就我所知，各分卷送到编纂处的词条，被打回去重新修改的不在少数。但我们分卷送去的词条，很少有返回的。这就使得顾先生和编纂处的同仁们对我们的工作很信任，并且发展了和他们之间的友谊。以至顾先生在后来主持编纂《中国教育大百科全书》时，还邀我做编委，并负责高等教育分卷的编撰工作，这也是对我的莫大信任。我永远不会忘记，在我 1994 年住院手术期间，作为北京师范大学副校长的顾明远先生和教育部教育发展研究中心副主任的蔡克勇先生都一同来医院探视我。这份垂顾之情，使我深受感动。这些老先生的为人和治学，都是我学习的榜样。

此后，汪先生又指导我开展了一系列真正的教育研究。例如，1987—1988 年间，美国一本教育杂志 Chinese Education 约请汪先生撰写一篇反映北京大学改革开放以来发展和变化的文章，这实际上是对于中国高等教育 80 年代中期为止改革发展的一个个案研究。汪先生就让我来做。要做这项研究就必须收集北大各方面的材料，那时我和学校各职能部门都不是很熟，而汪先生是老北大，又当过教务长，各部门都有人缘。他亲自领着我一个一个职能部门拜访，把我介绍给他们，并说明这项研究的意义，说这是既能让外国人了解中国教育又能扩大北大影响的好机会，因此得到了各部门的大力支持。以后无论我去各部门访谈，还是向他们索取材料，都是一路畅通。举例来说，招生办公室就把从1978年恢复高考到1987年各年度招生统计数据（包括生源来源结构、招生人数、专业结构、录取分数等）都给了我，财务处甚至把历年的预算、决算的经费统计数据都给了我，这在现在都是不敢想象的事了。但那时大家都觉得这是在为北大做事，都毫无保留。我在收集材料的基础上，撰写了一篇全面反映北京大学改革、发展状况的文章，其中包括学科专业结构、招生、毕业生分配、研究生教育、留学生教育、财政等六大部分，都有翔实的数据，并做了简单的分析。该文以“Beijing University-China’s Highest Institution of Higher Learning”为题发表于Chinese Education 1988年冬季号上。这个杂志在美国不算很重要的刊物，我不能确定这篇文章在美国产生过多大影响，但我相信20世纪80年代中期这样的研究在中国尚不多。那时人很傻，就没有想到在中国也同时发表一下，比如改个题目《北京大学改革发展的个案研究》，我想还是会有点意思的。

另一项由汪先生领导的国际合作项目“中、日、韩三国高等教育比较研究”，我确知这项成果在日本是有一定影响的。这个项目是由日本名古屋大学的马越彻教授发起的，汪先生组织了北大的几位学者参加，其中包括闵维方、陈学飞等教授。成果的中国部分有六章，我参加了其中四章的研究撰写工作。

1994 年由大冢丰先生翻译成日文在日本出版，应邀到日本名古屋大学做客座教授，日本的许多学者已经知道我的名字了。所以分别被邀到东京大学、广岛大学、九州大学、日本放送教育中心等机构做讲演，并被邀请参加了当年在广岛大学举行的日本第一届高等教育学会大会，和许多日本学者进行了交流。

在我刚进入高教所的时候，没有人知道北大高教所有个喻某某。那时外面有什么学术会议或与教育研究有关的会议，都是给汪先生发邀请函，多数情况下，汪先生都是让我替他去参加，还让我写点文章去应付，做个发言什么的。最有代表性的就是周远清同志在高教司长任上，想组织专家学者研究建设有中国特色的高等教育理论，请的都是知名学者，少不得也邀请汪先生参加。汪先生为了把我推出去，就给周远清同志写了一封短函，介绍我并说明由我替他参加。我没有看过汪先生到底写了些什么，但我相信一定是写了一些推荐我的好话。我到会以后，怯生生把信递给周远清同志，说："汪先生因故不能来，让我替他参加。"远清同志接过信，看了看，笑着说："一样，一样，你来就好，你来就好！"后来我又参加了教育部的多项研究项目，参与了《教育法》《高教法》等的起草制订工作。汪先生曾对院里同仁开玩笑说："喻老师可是部长的红人啦！"我心里很清楚，人家看重的恐怕不是我这个"僧面"，而是汪先生那个"佛面"。

由于汪先生总是让我出席外面的各种会议，渐渐地，认识我的人也多了，我受到的邀请也多了，各种学术组织也挂上名了，甚至还有学校请我做兼职教授了，俨然成了这个学术圈里的专家。但我清醒地知道，我离真正的专家何止十万八千里，徒有虚名而已。

汪先生不仅在教育研究方面给我以指导，在教学方面也给予我很大帮助。汪先生原来给研究生讲一门重点的基础理论课“高等教育系统和高等教育原理”，每周 3 学时，上两学期。1995 年，因汪先生年事已高，且身体欠佳，所里决定由我接替汪先生讲这门课。当时我是有一定压力的。听过汪先生课的学生，都说听汪先生讲课简直就是一种享受。我担心由我来讲会搞砸了。汪先生不但鼓励我，而且还把他讲课提纲的手稿给我参考。这样的事恐怕在学者圈内是少有的。由于有汪先生的指导和帮助，我自己也下了一些功夫，把这一门课调整为“高等教育原理”和“高等教育系统”两门课，一门侧重于基础理论，一门侧重于实践。开下来，学生的反映还不错，我才稍觉安心了。

我讲述上面的一些事例，只是想印证汪先生对我的支持和提掖可以称得上不遗余力。但这不能理解为汪先生只是出于与我个人的私交和感情，凡是跟随过汪先生的人，都能感受到同样的支撑。应该说汪先生的这种支持和提掖，主要还是希望我们这些人能做出一点事情，大而言之，为中国的教育事业；小而言之，为北大高教所的发展。

汪先生看人是很准的，什么样的人，做什么样的事。以我之才，汪先生大概不会抱有太高期望，不会期望我做出大成就，成大器。也就是交代的事能基本办妥，不出大纰漏，做出的东西还勉强拿得出手，仅此而已。若果其然，我想，可以说，我做到了。

体味深情的关怀

汪先生不仅学术事业上给予我巨大的支持和帮助，而且在生活上也给予我深情的关怀，仅举几件小事，以叙其情。

1972 年，我们还在汉中。这一年我家出生了第一个孩子，妻子是高龄产妇，加之生活条件又差，几乎一滴奶都没有。儿子嗷嗷待哺，一家人急得团团转。汪先生听说孩子出生了，特来看视。当得知孩子没有奶吃时，二话没说，回家把家里仅有的两包奶粉送来，解了燃眉之急。70 年代初，买奶粉谈何容易！我妈还在时，常对孙子说 ："是汪大大（伯父的称谓）救了你一条小命啊！"儿子现在已三十多岁了，每见到汪先生都会问声："汪大大好！"

在汉中分校，汪先生作为系主任，逢年过节都会到各家拜望。见了我妈还深鞠一躬，问老太太身体怎么样。我妈就常念叨："你们汪老师真好，还给我行礼，好人啊！"

2001 年我儿子结婚，本未张扬。因汪先生和我家就住楼上楼下，知道了消息，就特送来了一册珍贵的邮品作为贺礼。儿子极为珍视。

2007 年我攀上古稀之年，家里的亲属借此相聚，也本小事一桩。汪先生还特让鲍夫人送来"寿"字条幅一副，这让我既感动又不安。

相识五十年了，我受汪先生恩惠多多，犹如春风之拂面。我却没有给予任何回报，每思及此，深感愧疚。今逢汪先生八秩大寿，我怀着感恩的心情写下这篇文字，以表心意。向先生深鞠一躬，祝先生长寿。

汪永铨先生与北大高教所

陈学飞

北大高教所是改革开放以后国内最先建立的高等教育研究组织之一。经过“文化大革命”长达十年之久你死我活的“意识形态”斗争，北大同全国的高教领域一样经历了一场空前的科学和教育劫难。1978 年党的十一届三中全会决定把工作重心由“以阶级斗争为纲”转向以经济建设为中心，北大的不少干部和教师也都意识到，对于教育事业单靠过去的“政治领导”已经行不通了，必须开展对教育规律的研究。当时在北大党委政策研究室工作的郝克明（政研室副主任）、陈德威（粉碎“四人帮”后上级派到北大的工作组成员）和我（政研室工作人员）共同商议并向党委起草了《关于成立北京大学高等教育研究室的报告》。1980 年 3 月 7 日校党委常委开会，同意成立北京大学高等教育研究室，任命“文革”前曾当过北大教务处副处长的尹企卓为主任，汪先生和郝克明为副主任。

汪先生所以被任命的具体原因我不很清楚，但猜想至少有三个理由：一是汪先生当时任北大电化教学中心主任，电化教学与教育在领导眼里似乎都是教育学科；二是汪先生属于创业型领导，曾担任无线电电子学系首任系主任、北大 653 分校主管业务的副校长，北大电化教学中心也是“文革”中创立的新单位；三是汪先生虽然是学习物理出身，但中国语言文学功底深厚，英语、德语和俄语也都有相当的基础。

后来的实践证明，对汪先生的这项任命是北京大学教育学科得以发展的关键性因素之一。

汪先生开始虽然只是副主任，但主任尹企卓当时在学校另有兼职，并于同年 12 月调任北大分校校长，之后汪先生即被任命为高等教育研究室主任（1981 年 4 月 14 日）。郝克明先生热心投入高等教育研究，但在高等教育研究室只工作了一年四个月便调任教育部（1982 年 10 月）。

高等教育研究室建立之初便面临生存和发展方向的选择：一是主要为北大服务，成为学校领导的秘书班子；二是面向高等教育领域，成为一个学术机构。当时汪先生和郝克明的态度十分明确，高等教育研究室一定要脱离学校机关，成为一个相对独立的学术研究机构。在对高等教育进行科学研究的基础上，直接或间接地服务于北大和全国的教育事业。

其实，如果是第一种选择，先把高等教育研究室依靠学校机关的条件在当时会比较容易生存，而第二种选择，前途则难以预料。北大当时确实面临“文革”后的“百废待兴”，传统学科亟待重建，新兴学科需要发展。记得汪先生曾找过校长讨论教育学科的建设和发展问题，校长的回答是学校无力支持，你们只能“依靠自己”，或者“自生自灭”。

校长的态度既是给新创建的一个小单位的巨大压力，同时又给了高教室与学校行政机关脱钩、自由发展的空间。

为了能够生存和发展，汪先生做了种种努力，回想起来，大体有以下几方面：

一、如饥似渴地学习。高教室成立之初只有 6 人，除汪先生是学物理出身，郝克明、曲士培和我都是学中国语言文学的，虽然都有大学工作的经验，但对教育理论基本上不大了解。好在当时教育学科处在复兴期，经常有人组织各种“科普”性的讨论、专题报告和课程。只要得到有关信息，不管跑多远，汪先生和我们都会尽可能地参加。记得仅在 1980—1981 年间，汪先生就系统地修习过心理学系王甦、孟昭兰开设的普通心理学等课程，到政协礼堂听北京市教育科学讨论，到北师大听比较教育和教育史的课程。我印象特别深的是，汪先生每周还要到北大图书馆的书库查阅馆藏教育文献，足足半年有余。

二、动员校内力量开展高等教育研究。高教室成立不久，汪先生即意识到，与普通教育学不同，高等教育不应当是一个学科，而是一个相当宽广的跨学科研究领域。他曾设想并积极联系哲学系研究高等教育哲学，历史系研究高等教育发展史，经济系研究教育经济与财政，理科相关各系研究学科教学方法等。在这种背景下，厉以宁先生等发表了一系列教育与经济关系的论文，如“论教育与经济增长的作用”“论智力投资的宏观经济效益”“教育投资与财政之间长期关系的探讨”“论教育在解决个人职业选择性就业问题中的作用”“论教育经济中的智力投资有效性原则”“关于知识分子劳动报酬的几个理论问题”“智力投资与知识密集型经济”“教育经济学中的要素分析”“高等教育发展的数学模型”等。厉以宁、陈良焜等还主持开展了“教育经费占国民收入中的合理比例和教育投资经济效益的衡量”重大课题的研究（负责单位）。这些研究成果为而后北大乃至全国教育经济学科的发展奠定了重要基础。

三、积极开展与国内和国外的学术交流。高等教育研究不能把自己封闭起来搞“闭门造车”，不能不懂学界规范“自说自话”，而必须了解国际、国内学术前沿，融入学术主流。为此，汪先生的方针是尽可能地“请进来、走出去”。仅在1981—1986年间，先后来高教所访问和讲学的外国学者不下40人，其中不少与汪先生建立了深厚的友谊，与北大建立了长期交往的关系。如美国密歇根大学终身教授杜祖贻先生、日本名古屋大学马越彻教授、联邦德国国际教育研究所所长米特教授、日本广岛大学喜多村教授，等等。汪先生本人也时常出国、出境交流和考察。1981年汪先生赴法国巴黎参加联合国教科文组织的专家会议，1984赴美国旧金山考察大学管理，1986赴香港中文大学参加“亚洲华人社会教育与发展国际研讨会”。与此同时，汪先生还积极争取机会派遣本单位的研究人员出国进修和学习，不断扩大国际学术交流空间。

四、吸纳精英人才，组建精干团队。不拘一格选拔人才可能是汪先生最成功的领导艺术之一。他的不拘一格，一是不限于某一单一学科，二是注重人品和潜力。在汪先生主政下吸纳的人才有很多，例如：

1983 年 8 月，陈洪捷，北大德语系本科毕业；

1984 年 12 月，丁小浩，北大数学系硕士生毕业；

1988 年 8 月，闵维方，美国斯坦福大学博士毕业；

1992 年 1 月，魏新，北京科技大学助理研究员。

其中学界特别称道的是在汪先生的不懈努力下闵维方来北大工作的故事。闵的到来不仅带来了国际教育研究的前沿学科，也带来了教育经济和管理研究的丰厚资源，并开拓了北大教育学科发展广阔的国际空间。

五、带入既有学科制度，立足院系学科之林。作为一个弱小的新学科，要生存和发展，其基本的前提是要得到现有系科制度的认可和接纳。为此，汪先生等起草了关于将“高等教育研究室”改建为“高等教育科学研究所”的请示报告，并于 1983 年 4 月 21 日由北京大学（北发 [83] 206 号）提交到教育部。1984 年 2 月 17 日教育部文件（84）教高一字 6 号批复同意北京大学建立高等教育科学研究所，编制 20 人，规定：“研究所的建制相当于系级。研究所下属研究室按实际需要设置。研究工作应与教学工作密切结合。人员逐步配齐，校内调剂，力求精干。经费由学校科研费开支。”

由研究室改变为研究所，是北大教育学科得到制度性认可的关键一步，使高教所具有与其他院系并行发展的基础。1985年10月高教所正式申请高等教育学硕士学位授予权，1986年7月28日经国务院学位委员会批准为全国第三批硕士学位授予专业。1989年3月高教所申请高等教育学博士学位授予权，次年获国务院学位委员会批准。到1996年，在北京大学的发展规划中，已把教育学列入北京大学重点发展的六大学科之一。

六、争取生存空间，改善发展条件。高等教育研究室成立不久就从原党委办公室所在地（北京大学四院）迁到27号楼三层。这实际上是校内单身教工宿舍楼，分配给高教室只有两间小房，将近20平方米。其中一大间实际上是通向阳台的一个过道，只是加了一道门而已。当时的办公家具只有两三张旧的二屉桌和几把旧椅子，1983年招收的第一届四位硕士研究生就是从这里开始学习探究高等教育的。直到五年以后，大约是在1986年，才调整到电教大楼四层，这时的房间扩大了一倍，也有了专门的资料室，但办公条件还是相当简陋。据办公室的人员回忆，1988年闵维方从美国带来一台台式电脑，竟然找不到一张合适的桌子来放置。一个同事从家里拿了一块搓板，才放置了键盘。

80年代中期，学校不少单位通过各种“渠道”创收给教工发奖金。高教所没有什么渠道，是学校各单位收入的“谷底”。汪先生迫不得已放下“脸面”，每月去找财务处长“借钱”给全所每人50元（月）补贴。财务处也知道，名说为借，实际上是无法还的。这种状况，直到闵维方来所后有了世行的课题经费才开始改观。

1993 年 5 月,年近 65 岁的汪先生辞去了高教所所长的职务，由闵维方接任。2000 年 1 月，汪先生正式退休。

从 1980 年算起，到 1993 年，汪先生任所长 13 年，使得教育学科在北大从无到有，从弱小到独立于北大的学科和院系之林，并且赢得了国内和世界性的声誉，汪先生付出的智慧、精力和汗水是用定量和定性方法所难以计量和描绘的。人们把汪先生赞誉为高等教育研究领域的“思想者”“领导者”“创始人”“奠基者”，并不为过。

在恭庆汪先生八十大寿之际，汪先生的严谨、勤思、博学和宽容时时浮现在眼前。饮水不忘掘井人，我们后来者会在汪先生开辟的道路上继续勇敢前行。

汪老师和我的北大之路

闵维方

我家有数人从事教师工作，因此我对教育事业感情特别深厚。1977 年国家恢复高考制度，我考入北师大教育系。该系是院系调整时由北京大学教育系、人民大学教育系等五所高校的教育系合并组建而成的,学术队伍阵容强大,学科实力非常雄厚。1981 年 9 月，我参加了全国研究生招生考试，被录取为国家统一选派的出国赴美研究生，尔后赴美国斯坦福大学教育学院学习。1984 年，作为北大教务长的汪永铨老师访问美国，他在考察斯坦福大学时，通过一位中国留学生的介绍与我建立了联系。从那时起到 1988 年我回国来到北大工作，汪老师始终潜移默化地影响着我，对我做出决定一生事业的选择发挥了重要作用。

汪老师是一个对教育事业和教育科学具有强烈事业心和责任感的人。从 1984 年到 1988 年的四年中,我在美国学习和工作,汪老师在北大担任教务长兼高等教育科学研究所所长。我们远隔重洋，而那时还没有像今天这样方便的电子邮件和手机短信，两人主要是通过书信交往。我们通信的内容大都是关于教育问题的，很少涉及其他内容。汪老师常常向我介绍国内的社会经济改革和教育改革与发展的详细情况。例如，他曾在信中详细分析《中共中央关于教育体制改革的决定》的重要意义及其对我国教育事业发展的深远影响。他特别强调综合大学应该在教育科学的发展中发挥更大作用，极力主张在综合大学恢复教育学科。他讲到北大以前曾经有过一个很好的教育系，蔡元培校长对教育系很重视，蒋梦麟校长曾经亲自担任过北大教育系的工作，我们的老校长陆平就是北大教育系的毕业生。汪老师认为，教育学科是一个跨学科的研究领域，像北大这样的综合大学有着强大的数、理、化、天、地、生、文、史、哲、政、经、法等综合学科优势，有利于提高教育科学研究的水平。我则向汪老师介绍国外教育学科的发展情况，像哈佛、斯坦福、哥伦比亚、伯克利等许多著名综合大学都有一个强大的教育学院，并分析了其学院内部的系科和专业及其课程设置。我在信中经常向汪老师谈及我在国外的学习情况和感受。我当时所在的斯坦福大学教育学院教育管理与决策分析专业主要包括三个系列课程：一是理论性课程，例如教育基本原理、教育经济学、教育政治学、教育社会学、教育哲学、教育史等；二是管理学课程，主要是组织理论与管理原理在教育领域中的应用，如大学的组织结构设计、教育管理的各种理论模型等；三是技术性课程，需要用大量的数学、统计学、计算机程序等进行决策分析。我还告诉汪老师，我感到这里的专业设置很灵活，我在硕士学习阶段主要是侧重高等教育管理理论，在攻读博士学位时侧重教育决策的经济分析，而博士论文的选题则是一个典型的教育经济学的题目。汪老师认为国外这些课程体系和富有弹性的专业设置值得我们认真研究和借鉴，他非常诚恳地希望我毕业后回国到北大来工作。汪老师的信每封都写得很长，往往是七八页信纸甚至更多，署名后注明写信的时间。我清楚地记得一封信的落款后写下 1986 年 12 月 15 日凌晨 3 时，说明他这封信写了将近整整一夜，我看后深受感动。

汪老师不仅是一位睿智的学者，而且是一位非常善解人意、和蔼可亲、待人诚恳的长者。我在美国留学期间，有时利用暑假回国探望，我们当时的交往就像老朋友一样。同样，我们每次见面都是讨论中国和世界的教育发展和教育学科建设问题。有一次，当我从家中送汪老师出来时，发现他是骑着一辆旧自行车来的。那时骑车从我家到北大需要一个多小时，每当我望着年近六旬的北大教务长汪老师骑着叮当作响的自行车远去的背影时，心中深受触动。我总是跟汪老师说，以后您不要跑了，还是我去看望您吧。有一年暑假回国时，我与同在斯坦福大学留学的曾满超先生应汪先生之邀到北大访问。汪老师同时邀请了北大的一些老师和同学与我们座谈。讨论中一位老师提出了一个与经济学中乘数效应相关的问题，想听听我们的看法。其实对这个问题我们是了解的，乘数无非是总需求增加所引起的实际国内生产总值增加的倍数，乘数的大小取决于边际消费倾向的大小。但是我们在国外学习这些东西时，都是直接用英语进入概念的，还没有来得及把这些东西转换为中文概念。因此当时我们俩一时语塞。汪老师并没有嘲笑我们连这样简单的问题都不懂，而是用十分标准的英语告诉我们，这个问题就是关于宏观经济学中的“multiplier”，这样就使得我们交流讨论得以顺利进行下去。这件事给我留下了十分深刻的印象，时隔二十多年仍然记忆犹新；当时也使我切身地感到，我们这些留学生应该尽快地将在国外学到的东西本土化，才能更好地为祖国服务。

在北大重建一个强大的教育学科是汪老师始终不渝的奋斗目标。他的这种强烈的使命感深深地感染着我，他的学识魅力更使我非常钦佩。他诚恳地邀请我加入到北大教育学科重建的事业中来，并亲自把我介绍给丁石孙校长。丁校长访美时亲切地看望和宴请我，使我深受感动，最终使我下定决心走上北大之路。我回国到北大已经整整二十年了，今年又恰逢汪老师的八秩荣庆，因此写下以上文字，表达我对汪老师的敬意和祝贺。

岁月如梭

——汪永铨先生二三事

高 柏

岁月如梭。

接到写作这篇短文的邀请后，屈指一算，认识汪先生已经是二十五年前的事了。当时汪先生刚刚接下国家“六五”重点研究项目，准备招一批学外语出身的硕士生，研究主要发达国家在工业化过程中高等教育结构变迁的历史，为我国改革开放时代的高等教育结构如何为国家的现代化服务这一课题提供参考。今天的北大教育学院当时还只是一个高等教育研究室，只有位于 27 楼的一间办公室外加一间资料室。教师除了汪先生之外，只有孙念恭、曲士培和陈学飞等三位，外加办公室的李嘉娥老师。记得是在 1983 年招进我们这第一批硕士研究生后才改为高等教育研究所的。我在硕士学习的两年半，以及后来留校任教半年，加在一起短短的三年里，经常聆听汪先生教诲，受益匪浅。回想起来，当时有几件与汪先生有关的事情给我印象很深，对我后来的学术生涯有深远的影响。

第一件事就是汪先生开创的高等教育研究中的宏观比较历史法。我当年在北大读本科时最不喜欢上与历史有关的课程。不仅仅是我一个人，当时很多学生在经历了长达十年的“文革”之后都觉得历史是中华民族身上一个沉重的包袱。要解放思想，我们最好是摆脱历史的束缚，直接与国际上最有现代感的新事物接轨。而汪先生给我们出的硕士论文题目则逼着我们不得不面对历史，研究历史。我记得当时汪先生讲的西方高等教育史激发了我对研究历史的极大兴趣。汪先生是学物理出身，理应对定量分析更感兴趣。然而，为了搞清楚大学这一制度的来龙去脉，汪先生阅读了大量的有关西方高等教育史的外文文献。他的课我听得津津有味。我在课下广泛阅读有关的文献，当时特别感兴趣的是英国大学模式的通识教育、德国大学模式的科研、法国日本大学模式的官员培养以及美国大学模式的社区服务等特点与这些国家近现代史政治、经济以及文化发展过程的相互关系。这种在广阔的历史背景下从宏观的层面来把握一个国家的制度的视角，不仅仅影响了我在北大期间硕士论文的写作，也影响了我后来在美国写博士论文以及工作以后新的科研计划的选题。它至今仍然在影响着我治学的观点与方法。

第二件事是从多学科的角度来分析经常是属于一个单一学科的问题。汪先生经常讲高等教育本身并不是一个独立的学科，关于高等教育的研究可以从各个学科的角度来进行。汪先生给北大高等教育研究所从一开始就定位为依靠北大作为综合院校在人文社会科学方面的实力，从跨学科的角度来研究高等教育。所以，从一开始，汪先生就拉着厉以宁、陈良焜等经济系的老师做教育经济学，又鼓励曲士培等本所老师从史学的角度来研究高等教育。我也多次听他讲要有研究教育心理学的，要有研究教育哲学的。这种视角对我当时就有很大影响。我是北大未名学社的成员，这个学社聚集了北大一批来自各个学科的研究生，从各种不同的角度来研究共同关心的问题。我们这批人曾以北大研究会的名义，与哈工大研究生会合作，共同举办了一次全国研究生高等教育研讨会。当时参加了这次大会且目前仍然在北大任教的学者就有马伯强、刘伟、顾晰和钱立等人。我本人对跨学科研究的兴趣更是一直保持至今。

第三件事是教导我们做学问是为了学以致用，不是为做学问而做学问。我们 80 年代初在北大读研究生时，校园里盛行的仍然是象牙塔式的学问。很多人开口就是大理论，以做掉书袋式的学问为时尚。在经历了十年动乱后，中国很多的社会科学在当时正处在恢复期，实证研究还很少。汪先生经常对我们讲，做学问是为了用。他在组建高等教育研究所的时候就确立了以与中国高等教育发展密切相关的重要问题为主的实证研究为主要发展方向。我们这些第一批硕士研究生的论文就直接参与了国家重点项目的研究。这样一种实证的研究方向，加上当年北大学生对国家前途强烈的使命感，使我们对自己的研究充满了干劲。在以后的学术生涯中，我一直在遵循着选择与现实有重大关联的课题为研究对象这一原则。

最后一件事是汪先生通过体育对中国和美国两国大学风格的深刻认识。汪先生原来在清华学习和任教，1952 年院系调整后才来到北大。他在这两所大学的经历使得他对二者的区别有很深刻的认识。众所周知，老清华受到美国大学模式的深刻影响，而美国大学十分重视体育。我亲自听汪先生讲关于北大体育教研室的老主任马约翰教授的故事至少不下三四次。马教授在清华任教，深得美国大学教育中体育的真髓，十分重视体育中体现的协作和团队精神。汪先生到了北大后对老清华的这种精神十分怀念。我当时作为北大的学生对所谓的清华精神不仅没感觉，而且相信当时流行的另类解读。到了美国以后，特别是在美国大学开始教书后，才开始理解当年汪先生念念不忘的究竟是一种什么东西。在美国有了小孩以后更是发现体育在美国社会是一个儿童成长过程中社会化过程的重要组成部分。美国的儿童在参与体育的过程中学到的不仅仅是竞争精神，更重要的是如何与他人合作，为了同一目标共同努力。这种作为人的成长过程中社会化重要组成部分的体育与只以在竞争中得金牌为目的的体育之间的差别大矣。

在先生八十寿辰之际，学生谨以这一短文祝先生健康长寿。

往事印象
——写给汪老师八十寿辰

丁小浩

为纪念汪永铨老师八十寿辰，这些日子我常让自己恣意尽情在和汪老师有关的往事追忆中。我发现那些随着时间逝去变得模糊凌乱的历史片断，有些仍可如油画般清晰和生动，而更多的则已被揉碎并沉淀为永远的印象了。

印象之一：化腐朽为神奇

我对汪老师能化腐朽为神奇的功夫存有很深的印象。

1984 年从数学系研究生毕业的我被征集到汪老师旗下，进入高教所工作。由于受了多年的数学训练，一下子转到教育这个完全陌生的研究领域，我觉得很不适应。博文通理、学养深厚的汪老师自然就成了我从自然科学向社会科学过渡的启蒙者和引路人。

记得 1985 年的时候我设计了一个用于确定教师结构变动的数学模型。但由于我缺乏对高校教师管理的知识和研究的经验，挖掘不出很好的研究问题，所以一时间只能自我陶醉在模型本身的数学之美中，让工作停滞在抽象的建模和推导层面。汪老师时任北大教务处处长。百忙中，他与我一起讨论模型的各种前设和可能的推论，开了好几个夜车，不光执笔撰写文章，还亲自动手演算烦琐的算例。在他的妙笔下，一个干巴巴的数学模型变成了一篇有血有肉的关于高等学校教师队伍合理结构问题的研究论文。论文包括了高校教师队伍的合理结构与合理的职称结构、合理职称结构的静态模型和动态模型、以北大为对象的算例和政策性含义讨论等几个部分。记得那个时期我还不懂得欣赏教育领域的文章，总感觉许多文章是本应几句话就能说清楚的道理，却洋洋万言还越说越糊涂。但汪老师主笔的这篇文章让我佩服，他从一个小小的数学模型生发出许多丰富而深刻的内容，他把抽象的代数矩阵与现实的高校师资问题结合得十分巧妙，他居然写出成千上万字却丝毫不让人觉得乏味，还没有流行的大话、套话、空话和废话……论文被收录在厉以宁老师主编的《教育经济学研究》中。该书后来获得了国家级的重要奖项。几十年过去了，再次翻看这篇文章，我依然能从字里行间收获良多。如果不是汪先生兼通文理，匠心独运，又有丰富的高校管理经验和敏锐的对现实问题的洞察力，这个模型恐怕只是没有任何实际意义的符号游戏，逃不脱被束之高阁的命运。汪老师就是有这种化腐朽为神奇的本事。

我的学术转型应该算是经历了一个漫长的过程，长时间找不着北，抓不住做教育研究的主流思维方式。汪老师以极大的耐心和包容给我提供了一个非常宽松的成长环境。他从来不给我直接的压力，而是通过各种方式启发和引导。他敦促我读约翰·布鲁贝克和伯顿·克拉克；他创造各种机会，让我认识活跃在相关领域的学者和他们的工作；他识才爱才，对我的成长产生过重要影响的多位同事当初都是被汪老师发现后下大功夫争取来的；他高屋建瓴，经常问一些很有价值的问题。我感觉汪老师提的问题本身的意义往往比问题的解答更重要，更让人受益，值得花气力去思考。还记得刚工作没多久，汪老师曾问我什么是 methodology，什么是 method。那次我都昏说了些什么已经记不大清楚了，只记得说过“methodology 就好比是战略，而 method 就好比是战术”。

我常对现在的同事和学生感叹，要是当今的年轻人如我当年那般愚慢不开窍，估计很快就被淘汰掉了。而我在那么多年昏昏庸庸、碌碌无为之后，还能在教育研究领域存活下来，大概也算是汪老师能化腐朽为神奇的又一个例证吧。

印象之二：大美不言，润物无声

汪老师给我的又一深刻印象是，他的言传身教有一种大美不言、润物无声、经得起时间考验的力量。

汪老师的父亲曾留学法国，是较早将数理逻辑引入中国的大牌教授，汪老师的母亲则是一个目不识丁的小脚女人。在一个严父慈母的家庭中长大，汪老师从小学起就表现出超常的勤奋和懂事，再加上天资聪慧，使他练就了文史方面过硬的“童子功”。他精熟典籍，对中国的古诗词、文言文有很高的造诣。记得他提到最为得意的作品是在高中时写过的一篇以“静”为题的文言文，据说曾受到一些学界耆宿的称许。汪老师还写得一手漂亮的好字。因为在文史方面显示出过人的天赋，中学时他曾被选中，差点进了四川的一所老式书院。后来因受美国人在广岛扔下原子弹的刺激，他立下科学救国的抱负，考入了清华大学物理系。青少年时代所受传统文化的熏陶，对汪老师的人生观和价值观有重要影响，他曾亲口对我讲，从骨子里他始终信奉“忠孝仁义信”的做人信条，即便是在狂热的革命年代。

汪老师学术品位很高，他对自己的作品要求非常严格，精益求精，有时到了近乎苛刻的程度。记得他在组织编撰《教育大辞典 · 高等教育卷》的时候，对每一个条目不知要反复推敲多少遍，常常是饭不思茶不想，字斟句酌，欲求尽善尽美。当时高教所的同事都对此记忆深刻。去年我不知深浅，应承下了《教育学名词 · 教育经济卷》的编撰工作。东茅知道后便冲我大喊，意思是当初编工具类的词典汪老师尚且慎之又慎，难道这是我等能做得了的吗？我一边回敬他说不必用汪老师那样高的标准要求我，一边却心里暗暗叫苦：有了汪老师作为参照标准，我们这些后生晚辈要想偷巧都难！

汪老师从不轻易夸奖人。在他那里遭遇皱眉头、撇嘴巴，甚至奚落都是常有的事。给我留下较深记忆的一次是，20 世纪 80 年代末我参与翻译了关于美国高中教育改革的一套丛书。主持工作的王一兵老师说因为我翻译得不错，所以翻译费是按最高标准给的。汪老师知道后不以为然，他告诉我，王老师与所有翻译者都会是这样说的。一句话就把我的一点沾沾自喜灭得无影无踪了。正是在汪老师的这种不断“打压”和言传身教的影响下，我知道了要收敛浮躁和张狂，稍一得意忘形的时候，就会想到可别让汪老师笑话了。

正所谓虽不能至，心向往之。我感觉虽不能做到汪老师那样的到位和极致，但从高教所成长起来的人常有意无意地透着一种汪老师式的为人处世的风格，常会不知不觉地用他的价值标准判断身边的事情。说汪老师影响了高教所几代人的成长，真的一点也不为过。

印象之三：远看方知出处高

想当初刚工作报到时，高教室仅在 27 楼有两间半办公室，加上所有在读的研究生，也就是“只有十几个人，七八条枪”。一转眼二十四年过去了，虽没有亲历改革开放后北大教育学科从无到有重建的历史时期，但我也算是见证了她从小到大的发展历程。

一直以来，对于北大教育学科如何一步步发展演变成今天的样子，我并无多想，满以为一切都是“本该如此”。前两天老公问我，如果没有汪老师，高教所会发展成什么样？这真是一个富有想象力的提问，虽是一个不现实的假设，但并不是无意义的。我虚构出了几种可能性：如果没有汪老师，估计高教所教师队伍的学科背景不会是这样的多元化和跨学科，特别是具有理工科背景的同事们很难进入，即便进入了也很难发挥所长，因而很难待得住；如果没有汪老师，估计高教所很难走出仅为学校发展规划服务和为学校领导起草文稿的狭窄的目标定位，最终发展成以学术研究和学科建设为主的教学科研型单位（80年代起，国内各高校纷纷建立的高教室没有成功转型的例子并不鲜见）；如果没有汪老师，或许不会有厉以宁、陈良焜、秦宛顺等老师在“六五”至“七五”期间所做的一系列关于教育投资的重要课题和研究成果；如果没有汪老师，闵维方老师从斯坦福毕业后或许会回到母校北京师范大学，因而也就谈不上日后北大教育经济和管理学科的蓬勃发展；如果没有汪老师，我或许还会在计算机模式识别的领域，做的是癌细胞识别和指纹识别这类与现在的学术职业风马牛不相及的工作，可能一辈子也享受不到社会科学研究的乐趣……我恍然有所顿悟：世事并不一定就是“本该如此”的。于是，对汪老师运作高教所林林总总举措的印象用“远看方知出处高”来形容，应该是很贴切的。

私下里我曾觉得汪老师有些生不逢时，他风华正茂和年富力强的时光多在政治时局的动荡与多变中消耗掉了。依汪老师的才情，如能赶上国家开明稳定的发展时代，应该更是“英雄有用武之地”的。但换个思路想想，各个时代有各时代的人物，而各个时代的人物也都有各自的使命吧。

印象之四：典型的狮子座特质

汪老师是 8 月 5 日生人，属狮子座。依据“新浪星座频道”，狮子座的人“高贵，机智，温暖，充满爱心，光芒四射，引人注目，充满迷人的气质与魅力”。是的，汪老师很帅：魁梧的身材、富态的将军肚、酷似俄罗斯前总统叶利钦的脸……北大人津津乐道于季老曾被学生误认为是保洁工友，让其帮忙照看行李之类的传说。我就想，汪老师即便穿上一身干粗活的衣服，也不会被埋没在一般人之中。他那种独特的风度和气质大概需要几代人的文明进化吧。

刚到高教所的时候，听说汪老师曾经是北大最年轻的副教授，是又红又专的典型，学贯中西，于是对他高山仰止，再加上汪老师平时看上去不苟言笑，所以对他总有一种莫名的敬畏。记得汪老师有两个与我同龄的硕士学生王雨和郭枫，她们在人前人后提到汪老师的时候总是做出一副紧张状，大呼小叫地喊害怕。这种情绪更影响了我。在最初的日子里，我见到汪老师，总是说完必说的，便仓皇地逃之夭夭。现在回想起来感到可笑。后来通过观察，我发现王雨、郭枫们的那副样子是装出来的，实际上她们每每遇到汪老师，总是有聊不尽的天，说不完的话。渐渐地我也发觉汪老师其实很亲切，很温暖。他总是娓娓道来，既智慧又豁达。聊学问，聊时政，聊家常，天南地北，左右西东，总之你什么都可以与他聊。那时在电教四层的所长办公室里，汪老师、闵维方老师，还有陈良焜老师会常常聚在一起。我一有机会就愿意凑过去听他们海阔天空，犹如是在精神聚餐，那么过瘾和享受。

我对汪老师家庭的最初印象来自李嘉娥老师。她常常说起“文革”期间汪师母身体是如何不好，而汪老师是如何精心照顾，将夫人背上背下楼梯，几年如一日……当时周围的一些人婚姻不是很美满，所以汪老师恩恩爱爱的夫妻关系真是羡煞旁人。他家 80 年代就贴的是壁纸，家里总是一种书和红木混合散发出的淡淡的香味。一只波斯猫慵懒地卧在沙发旁。汪师母是旗人，他们家总弥漫着一丝从容的贵族气。与他们夫妇聊天时，汪老师对夫人总是情不自禁地流露出万般宠爱，而汪师母在汪老师面前则永远宛若小女孩般娇嗔。汪老师有两个儿子“端”和“中”。他喜欢女孩儿，一直给人重女轻男的印象。他说过，要是后来再有个女儿，就会起名叫“娓”。大概是上天为了弥补汪老师没有女儿的缺憾，三个孙子辈的统统都是女孩儿。大孙女妞妞出生的时候，汪老师拿给我看他写得满满的几张纸，上面都是寓意精妙、字形优美、适于作女孩名的字。

汪老师与我父亲同龄。我对他除了有对师长的尊重和感恩之外，总还有一种如同父亲般的特殊的亲近之情。任凭时间如何流逝，在汪老师面前我永远可以享受做孩子的幸福，感受长辈的宽厚与包容……

汪老师晚年一直低调，最不喜欢为他做寿，也不愿意别人为他写点什么。但在撰写这篇小文的过程中，我确实感到了一种很少有过的想写的欲望。于我而言，这个过程至少有两点收获。一方面，它给我提供了一次重新认识北大教育学科发展历史的机会；另一方面，对这些往事印象的回味并不是要蓄意地歌功颂德，而是对自己真情实感的一次清理，是一种带有自省的成长，是一种非常的愉悦和满足。汪老师如果知道这些，或许能够理解我们这种自私的表达方式吧？！

与汪老师一起回想过去的事情

陈洪捷

八十年，是一个漫长的时段，其中肯定有不少回忆和故事。可惜汪老师不愿回忆，甚至到八十大寿之际也不愿意写点回忆的文字。余生也晚，无法追溯汪老师较早的往事，只能从最近的二十多年入手。说是讲述汪老师，其实也是对自己过去的回顾，所以题目就叫“与汪老师一起回想过去的事情”。

初入其门

25 年前的春夏之交，我第一次见到汪永铨老师。

当时我在北大西语系德语专业学习，正是毕业前夕，在惶惶不可终日地等待分配工作。终于有一天我们的班主任严宝瑜老师问我，是否愿意留校，去高教室工作。我没有思索，爽快地答应了，当然不是为了高等教育，而是为了留校。我当时根本不知何为高等教育研究，也不知高教室在做什么，更不知道高教室办公室在哪儿。总之，在我毫不知情的情况下，就做出了一个影响我一生的决定。

过一段时间，记得是到红一楼去见汪老师。在我的印象中，那是一间很安静的办公室，应该是教务长办公室。第一次见到了汪老师，他看上去很威严，我更加局促。但开始说话后，我稍稍定下神来，因为汪老师说话很慢，不急不慌，而且表述清晰明白。汪老师耐心、从容地为我讲了高等教育研究的主要内容以及在国外高等教育研究的情况。后来想起来，这算是我进入高等教育领域的入门第一课吧！

面对我这样一名对高等教育研究一无所知的年轻人，汪老师讲得既宏观又具体，浅显易懂，让我觉得高等教育研究是一个很有发展前景的领域，我当下就有点跃跃欲试的感觉。

可能是暑假之后，我正式报到上班了。我这才开始进入高教室办公室。当时办公室在 27 楼的三层，有三间 10 平方米多一点的房间，分别是办公室、资料室和会议室。记得第一次参加高教室的会议，就在那间会议室中。汪老师主持，还有曲士培老师、陈学飞老师以及办公室李嘉娥老师参加。大家围桌而坐，就五个人，基本就坐满了。我当时看着这小小的会议室，觉得很好玩。会议的具体内容记不清了，但当时说到了新生力量，高教室会继续发展云云。

说到我来高教所工作，有人后来问汪老师："你也不面试一下就录用了，撞大运呢？"人生中还真少不了撞大运。

不言之教

与我一同进入高教室的还有第一批硕士研究生，一共四人：高柏、陈树强、王雨和郭枫。汪老师要求我跟这四名学生一起听课。当时高教室自己开的课很少，汪老师讲“外国高等教育史”、曲老师讲“中国高等教育史”、陈学飞老师讲“美国高等教育史”。在汪老师的课程中，他安排我们去北师大旁听，比如听了顾明远老师的“教育原理”课，听了符娟明等老师的“比较教育”课。另外还请了外校的老师以及国外的老师来上课。所以，当时高教室虽然很小，自己开的课程也很有限，但学生们的课程却是很丰富的。而且第一批研究生的学习热情很高，自己还举办了不少小型研讨活动，甚至还面向全校做报告。

汪老师对学生要求很严，所以学生们特别是两位女生很怕见汪老师。我曾经跟汪老师说过，学生们都怕见他，他听后大惑不解。其实汪老师很少批评学生，相反倒是以鼓励为主，而且喜欢开玩笑。据我的观察，学生怕汪老师，一是因为汪老师面相威严，有俄国总统叶利钦之相，使学生望之却步。二是因为汪老师对学术有很高的要求,学生的作业或论文，从材料到结论，从逻辑到文字，汪老师从不轻易放过，而且他还喜欢亲自动手修改。就几页纸，一经汪老师的手，斑斑点点，红一块黑一块，改得面目全非。而且所补充的文字，一律秀丽的蝇头小字，一笔一画，绝不马虎。对此情景，谁能不怕？谁不敬畏？

汪老师对学生很少长篇大论，谆谆教导。改两次作业，提几个问题，学生们就知道今后该怎么做了。比如汪老师从不轻易发表文章，也很看不上许多发表的但没有什么新意的文章。学生们自然也就不去汲汲于求发表了。记得我第一次应潮流写了一篇与我“主业”没有什么关系的文章，写完后交给汪老师，但一直没有得到汪老师的反馈。我心想，八成是汪老师看我这文章没有价值，不值得发表，懒得理我了。

后来我再也没有打听过这篇文章的下落，从此我下笔也更加谨慎了。

宏大设想

我刚刚到高教室工作时，汪老师似乎是想把比较高等教育作为一个重点发展方向。汪老师本身就关注美国，陈学飞老师也专攻美国，我来了后让我负责德国。在硕士研究生当中，高柏负责日本，王雨和郭枫负责法国，而且高柏和王雨毕业后留下来继续从事各自的研究，后来还有专门负责研究苏联和英国高等教育的老师。从当时的人员构成看，汪老师可谓雄心勃勃，设想宏大，想把北大高教所办成中国比较高等教育研究的重镇。

当时汪老师与教育部教育发展研究中心共同承担一个关于“高等教育结构”的大型研究课题。汪老师负责国际比较部分，我们在他的带领下分头负责承担美国、日本、德国、法国的高等教育结构研究，并追溯一百年来高等教育结构的变化情况。

汪老师负责的国际比较部分一经发表，立即引起普遍关注，成为当时国内比较高等教育研究的力作。

汪老师的宏大计划,并不体现在“说”上,主要落实在“做”上。他的这一设想好像从来没有落实到什么“规划”或“长远计划”等报告书中。而他一直实实在在地做事情，比如他选拔教师和研究生的情况，就能看出他的宏大设想。

从资料建设上也能看出汪老师的宏大计划。在进行各国高等教育结构的项目时，在汪老师的带领下，我们几个人与国外所有能提供有关统计材料的机构都取得了联系，搜集到一大批重要材料。我自己也是通过这次统计材料的搜集，了解了德国有关高等教育研究的所有机构，并与其中若干重要的机构建立了长期的联系。汪老师的另一个关注点是大图书馆的藏书。老北大有教育系，所以有不少教育藏书。汪老师亲自到北大图书馆去搜罗，找到新书，他要求我们从图书目录上去查找各个国家关于高等教育的最新著述。我负责德国，当时为北大图书馆订了一批有关书籍。

从汪老师对资料占有的要求上，不难看出他长远的研究计划和目标，他其实是想结合着建设比较高等教育研究重镇的目标，想在高教所建立一个丰富的比较高等教育资料库，为今后长远的国际比较高等教育提供一个坚实的基础。

培养提携

我到高教室工作后，当然面临一个如何长远发展的问题，但我自己当时并没有意识到这一问题。汪老师首先想到我读硕士研究生的问题，但他认为，考研究生，就得去准备政治、外语等科目，觉得与其把精力花在准备考试上，还不如多看点书，尽快进入高等教育研究领域。所以他支持我同研究生一同上课，但不用去参加读研。他说，今后在北大的职业发展，主要是看成果，而不是学历。于是，我也就不去想读研究生的事情，一心听我的课，做我的工作。

同时汪老师觉得，要进行德国高等教育的研究，很有必要去德国进行交流，以便与德国的同仁建立联系。有一次，汪老师问我柏林自由大学的教育系都有哪些教授和专业，让我查一查。我不知其用意，就去查了，然后告诉他。过了一段日子，汪老师给了我一张出国交流申请表，申请的学校就是柏林自由大学。这样我就第一次到了德国，进行了为期一年的访问交流。现在想起来，这一年对我非常重要，成为我后来与德国学术界密切联系的开端。

进入 90 年代以后，随着高教所有了博士点，以及北大取得博士学位的教师逐步增加，没有博士学位的年轻教师的职业发展似乎受到一些限制。又是汪教师主动与我谈起读博士的事情。其实是在他的安排下，我顺利地通过入学考试，跟随他开始攻读博士学位。

这就是汪老师的风格，与其空谈，不如做实事。我出国也好，读博也好，都是在他不声不响的安排下进行的。这反映出汪老师对年轻教师真正的关心与培养。不仅是我，其他年轻的教师也都是在汪老师的帮助和提携下逐渐成长起来的。

以科学的名义

——汪永铨先生学术精神初探

赵炬明

今年是汪永铨先生八十岁寿辰，北京大学教育学院的同仁们为他祝寿，故特撰此文以志祝贺。

在中国高等教育研究界，汪先生是一个特别的人。他的特别有三：一是发表文章很少，中国学术期刊网上能搜索到的由汪先生独撰的学术论文不多，其中真正体现汪先生学术思想的论文主要有1988年发表的《关于政府对高等教育的管理》[1]与1999年发表的《关于我国高等教育科学研究的几点思考》[2]（以下简称“几点思考”）。二是他数十年来潜心建设北京大学高教所[3]，如今这个机构已经是中国高等教育研究的重镇。三是他虽

[1] 汪永铨：《关于政府对高等教育的管理》，《上海高教研究》第4期。

[2] 汪永铨：《关于我国高等教育科学研究的几点思考》，《教育研究》第10期。

[3] 闵维方：《汪永铨教授的治学道路与风格》，陈洪捷编《社会、经济与高等教育》，1999年，北京，第4页。

然为人谦和、处世淡泊，但有其鲜明的学术性格。

我是1983年认识汪先生的，而后转入高教研究界便有了更多机会和汪先生接触，但交往最多的还是在20世纪80年代。那时中国的高等教育研究事业刚刚开始，如何开拓这个领域，这个领域的基本理论和方法是什么，如何引领其健康发展，几乎是大家共同关心的问题，讨论最多的也是这些问题。在这些年的接触中，我感到，汪先生始终萦绕于心的是中国高等教育研究的科学化问题。这是汪先生的学术追求之所在，也是理解他学术活动的关键。1999年汪先生发表的“几点思考”一文，最为集中地反映了他对高等教育研究科学化问题的思考。这篇文章是他70岁时撰写的，也是迄今为止我所看到的汪先生就这个主题发表过的最重要的一篇论文。文章对中国高等教育研究的现状与问题做了一个总括性分析。他认为高等教育研究作为一个学科与其他学科相比还不成熟，还没有像其他成熟学科那样形成自己的专门术语体系及研究方法，在资料收集、研究方法、理论建设、队伍建设、学风建设等方面还有很多问题。只有提高研究的科学水平，才能最终使高等教育学能“无愧色、无争议地成为一个公认的与其他学科平起平坐的学科”。[1] 其论述的核心价值观是科学。整篇文章，如其标题所示，是关于高等教育“科学研究”的思考。

其实，汪先生很早就在思考这个问题。记得是在1987年夏，

[1] 汪永铨：《关于我国高等教育研究的几点思考》，《教育研究》1999年第4期，第23—28页。

汪先生跟我谈到研究方法问题。很明显，他为高等教育研究文献中存在的大量经验总结式和思辨式的论文感到不安。因为这类论文严重影响了高等教育学科在学术界的信誉和地位。他希望高教研究界能采用一些更为科学的方法进行研究，通过研究方法的改进来提高高等教育研究的质量和学科水平。我说您能否写篇文章谈一下这个问题。于是我们开始讨论，他也拿出笔来开始记录要点。正记着，他突然笑了起来，把笔纸往前一推，说："我们批评别人拍脑袋写文章，难道我们现在不正在这样做吗？"当然这文章最后也没有写成。

这件事给我留下了深刻的印象。因为它表明，在一个缺乏基本科学研究条件的环境中，科学方法倡导者会给自己带来麻烦。试想，如果这位科学方法倡导者非常执着，他就势必要以身作则，使自己的研究在资料、方法、理论等方面符合科学研究的要求。要是客观条件不能满足这些要求，如无法找到相关文献或得不到有关数据，这位倡导者立即就陷入了自己设定的麻烦之中：如果发表不合标准的文章，他就违背自己所倡导的原则；如果坚持标准，他就不能发表文章，结果把自己变成了一个"失语者"。这非常可能就是汪先生所面临的窘境，也是他很少发表文章的原因。但是，汪先生宁愿失语也不肯放弃自己所信奉的原则！

汪先生对发表作品的要求几近严苛。我问过汪先生为什么不把他一些很有见地的研究心得发表，他说他害怕以后重读这些文章时会后悔。他还补充说，他现在已经后悔他以前发表的一些东西了。他用这十个字总结了他的原则："文章千古事，下笔须小心。"这后来成了我须臾不敢忘记的教诲。

汪先生不仅对自己如此，对北大高教所其他同事也是如此。汪先生要求青年教师在文章送出发表前必须让他看过，而且他一直坚持这个要求。结果是整个80年代，几乎看不到北大高教所青年老师的文章。很显然，汪先生是希望北大高教所的青年教师们在事业之初能养成一个好习惯，形成一个好传统。

然而，坚持这个原则的一个必然结果是发表不多。在如今这个"数字化"时代，这样做就显得不合时宜了。但汪先生对此并不以为然。他曾多次引用北大数学系一位教授的例子来说明这个看法。他说那位教授一生只发表过五篇文章，而且都是在北大刊物上发表的，但这并不妨碍他成为自己领域的一代宗师。同理，如果北大高教所有朝一日能像数学系那样享有崇高的学术地位，现在就必须像数学系那样工作。因此，尽管面临着巨大压力，他仍然一如既往地坚持他的学术思想。

在我看来，汪先生的这种态度很有些古典主义的味道，即对学术有一种完美主义的追求，并且相信，真正有价值的东西决不会随着学术海洋的潮起潮落而烟消云散；相反，它们应当像大海中的礁石，经得起时间岁月的冲刷！

我不认为汪先生会要求所有人都来追求这种学术古典主义，但我确实感到，他认为北大高教所应当追求这样的思想。

尽管汪先生在学术发表方面显得有些"失语"，但在推动中国高等教育研究科学化方面却贡献很大。就在他大笑推笔后的第二年，北大举办了“现代教育研究方法讲习班”。这是国内第一次举办教育研究方法研讨班，来自密西根大学的教授们介绍了美国的研究方法。就在这个讲习班上，汪先生介绍我认识了刚从美国学成归来的闵维方。汪先生的目的是希望我们将来能有所合作，但北大讲习班的经验与闵维方的交谈却使我下决心出国。随后的留学经验使我受益匪浅，对此我一直心存感激。

汪先生争取闵维方到北大的事也很反映他对高等教育研究科学化的执着。蔡克勇先生曾告诉我，闵维方回国时，除北大外，还有两个地方想要他。一是北师大。顾明远先生希望闵维方回北师大，因为闵维方是从北师大毕业并出国的，因此回母校服务理所当然。于是汪先生找到顾先生，说北师大已经人才济济，今后还会有更多人学成归来。而北大的高等教育研究刚刚起步，急需闵维方这样受过系统学科训练的人，因此请顾先生把闵维方让给北大。另一个地方是国家教委教育发展研究中心。这个机构负责制定对中国教育发展有重大影响的政策，因此需要像闵维方这样在教育经济财政政策方面受过专门训练的人。当时的中心主任郝克明先生是北大高教所出来的。于是汪先生找到郝先生，请她支持一下，别和北大争闵维方。据蔡先生说，为了得到闵维方，汪先生光教育部就跑了二十多遍，闵维方最终到了北大高教所。

汪先生竭力争取闵维方的原因是，他认为自己在教育科学研究方面是“半路出家”“功底不足”，需要有一个“科班出身”

的人来接替他，[1] 因此闵维方一到北大就担任高教所副所长，四年后接任所长。现在看来汪先生的这个举措极富远见，如今北大教育学院已经成为中国高等教育研究机构中最重视科学方法和实证研究的机构。

汪先生是个处世淡泊的人。北大陈洪捷教授曾这样评价汪先生："晋人说，有'龙跃云端'和'凤鸣朝阳'的学者，也有'不跃不鸣'的学者。先生处世治学，皆取淡泊态度，避风光与显赫之场所，唯恐不及，当属不鸣不跃者。"[2] 当时汪先生给我的印象是一位坐在阅读桌旁，一边和你温和地聊天，一边慢慢用纸条卷烟丝，然后心满意足地抽一口的学者。南京大学的龚放教授曾戏称汪先生为高教研究界"第一大散仙"，但后来的一件事改变了我的看法。

1988 年在北京召开了"中国高等教育国际学术研讨会"，这是一次重要会议。近二十位外国知名学者应邀出席了会议，如美国学者欧内斯特 · 博耶尔、日本学者喜多村和之等。国内几乎所有重要学者如顾明远、潘懋元、王承绪、滕大春、杨德广等人都参加了这个会议。参加会议的还有北京大学校长丁石孙、清华大学校长高景德等。国家教委教育发展研究中心主任郝克明、副主任蔡克勇、高教二司司长刘一凡等也出席了会议。会议在香山宾馆举行。汪先生应邀出席会议并做主题发言，我

[1] 参见汪永铨：《关于我国高等教育科学研究的几点思考》，《教育研究》1999 年第 4 期，第 28、35 页。

[2] 陈洪捷：《社会、经济与高等教育》序言，1999 年，北京，第 X 页。

也参加了这次会议。

汪先生为会议准备了一篇论文。如果我没记错的话，汪先生文章的题目是“政府应当管教育而不是管学校”，是用英文写的。汪先生在发言中阐明了中国为什么需要政府统一管理教育的理由，但也批评了政府在教育管理方面管得过细、管得过死的问题，认为“政府应当管教育而不是管学校”。按当时国内开国际会议的惯例，中国学者应当自觉与政府保持一致，但汪先生却溢出常规，说出了自己的看法。这在会议上引起了很大反响，以至刘一凡先生不得不赶紧出来补台。这篇文章就是后来在《上海高教研究》上发表的《关于政府对高等教育的管理》。尽管文章发表时文字已经变得柔和多了，但从中还是可以看到作者鲜明的立场和犀利的分析。如果说汪先生属于“不鸣不跃”的那类学者，那在这篇文章里和这次会议上，他却如龙跃云端，大放异彩。这件事丰富了我对汪先生的看法，他不仅是一位宁静淡泊、温文尔雅的学者，也是一位在重大场合能坚持己见的学者。

我从未有机会在汪先生门下求学或与他一起工作，仅有的认识也是点滴和片断的。但这些年与汪先生的交往使我感到，汪先生是一位有宗教情感的科学主义者。他对科学有坚定的信仰，相信通过推广科学方法可以提高高等教育研究的水平，并最终把它变成一个真正的学科。他以一种传教似的热情，数十年如一日地在高等教育研究领域中传播科学主义。爱因斯坦说过：“科学只能由那些全心全意追求真理和向往理解事物的人来创造，然而这种感情的源泉却来自宗教。同样属于这个源泉的是这样一种信仰：相信那些对于现存世界有效的规律是合乎理性的，也就是说可以被理性理解的。我不能设想一位真正的科学家没有深挚的信仰。”[1] 这就是我眼中的汪永铨先生！

当然，汪先生是一个“科学主义者”，但不是“唯科学主义者”。他能够客观公允地看待执不同认识论哲学的探究，对它们的研究方法抱有宽容甚至欣赏的态度。例如他认为，思辨方法也有其独特价值，尤其对哲学层面问题的思考。但要把高等教育研究变成一个真正的学科，就不应当仅仅停留在思辨层面上，还须运用科学方法，以实证的方式来丰富或检验思辨的结果。

这些年从汪先生那里学到了不少东西，一直希望有机会表示感谢。如今借此写就这篇短文，一是向汪先生表示感谢，二是与大家分享心得。最后祝汪先生健康长寿！

---

[1] 爱因斯坦：《科学与宗教》，《爱因斯坦文集》（第三卷），1979 年，商务印书馆，第 181—182 页。

记汪永铨老师二三事

阎凤桥

汪永铨老师退休后与我们大家见面的机会渐少，我心里总是萦绕着一种思念之情。一方面，很想见一见他老人家，听一听他说话，开玩笑，从他那平和、客观、坦然、睿智的谈话中，再次感受思想交流的愉悦和人格之魅力。另一方面，又怕打扰他。每当路过他在蓝旗营的住所时，总是被这种矛盾心理所困扰着。偶从同事那里得知他身体健康的消息，总感到无比欣慰。近期，陈洪捷和李春萍两位同事组织大家为汪老师八十寿辰编写一个集子，我们大家知道，他不喜欢世俗的祝寿方式，特以文字形式为他祝寿。此时，思绪万千，许多往事涌上心头。

我于 1995 年考取了北京大学高教所的博士研究生，开始与汪永铨老师有了正式求师问学的生师关系。我不是汪老师的嫡门弟子，所以与其他学友相比，接触机会相对要少，但是更加珍惜，教益之深终生难忘。之前，我在北京科技大学高教所工作时，就在一些场合见过汪老师并聆听过他的教诲，但那是间接的，也是远距离的。记忆比较深刻的有两次，一次是80年代末参加国家教育发展研究中心郝克明老师主持的“应用型高层次人才培养途径多样化研究”课题会时，在蓟门饭店第一次看到了汪老师，知道那位端坐中央的长者就是中国高等教育研究的创始人之一。他的发言简短而朴实，与我想象中可能有的高谈阔论有一些反差。另外一次是1988年夏季，北京大学与中国高教学会联合组织了面向全国高等教育研究人员的教育研究方法培训班，旨在提高我国教育研究队伍的素质，特邀请美国密歇根大学的两位学者讲授定量研究方法。汪老师主持了培训班的开学典礼，他向大家介绍了刚从斯坦福大学留学回国的闵维方老师。进入北大后才知道，闵老师是在汪老师的盛邀之下来北大工作的。

在到北大学习之前，对于像汪老师这样的北大知名学者有一种神秘的崇拜之感。但是，到北大后，这种崇拜之感逐渐被亲切感和真实感所替代，变成学习和探究学问的真正动力。记得在参加博士入学面试时，面对着那么多心目中敬仰的老师，我心里不免有些紧张，汪老师端坐在靠门的一张椅子上，显得平和而安详，他没有问我深奥的专业问题，而是问我读过哪些高等教育方面的书。可以说，这个不是问题的问题，却成为我之后不敢懈怠和努力读书的鞭策和动力。今天，我也经常反躬自问，在知识的海洋中，你读了几本经典著作？又真正理解了多少？入学后不久，在一次与学生座谈中，汪老师谈到他研究高等教育的经历和体会。他说，改革开放之后，他从自然科学转到高等教育研究领域，刚开始有一种不以为然的感觉，觉得与自然科学相比，高等教育研究要简单得多，但是随着时间的推移和学习的积累，他越来越感到高等教育研究问题的深奥，也越来越感到学习的必要，以至不敢轻言。他说，教育问题看似简单，人人都懂，都可以发表一番议论，但它其实是很复杂的，不像其他学科一样有着比较明确的研究对象、理论和方法，它是科学与艺术的结合。在现代学科分类中，教育学既不适合归于社会科学，也不适宜归为人文科学，是一个非常独特的专门研究领域。他还告诫我们，要虚心学习，但不要迷信权威。他本人经常收到一些编委的信函，想把他写入某世界名人录中，他对此不以为然，坦然拒之。在当时，他所说的这番话，以及对于名利所持的淡薄态度，对于那时有着较强成名感和年轻气盛的我们来说，难以完全接受。但是，今天回想起来，这些肺腑之言对于我来说不啻是一种言传身教，帮助我们淡泊名利，追求真理，树立一种批判性的思维。

我 1995 年入学北大时，汪老师已经 67 岁，他为研究生开设“高等教育学”这门课程，我选修了这门课。第二年，这门课由其他老师接任，我才知道，那是他最后一次为研究生讲授课程，我很庆幸赶上了最后的听课机会。第一天上课，汪老师看到我后就说：“你不用来听课了，耽误时间。”我理解，他是希望博士生多读书，上课形式是次要的，不必为了表示对某位老师的尊敬或者碍于情面，而非心甘情愿或不必要地去修他的课。一学期的课，除一次例外，他总是早早到教室，最后离开教室；如果学生有问题，可以利用这个机会与他交流。那次例外是，当他刚要离开家来学校上课时，接了一个电话，所以来迟了。对此，他含有歉意地向我们做了解释。这就是他的为人，总是耐心和礼貌地接待各种求助者，解答他们提出的各种问题，诲人不倦，哪怕自己手头还有其他很多事情要做。在课上，他既讲授知识，也传授治学之道。比如，他经常提到孔子的“述而不作”和孟子的“尽信书，则不如无书”，鼓励我们严谨治学、独立思考和创新；他还告诉我们，念书要先从薄到厚，再从厚到薄；读书不仅要讲量，而且要讲质，要反刍，把书读透；好记性，不如烂笔头，等等。可能是由于原来自然科学背景的缘故，他善于将严谨的自然科学思维方式与复杂的高等教育研究问题结合起来。在讲课中，他采用系统论的思想，分别从古今到中西的角度分析了高等教育中的主要问题，自成体系。讲课概念之清晰，逻辑之严谨，平淡中隐含着深厚的学养，其效果像醇酒一样，时间越久，滋味越浓。我任教后讲授“组织理论与高等教育管理”这门课，对于系统理论有了更多的阅读，逐渐体会到系统思想在社会科学研究中的重要作用，特别是可以用来分析一些复杂事物的运行规则。2006 年 6 月 1 日，我邀请美国密歇根大学科恩（Michael Dwight Cohen）教授来校做了一场题为“复杂适应系统理论及其在组织和政策研究中的应用”的前沿性学术报告。Michael 十分善于从多学科角度研究问题，提出对问题的独特看法，他曾经在 70 年代与他的导师马奇（James

March）合作研究了高等教育中的领导问题，提出了很有意思的“有组织的无政府”概念和“垃圾罐决策模式”。从他的这次讲座中，我再次体会到汪老师从系统理论的角度分析高等教育系统,不仅是一个独特的视角,而且是一个极具前景的发展方向。可惜后来,我们中没有人能够跟上,沿着这个方向继续深入下去。经过三年的博士学习，到毕业时，我已经对于读书、研究有了些许倦怠之感。在一次聚会时，陈向明老师向我转述，汪老师平时有较多推不掉的琐事，到假期时他最高兴，可以安心地读书。他也经常和我们说，希望我们能够交流读书的体会。知之者不如好之者，好之者不如乐之者。汪老师喜欢读书，也喜欢读书之人。在北大这个环境中长期耳濡目染，使我对于“书生”这个称谓情有独钟。在教学中，我也希望自己的学生能够少一些功利思想，多一些读书的情趣。作为汪老师的学生，我们真心希望他能把上课时用的讲稿整理出版，但是他治学精益求精，虽然每次上课都对讲稿做大幅度修改，但仍然不满意，觉得还有许多问题没有搞清楚，因此至今没有付梓。算起来，汪老师正式发表的论著并不算多，但是每一篇文字都经得起时间的考验，因为他的文章是深思熟虑后而落笔的。《论语》中有这样一句话：“古之学者为己，今之学者为人。”汪老师的学术研究工作是为了弄明白事物发展的规律，而不是向别人证明自己达到了什么样的水平。

汪老师身材魁梧高大，听之前的学长说，他不怒自威，学生敬而远之。汪老师对此并不讳言，他还自嘲地举例佐证，说有一学生见他上了 27 楼高教所办公室，不敢尾随，就放弃了上去的念头。在我与汪老师的接触中，对此传言难以相信。在求学及后来的工作中，没有见他发过一次脾气。我的爱人和女儿也说，汪老师在她们眼里，是一位可敬可亲的长者。汪老师平易近人，对人尊重，不仅是同辈人，甚至晚辈亦如此。有一次，在迎新会上，他对新同学们说，他现在年纪大了，常常爱忘事，不能记住他人的名字，所以如果见面时叫不上名字，请大家见谅。但同学们如果有什么问题，他是愿意和大家交流的，这绝不是客套话。毕业留校后，单位委托我担任某届新生的班主任。不久，北大出现了一起学生轻生的恶性事件，我觉得有必要与同学们座谈一次，告诫大家珍视生命。之前，汪老师和我们讲他在“文革”期间受到的迫害，凭着信仰和毅力挺了过来，但还有不少人由于受不了那样的折磨，寻了短见。于是，我请他与学生见面，谈一谈体会，汪老师欣然允诺，同学们从汪老师这一辈人的磨难经历中受到了教益。之后，大凡工作之事需要他出面，他从来没有拒绝过。退休后一段时间，他推掉了很多可以推的事情，包括教学和指导研究生，但是坚持出席迎新会和学生毕业典礼，借机和大家谈一谈心，直到近年他行动不便才作罢。与汪老师相处中的一件小事，给我留下深刻的印象。在我上学期间，有一个刊物邀请汪老师和高教所的博士生搞一个笔谈。我按要求写了一篇短文，质量好像也没有问题，但是却没有发表。我当时心里有些嘀咕，但并没有和任何人说，没有想到的是，汪老师却把这件事放在心里，一次见到我解释说，他也不知道为什么没有刊登我的那篇文章，希望我别介意。从这件小事中可见，他对人总是处处体贴入微。之后，还有几次我拿着写的文章给汪老师看，他每次总是认真地批注，对每一个概念和措辞都反复推敲，必要时还当面讨论。每次这种交流机会，我不仅感到收益很大，而且感到非常舒服，因为他采取的方式是那样妥当而使人乐于接受。经过一些事情后，我有这样一种看法，汪老师心里对于学术充满着神圣感，有一个很高的标准，但是在对别人提出评价和建议时，又能设身处地从他人角度考虑，所提问题的方式是温和的，也是容易让人接受的，真正达到了育人的目的。另外一件事情也与我有关，2005 年 4 月，我们接待了来自台湾高教界的一个学术代表团，台湾政治大学的周祝瑛教授与汪老师相识多年，她提出想到家里看望汪老师，请我代为联系。虽然汪老师那时身体并不太好，但是仍然愉快地接受了对方来家探望的请求，他提醒我为客人打一辆车，并且叮嘱我在她出发后电话通知他一下。周教授回来和我说，她到蓝旗营时，汪老师已在楼下等候，送别时拄杖送到门口，令她十分感动。

上面是我在学习和工作期间与汪老师相处中的几件事，时间渐渐远去，但记忆却没有消退。我想，如果用一句话来概括汪老师的话，那就是他“极高明却道中庸”的儒者风范。梅贻琦曾说：“学校犹水也，师生犹鱼也，其行动犹游泳也，大鱼前导，小鱼尾随，是从游也，从游既久，其濡染观摩之效，自不求而至，不为而成。”跟随汪老师学习治学和做人，并且再把这种感受传承下去，从此学术薪火代代相传。新生一年年来，毕业生一届届走，大家有一个共同的感受，教育学院像一个大家庭，有和睦相处、积极向上、但开风气不为先的氛围，这种风气由汪老师所开创，被后学所继承和维系，再向他们的学生传播，通过学生传向社会，不断发扬光大，这就是教育意义之所在。

“高大全”和“葛朗台”

——我心中的汪永铨先生

袁本涛

儿童时期，少不更事，看电影《金光大道》，里面的“高大全”这个人物形象让我深信不疑，总希望在我那有限的生活空间找到这么一位高大叔。然而由于我的生活圈子实在太小，一直到我长到14岁，才好不容易去了趟我们的“人民公社”所在地，N年过去了，一直也没有找着我心中的高大叔。后来上了中学，有机会读到了巴尔扎克的小说《欧也妮·葛朗台》，里面描写葛朗台先生既节俭又吝啬的形象简直入木三分，但我怀疑世界上是否真有这样的人。可是这世界上的事情有时真的很奇妙，等我有机会到北京大学上博士的时候，我不仅真的找到了“高大全”，也真的遇见了“葛朗台”，他们甚至就是一个人，我的恩师——汪永铨先生。

作为“高大全”的汪先生

说汪先生是我心中的“高大全”是有依据的。那是1996年4月初,我参加博士生入学考试。考完笔试后到北大高教所面试,进入面试办公室，只见几位年轻老师围坐半圈，对面一个位置留给我们考生，而在办公室的一个角落里，坐着一位一声不吭的老头，我一进门就被震惊了，他简直太像俄罗斯的总统叶利钦了。我猜想，这位一定就是汪永铨教授吧。本来我对报考北大是无所谓的态度,但看到他的这一高大形象,我就有一股冲动,强烈希望成为他的学生！他的这一“高”的形象就这样直观地铭刻在我心中了。

当然，说他“高”远不在外表形象，而在于他的学问和人品。汪先生在圈内的影响力超乎我的想象。在我接触的学者中,不管是研究教育的还是其他领域的学者，只要是知道汪先生的,无不表现出对他的尊敬和仰慕，众口称赞汪先生的人品极好。他一生淡泊名利，知人善任，甘为人梯。说到汪先生的学术贡献和在国内外的影响力，我在拙作《中国高等教育研究早期学院派印象》一文中已有阐述，大致归结为两点：一是他为中国高等教育研究范式的转型和国际化开了风气之先，二是为中国高等教育研究的“北大学派”发展奠定了基石。

说汪先生“大”不是我的观点，但我非常赞同。这一说法来自日本比较教育学会现任会长大冢丰教授。他常常对我说:“汪永铨先生是个大人物！”我问他“大人物”是什么意思？他说：

"他太有名了！他的学问做得很好。"大概在大冢先生的心目中，汪先生是一个"大学问家"吧！大学问家在日本是非常令人尊敬的，社会地位也是至高的，所以大冢先生称他为"大人物"。

作为"葛朗台"的汪先生

高大叔其实也并非我想象的那样"高大全",我觉得"吝啬"大概是他最大的"缺点"。他有时吝啬得简直有点"葛朗台"了。不过和巴尔扎克先生笔下的葛朗台吝啬于钱财不一样。在钱财方面，汪先生虽然谈不上完全视钱财为"身外之物"，但至少不"小气"，据我所知，当年汪先生也是小有家当的，他在北京曾经有其父亲遗留下的一座大四合院私宅。无论什么年代，在北京有一座四合院的宅子都是一笔价值不菲的财产啊，但当年汪先生和他的姐姐商量后却把这个宅子交给了政府，仅从这一点就可看出，汪先生其实是很慷慨的。我说汪先生"吝啬"主要指他在学术研究和研究生培养方面。

在我的印象中，大凡所谓的"大学者"，多是著作等身，弟子三千。但汪先生这一辈子可谓惜墨如金，在研究生尤其是博士生培养方面更是寥无几人。

汪先生很少发表自己的作品，他总是强调"文章千古事，下笔须谨慎"，我想这也是他一直不愿意出版其高等教育研究专著（其实北京大学出版社已经几次把出版其著作列入计划，他都婉言谢绝了）的原因之一吧！他的特点就是这样"慎思笃行”“述而不作”，典型地践行了清华大学“行胜于言”的校训。

令人遗憾的是，汪先生不仅没有多少鸿篇巨制问世，甚至也未能做到“弟子三千”，他在招收研究生尤其是博士生方面一向是“宁缺毋滥”。以他在北大的资历和声望，当年只要他想多招研究生，我想他是绝对有条件多招的。但他不但不多招，反而经常“浪费”计划分配的名额——招不到满意的，他就干脆不招。就这样，他一直到退休，总共也没有招收几位博士生，甚至硕士生也没有几位。据我所知，从他手下毕业的博士生，不过 6 人而已，其中还有 3 人是和国家教育发展中心的教授们合作培养的。

汪先生的吝啬还体现在对学生的要求上。我们上博士时学校要求在核心期刊上发表一定数量的文章，作为小小的博士生，在当时有限的所谓“核心期刊”上发表文章还是比较难的，因此，总想借助自己导师的大名。有一次，我写了两篇习作让汪先生给修改，署名是汪先生和本人，希望借此完成发表文章的“任务”。汪先生进行了仔细的批改，修改后的文章增色不少。可以说先生付出了很多劳动，但先生把文章交给我时说：“我觉得你的这两篇文章勉强可以发表了，但你自己愿意寄到哪个刊物就寄去，不要写我的名字，我也不给你推荐。”真是给我当头一棒，当时觉得挺委屈的，既然不能打您的旗号，还不给推荐一下，真是！看人家的导师，有几个不和学生一块发表文章的？当时唯一的感觉就是这老头太吝啬了，简直一个“葛朗台”！

还有更绝的，“葛大叔”不仅不让学生发表文章沾他的“光”，就连考试分数他也舍不得多给一分。1996 年，有二十多位考生同时报考北大高教所的博士生。我们考完之后大多彼此交流一下考得如何，考完专业课后大都信心满满，认为打个八十多分问题不大。等到考试分数出来后，估计没有一个不傻眼的。文东茅和我的专业课可算“最高的”，不过两门专业课均各打 59 分，只差 1 分就及格啊！可“葛大叔”硬是只给了我们 59 分！

以上就是我心中的汪永铨先生，两个曾经让我分别“坚信”和“怀疑”的文学人物形象在他身上得到了完满的结合，一个集“高大全”和“葛朗台”于一身的人。

世外高人风清扬

——恩师汪永铨先生印象

文东茅

在金庸小说《笑傲江湖》中有一位隐居华山数十年、传授令狐冲“独孤九剑”的世外高人风清扬风大侠。我一直觉得我的导师汪永铨与风老前辈有几分神似。不过，写下副标题的时候，我忽然想道：如果汪先生是“风太师叔”，那么我岂不要变成汪先生的“徒孙”？进而，谁是虚伪狡诈的岳不群？谁是骄横狂妄的任我行？谁又是野心勃勃的左冷禅？还有，我身边是否还得有几个侠骨柔情的美女任盈盈、岳灵珊、仪琳师妹之类？看来，即使我愿意“屈尊”做令狐冲，在此也切不可对号入座了。

而汪先生与风清扬的神似却是我一贯的想法。

一

小说中的风清扬是位有几分神秘色彩的隐者。有关风清扬的故事非常简略：令狐冲在思过崖上与“万里独行”田伯光比武，虽然学了五岳剑派的种种奇妙招数，却因生涩僵硬，不能融会贯通，所以屡屡失败。隐居了几十年，世上已经很少有人提及的神秘人物风清扬突然现身，只是蜻蜓点水、画龙点睛地道出“行云流水，任意所至”的剑术之道，便立刻使得令狐冲剑术大进，翻翻滚滚地和田伯光拆了一百余招。在向令狐冲传授武林绝学“独孤九剑”之后，便再次隐居山野，从此没有下文。此人真乃人如其名：清风掠过，轻扬其影，却令人无限敬仰。

汪先生同样是位有着神秘色彩的隐者。先生少年得志，清华毕业留校，年仅 29 岁就被任命为北京大学无线电系系主任，随后担任北京大学教务长之职，长期担任国务院学位委员会学科评议组成员，属教育界德高望重的几大元老之一。但先生一贯行事低调，出言谨慎，也鲜有著述发表。最近十多年以来，由于身体不便，先生很少外出，更是几乎不参加各种国际、国内会议。所以，对于汪先生，许多学界同仁都是只闻其名，不见其人，现在的许多硕士、博士研究生甚至都不知道学界还有这样一位“太师叔”。风清扬是隐居山野，汪先生却是“大隐隐于市”。先生住在蓝旗营小区的十九层楼上，此地虽非闹市，却也繁华；虽没有华山之高，却也属“手可摘星辰”了；先生甚至很少下楼，只是常常透过窗户，用他那平和却深邃的目光俯视脚下繁忙的世界。有时经过先生楼下，我会不自觉地想，这周围不只有车水马龙、鼎沸人声，在头顶的高处，还有一位神秘的老者静静地注视着我们。风清扬的隐居是出于对武林之间为虚华名利而你争我斗的无奈与厌倦；汪先生隐居一生，显然不是因近年的行动不便，也不是因天生性格的内敛或生活的挫折，而是出于淡泊名利的人生修为。先生生活于这样一个充满变革、机遇和诱惑的时代，却始终深居简出、静如止水，这已非常人所能企及；更可贵的是，先生并不认为自己的归隐更高贵、他人的入世更低俗，而是对不同的人生方式充满着理解、包容和尊重。在这样一位老者面前，谁都不必为自己生活的选择而感到丝毫的羞愧或者压力。小说中的风清扬见令狐冲太不成器，更忍不住要蒙上面纱，借着月光对他指指点点；见岳不群等太过卑鄙，便忍不住要破口大骂。由此看来，汪先生在“静”和“忍”上的功夫，竟还要高出风老前辈几分了。

二

小说中的武林派别林立，不仅有正道与邪教之分，在正道武林之中又分出若干门派，少林、武当、峨眉、衡山等，不一而足；即使同在一个华山派中，也会分出“剑宗”与“气宗”，更有甚者，这两派为了争出谁是华山正宗，竟然誓不两立，拼了个你死我活；除风清扬一人因不在决斗现场而幸免外，其余几十位气宗、剑宗前辈高手悉数毙命于玉女峰。即便如此，后辈们却丝毫没有吸取教训，门户间仍然壁垒森严，稍越雷池，便被视为背叛师门，当逐出山外。对此，岳（不群）夫人曾以师母身份对令狐冲等有如下训导：“气宗与剑宗的高下，此刻你已必然明白……今日师父的教诲，大家须得深思体会。本门功夫以气为体，以剑为用；气是主，剑是从；气是纲，剑是目。练气倘若不成，剑术再强，总归无用。”风清扬作为一代高人，其高之处就在于超越了门户之见，甚至超越了关于“剑”的世代定识。书中有一段常常为人引述的精彩描述：突然间田伯光一声大喝，举刀直劈，令狐冲眼见难以闪避，一抖手，长剑指向他胸膛。田伯光回刀削剑。当的一声，刀剑相交，他不等令狐冲抽剑，放脱单刀，纵身而上，双手扼住了他喉头。令狐冲登时为之窒息，长剑也即脱手。……忽听那老者道：“蠢材！手指便是剑。那招‘金玉满堂’，定是用剑才能使吗？”令狐冲脑海中如电光一闪，右手五指疾刺，正是一招“金玉满堂”，中指和食指戳在田伯光胸口“膻中穴”上。田伯光闷哼一声，委顿在地，抓住令狐冲喉头的手指登时松了。令狐冲没想到自己随手这么一戳，竟将一个名动江湖的“万里独行”田伯光轻轻易易地便点倒在地……正是因为深谙“行云流水，任意所至”“顺其自然，行乎其不得不行，止乎其不得不止”的剑术精华，风清扬才可以超出门户派别、招数套路的约束，成为一代武林宗师。

现实中的学术界其实也是门派林立，不同学科之间彼此隔离，同一学科之中也各立山头，自以为是，自视清高，相互拆台，互不买账，文人相轻之风古今不变。汪先生之高在于对学术有自己独到的深刻见解，即“融会贯通，有理有据”。先生是清华大学物理系高才生，毕业后曾是钱三强、叶企孙、黄昆等大师争相邀请的大青年才俊。先生进入高等教育研究领域不是无意中入错道，而一种主动的选择。早年的先生认为，教育事关民族大计，而教育研究却“太不科学”，他希望用类似物理学的科学方法和科学精神来推动教育研究的“科学化”。为此，他联络了一批从事定量研究的学者如厉以宁、陈良焜等，组成了北大高等教育研究的团队；此后又有目的地邀请了闵维方、丁小浩等定量研究学者加盟。由此看来，汪先生有点像是“剑宗”出身了。但随着教育研究过程的深入，晚年的汪先生一直认为，人类活动的复杂性远甚于物理现象，定量研究并不是教育研究的唯一普适的方法。为此，他又从哈佛邀请了质性研究专家陈向明加盟，甚至在七十多岁后还自己提着录音机对二三十岁的北大教学管理干部做“深度访谈”。正如风大侠所言：“招数是死的，发招之人却是活的。死招数破得再妙，遇上了活招数，免不了缚手缚脚，只有任人屠戮。”先生认为，教育研究不能拘泥于一种方法，不能以方法去选择研究的问题，而应该根据现实中真实的问题选择合适的方法，这些方法可以是自然科学的实验法，也可以是社会科学的调查统计法、田野研究法，还可以是哲学的思辨法。为此，汪先生花了大量精力研究、宣传通识教育理念，主张打破学科堡垒，增强学科之间的理解、交流，在跨学科合作中进行学术创新。

不论从何种学科角度，采用何种学术方法，先生强调的是“言之有理，实事求是”。先生出身于学者世家，父亲是著名逻辑学家、中国现代逻辑学的奠基人之一，家学熏陶加之先生自己的物理学学科背景，使先生在学界以严谨著称。先生自己写东西总是字斟句酌，出手谨慎，对学生强调得最多的也是用词尺度和文字的前后逻辑。由于先生要求严格，做事极为认真，我们写的东西轻易不敢让先生看，但大凡被先生修改认可的文稿，都能让自己增添几分信心。不仅我们如此，据我所知，国家教育发展研究中心创始人郝克明先生等多位著名大家的重要文稿在发表前都会请先生过目。汪先生追求的不仅仅是语言文字上的通顺，更注重论述的事实依据。先生一再强调的是：只有论据充分，才会顺理成章。先生认为，拍脑袋、提假设容易，找事实依据难，不论是实验法、调查法、访谈法，所要做的，都是通过严谨的过程，获得尽可能充分的、可信的论据，论据不充分，就不能随意下结论。先生对论据的苛求、对“教育规律”的谨慎，大概是他学术上“低产”的主要原因。记得汪先生曾收集了大量数据材料，对 20 世纪 40 年代至 80 年代初 37 个国家高等教育结构的变化状况进行了详细的比较分析，结果发现各国高等教育结构差异悬殊，并无统一模式，也没有明显的共同变化趋势，只好无奈地据实禀报。先生这一没有发现“规律”的研究却成了教育研究中实事求是的经典范例。

三

小说中的风清扬既是世外高人，自有其高人一筹的绝世武功，那就是“独孤九剑”。这“独孤九剑”一共只有九招：“总诀式”“破剑式”“破刀式”“破枪式”“破鞭式”“破索式”“破掌式”“破箭式”“破气式”。“但每一式都在破解一类武功兵器，那‘破枪式’包括破解长枪、大戟、蛇矛、齐眉棍、狼牙棒、白蜡杆、禅杖、方便铲种种长兵刃之法。‘破鞭式’破的是钢鞭、铁锏、点穴橛、拐子、蛾眉刺、匕首、板斧、铁牌、八角槌、铁锥等等短兵刃。‘破索式’破的是长索、软鞭、三节棍、链子枪、铁链、渔网、飞锤流星等软兵刃。虽只一剑一式，却是变化无穷，学到后来，前后式融会贯通，更是威力大增。”书中并没有提及风清扬与他人直接的比武，但仅观令狐冲在得其点拨后武功进步之神速，习得“独孤九剑”后剑术之出神入化、笑傲江湖，就已令读者不得不将这位深不可测的风老前辈视若神人了。书中说道，狂傲自负至极的魔教教主任我行一生只佩服三个半人，即使武当派冲虚道长也只算得半个，风清扬却算是三个之一——“风老先生剑术比我高明得多，非老夫所及，我是衷心佩服，决无虚假”。可见风清扬在武林地位之高。

在我看来，汪先生作为学界高人，其最高“武功”并非其发表的多篇重要论文，也不是其获得全国首届教育科研优秀成果一等奖的《中国高等教育结构研究》，而是其晚年修炼出的关于科学研究学风的“五不唯”。这“五不唯”分别是：

不唯上：不把自己研究的注意力集中在“我注六经”上。要怀着一颗对国家高等教育事业发展忠诚的心，以认真、负责、严肃、科学的态度，敢于面对各种“权威”开展有关问题的讨论。

不唯书：“尽信书不如无书”，读书既要“进得去”又要“出得来”，不能“唯书是从”，更不能生吞活剥，断章取义。不能把研究工作做成各种有关书的内容摘录的叠加，牵强附会地拿来作为研究的新论据。

不唯众：科学研究的最高行为准则是“服从真理”，应该敢于在事实和真理面前“力排众议”，切忌人云亦云，随波逐流，助长“谬种流传”之势。

不唯我：在科学研究中，不可盲目自信、自以为是，甚至唯我至尊，搞“六经注我”，贬低以至排斥不同于自己的意见。在学术研究中不排除“学派”和“权威”，但更应强调“学术民主”，开展不同意见和观点的平等讨论与商榷。

不唯“风”：科学研究在不同时期总会有不同的“热点”问题，研究工作者对这些热点必须有高度的敏感性，但“追风”却是科学研究作风上的一种“浮躁”表现。浮躁就不免重复和浅尝辄止，就会有失严谨、科学，更不可能创新。科学研究作风上要“求实”，必要时还要能“甘于寂寞”。

这“五不唯”看似简单，但扪心自问，当代学者中又有多少人能真正做到？即便能做到一条，也实属不易，若能全部做到，则必定已是如风清扬一般的世外高人了。

行文至此，我又想起风清扬的话来：“世上最厉害的招数，不在武功之中，而是阴谋诡计，机关陷阱。”从汪先生身上，我看到的最高武功，其实也不在学术之中，而在学术之外，那就是人品道德和社会责任。风大侠所说的最厉害招数是不可学的，而汪先生的最高武学却是人人可学、人人该学的。

美感和品味

——贺汪永铨先生八十寿辰

王蓉

一

可然现在已经长成英俊的少年，高高个头，而且为人最是宽厚。每次见到他，总是想起十几年前那一幕。那天汪先生正在给我们授课，忽然停顿，低头微笑，然后对我们说：“丁老师要生小宝宝啦！”那天是可然的出生日。

那时我们这些硕士生，特别是我这有点糊里糊涂的，都有些怕汪先生。有一位师姐，据说到了院里的办公室，站在门外，屈身,用手指拨开门缝,看看汪先生在否。不在则入,在则如“老鼠见了猫”似的迅速逃离该区域。那时我们正被师兄师姐警告在这种种的故事中,忽见到汪先生关于“小宝宝”的慈爱的微笑，一下便记住了，一直记到了现在。

师兄师姐也有警告得很对的地方，那就是汪先生是严师。

那几年，在汪先生的要求下，每一届的高教所新生在第一学期都要做一个作业：拿来国内最著名的教育学术期刊一年内发表的所有文章，分析这其中有几篇是真正的“研究”。汇报作业的那一堂课及其讨论的结论，大概上过这门课的每个人都记得清清楚楚，就是在这些文章中，没有几篇是真正的“研究”。

那时做学生很幸福。我们只有三五个人听汪先生讲课。频频出现的场景是，大家听得如痴如醉时下课了，却还意犹未尽地全都围着先生。大师兄国权站在离老师最近的地方，总是说：“您应该写出书来，让更多的人读到听到啊！”汪先生总是说：“不行，还不够好。”

汪先生那时对我们还老说一句话，那就是你们一定要学好英文，要读英文的文献！他那是在为我们国家的教育研究忧心，在为我们国家的社会科学焦虑。我也是在那时候，打定了主意去读博士，寻求真正的“研究”。

在研究生的最后一年，我考了托福、GRE，争取出国学习。那时政策还很严，有种种的“不允许”。记得有一天，汪先生、闵先生和其他老师开会，专门讨论可否为我写推荐信。下班了，会议还在继续，我一个人在渐渐变灰的走廊里等着……但是心中没有一点怀疑。我知道我的老师们一定会坚持，一定会帮助我。

要出国了，闵先生拿来他的名片夹，许多是我只在书本上看到的名字，他为我一页一页地复印，给我带上。又告诉他在美国的师兄弟，有个我这样的学生要去了，请他们关照……

汪先生把我叫来，他看着我的眼睛说，去了那里，好好学人家的东西，有这个机会就要把人家的教育学懂学透。不要像有些人那样，对中国也没有真搞懂、对美国也没有真搞通，最后只知道到了美国说中国，到了中国说美国，那样“糊弄”的学者不能做。

为了汪先生这句话，我在美国前几年基本上没有碰过有中文的东西。

二

我在院里连续几年教“教育经济学”这门课。每次总会有一个话题被同学提起，就是到北大接受教育的收益率。每逢此时，我总在内心和自己说，我教的这教育经济学是多么苍白和单薄啊……

可是，北大的教育给了我们什么呢？

在远离母校、生活在大洋彼岸的日子里，经常回忆在北大的青葱岁月，也经常想，北大给了我什么？旧金山有一条小街，到了那里，我总是会想起故乡，可是却不知道为何。想得厉害的时候，就到街上一遍一遍地走来走去……

想起北大，记忆里仿佛都是零星的碎片。

想起汪先生看着我时的眼神，“那样‘糊弄’的学者不能做”……

想起关于教育研究方法的那门课，关于中国基本没有真正的教育研究……

想起汪先生对国权兄说，“不行，这个研究还不够好。”

想起闵先生用非常洪亮的声音说，我们要建一个世界一流的教育学院。那时还是1990年。

也想起了我在本科时上的第一节课，胡兆量先生告诉台下懵懵懂懂的我们，你们是中国的希望……

还想起侯仁之先生站在二教的讲台上说，他第一次来到北京，出了火车站，看到夕阳下的正阳门，整个人被那美感震撼了……侯先生的脸庞那时焕发出一种光芒，仿佛把他整个人都笼罩了，也仿佛把我们所有人都照亮了。

三

关于旧金山的小街，有一天我终于明白了，是因那街边疏密有致地长着槐树，正和我们北大西门外那条小路边的槐树一模一样，正和我们北京很多个胡同里的槐树一模一样。那槐树阴凉下的和洽与静怡的感觉，我在美国那个喧嚣嘈杂的地方很难找到。

关于我的北大师承，我花了更多的时间去思考，现在我以为自己是搞明白了。

那就是汪先生等老师使我们懂得了研究和学问的美感与品位。

正如那夕阳下的正阳门一样，真正的研究和学问，真正地做着研究和学问的人，是有着震撼人心的美的。

在北大这块土地上，我们看到了信奉研究和学问的美感的人，看到了以追求美的姿态进行着研究和学问的人，看到了在研究和学问中追求美的人，看到了不能容忍损害这美的人……

我们跟在汪先生他们的身后，在学问的酒窖里品味，尝到了先生们给我们的甘香美妙的顶级好酒，我们终生忘不了那滋味。

四

回国后见到我的硕士论文导师陈良焜先生的第一面，是在一教前面拐弯处的繁忙路口。老师和我站在路中间，来不及走到路边，上来就说："王蓉啊，你可要好好做研究，千万不要像别人那样想着去赚钱、做官！"那时我和陈先生已经几年没见。

而和汪先生上一次的谈话，是他亲自打了电话给我，问我的一篇发表在电子期刊上的文章。那是我粗心大意，一个数字的后面忘了加上百分比符号。

我们的先生们有着恪守的品位和美感的原则，他们在寂寞和清冷中坚持着。向往庙堂之上的喧嚣是不美的，整天惦记着孔方兄是不美的。粗心大意的研究仿佛是没有洗干净脸的女子，出来见人是不体面的。

发表自己研究成果的时候，常常想起当初我们和国权兄站在汪先生身边的那一幕，汪先生一次一次地重复："不行，还不够好。"然后心中总是跟自己说，这样糟糕的论文怎么能拿出去呢？！有时候制止了自己，有时候就权且“糊弄”了自己。那是知道自己脸没有洗干净却急急忙忙上了街的窘迫心情。那些日子，如果见到汪先生，做学生时那种“老鼠见了猫”似的感觉又回来了，虽然现在先生见到我们，话题往往只是拉拉家常。

最近的日子过得颇不寂寞也不清冷，这样的感觉也越来越频繁了。

迄今为止，也没有什么自己酿造的好酒，可以拿给先生们尝尝。

不过，先生的品位还在，先生那追求真正学问的美的姿态已经印在了心上，不可磨灭。惭愧心还在，对自己不可以太没有品位的告诫还在。新的好酒终会有的！

恩师授业记

李曼丽

记得十多年前，加拿大华人教育社会学者 Julia Kwong 应邀来北大访问，我陪她从教育学院（原高教所）所在的电教楼走往勺园宾馆，路上彼此相谈甚欢。我并未注意，在我们的交谈中每当谈到汪老师时，我都称“汪先生”。Julia 凭着社会学学者的专业敏感问我：“为什么总称汪老师为汪先生，而称其他老师为老师？”我实在没有留心，笑答：“事实上，我从来不对汪老师面称‘汪先生’……”确实如此。如今回想,可能是因为“先生”二字在中文里包含了足够的敬意，将恩师尊称“汪先生”，只是脱口而出而已。其实，几乎所有与汪先生相熟的同事，无不被他的厚重、严谨的学者风范以及谦逊、大度的君子胸怀所折服，学生们更是对汪先生充满了钦佩和尊敬之情。在此，谨记下师从汪先生攻读博士学位期间的经历，以表达心中的敬意，也好让关心先生的人更多地了解他。

不寻常的入学考试

我对于研究学问以及教师职业本身的热爱和尊崇得自于汪先生不同寻常的“入学”教育。所谓“不同寻常”，一是说我的“入学教育”大概从录取的过程中就开始了，这比我同年入学的同学可能会早几个月；二是本无所谓“入学教育”，只是当事人的个人体验像极了入学教育而已。为什么这样讲？这还得从我被录取的过程说起。

20 世纪 80 年代末至 90 年代初期，大学里厌学气氛甚浓，我正在其中。那几年时间，统共算来，在窗户前徘徊的时间比在书桌边读书的时间要多。硕士研究生毕业前夕，我对于自己将来能干什么比较茫然。思考一段时间后，我决定参加北京大学 1995 年高等教育学专业博士生招生入学考试，可能还是缘于舍弃不了对求知的兴奋感吧。汪永铨先生名列当年公布的北京大学博士生导师招生名单。我给汪先生写信表示想继续深造的愿望。汪先生请陆小玉老师给我复信并寄来了参考书单。这可能是当时北大高教所对拟报考学生的惯例答复。在我看来，这是一种客气的、矜持的鼓励。

我记得那一年参加考试的人较多，共有 18 人，同时和我参加考试的人个个资质卓尔不群，成就斐然。相比而言，我的学识、经验、资历都很浅。由于年轻仗着记忆力好，我的笔试成绩还不错，大概排名最靠前，就顺利收到北大的复试通知。

复试时，我第一次见到汪先生。当时我感觉他比一般人更高大一些，一头斑白的发、雕塑般的面容。面试时汪先生很少表露自己的态度，一直很安详，安详中带着一点威严，让人感到不怒自威，但是那样的威严又不令人感到疏远。可是我可能天生胆小，面对他时还是有点胆怯，尽管我想努力地表现得不那么怯，表现出来的样子还是很难令自己满意。由于以往在求学过程中不求上进，没有一定的学术积累，复试时就表现得青涩十足，十分不理想。

众所周知，博士生能否被录取，笔试成绩并不是唯一的判据。我隐约感到我的录取希望不大，开始劝自己准备接受被否定的结果。复试一周之后，我突然接到我所在大学李钟善校长的电话说有事找我。作为一名普通学生，我和李校长素无交往，但还是赶忙过去。李校长告诉我，北大汪先生对一个笔试优秀、面试较差的我，是否录取还是比较犹豫，所以希望多了解一些我的情况，便给李校长写信希望帮助详细了解情况后再做决定。在这种情况下，李校长仔细地和心怀忐忑的我谈了两个多小时，包括我的家庭、求学过程、对未来的期待等。谈后，李校长说一定会如实给汪老师写一封信，把我和他谈话的情况沟通一下……不知道后续事情是怎样继续的，总之我在当年 5 月终于得到了这次来之不易的读书机会。这就是一个考生的两次面试，现在回忆起来也感到的确是一次不同寻常的考试。

后来，李校长告诉我说，汪先生主要考虑到希望为本专业的发展培养更多的年轻人，也希望给年轻人机会，因此尽管他对我的学术基础已经有所了解，还是决定把这个机会留给我。

在不知道汪先生的基本想法之前，我曾经侥幸地想过可能因为我天生就是一颗“幸运星”，李校长的一席话促使我不得不严肃地思考一些问题。我反复地问自己，为什么我要攻读博士学位？我将来究竟能不能为专业的发展做些什么（如汪先生所期望的那样）？我甚至想过，如果认为自己做不到，干脆早些放弃算了，免得将来给老师添了失望。1995 年春天，在我接到录取通知后的那段时间里，并没有因为被录取而春风得意，欣喜异常，反而因为那些萦绕于心的问题显得心事重重。当我反复地思考自己要不要继续上学的时候，我的硕士导师强海燕先生以及家人给了我很多鼓励。他们说能跟随这样一位不可多得的、德高望重的导师学习，才是真正的幸运。可是，我对自己能不能做好并没有信心。就这样，怀着复杂的心情，我来到北大，来到汪先生门下。

而今迈步从头越

1995 年的秋天，我带着对未来的不确定性，来到北京大学，开始攻读博士学位。经过那段“不同寻常”的入学教育，我决心无论如何都要珍惜在北京大学的三年光阴，希望凭借执着吃苦的意志，在学问上获得精进，也觉得只有这样才能不辜负老师所期望的为本专业发展培养一些新生力量。不巧，屋漏偏逢连夜雨，入学没有多久，我即出现了焦虑、紧张的情况，状态低落。我常常觉得自己基础不固、没有见解、没有思想，甚至很无知，最后发展到不愿意直面导师，生怕他问问题时我回答得不好。有一次，我正在电教楼四层高教所的资料室看书，偶尔抬头看窗外，见汪先生正在楼下存放自行车准备上楼。我立刻心慌，不知道如果见到时该说些什么，于是匆忙收拾书包，打算在他还没有看见我之前迅速离开。等到他老人家气喘吁吁地爬到四楼走廊时，我已经走近另外一个出口。汪先生上楼后走进高教所办公室，问陆老师有没有看到李曼丽。资料室的胡荣娣老师当时在场，胡老师忙说在资料室呢。汪先生回说我似乎刚看见她在走廊里，怎么一下子就没有了呢。后来，有同学悄悄对汪老师说，她心里似乎怕您怕得厉害，“跑”了。汪先生愕然，便未作声。

当我再次见到汪老师时，他有些生气地说：“……我是老虎吗？见了我就跑？有什么事可以讲的嘛……”我的泪水顿时夺眶而出，心理却释然很多，跟他谈了我几个月来沉重不安的心情。汪老师听了以后，他劝我不要急，说“做学问是急不得的事”，并鼓励我说：“亡羊补牢，为时未晚，现在往前赶，虽然时间紧了些，但是一点一点来吧。能学到什么程度就学到什么程度吧。”师母在一旁也不断宽解我。此后，汪先生还几次打电话到我宿舍问询安慰，叮嘱我读书之余不要一个人闷在宿舍里，还特地强调有问题一定找他或者所里其他老师谈。良言一句三冬暖，导师的关心和激励对于远在异乡、情绪还不稳定的我而言，是千金难求、难以忘怀的感动。汪先生这样洞察世事的关心正如他在我入学问题上给予我的支持一样，现在想来，那在我的人生道路上是多么关键的一步啊。我如果没有遇到这样一位宽容、提携后进的导师，可能在博士生中期筛选时就黯然退出了。我们教育学上常常讲到孔子的“有教无类”,希腊文中对“教育”一词的基本观点是“相信人具有‘可教育性’”，汪先生的确是以这样宽容和慈爱的胸怀对待后学的。

他老人家可能也是怀着这样的喜悦和期望收我做学生的吧！我这样一个学生，与我的师姐小浩、师兄洪捷及师弟东芽、本涛、王建等相比，常常感叹自己不够努力，只算是忝列师门。尽管天性愚钝，自幼体弱多病，但是每当想起汪先生收留我的初衷时，我就告诫自己：亡羊补牢，为时未晚。专业的精进绝非一日之所为，只要日日努力，总有一日会赶上。这个信念一直跟着我。不寻常的入学教育给我的另外一个影响是，作为教师，要自始至终善待学生。善待学生，指无论其资质、背景如何，都要给他们尽可能多的关心、鼓励和学业上的引导，而不是冰冷的指责或疏远。换句俗话来说，宽容和爱可以融化坚冰。在此过程中，我也慢慢学会了把心情放轻松，以一颗平常心对待一切。

从“门外汉”到“研究者”

汪先生年近七十时（1995 年）招收博士研究生，我有幸成为其中一个,而且是他最费心的那一个。直到 1998 年夏天毕业，我在先生身边整整三年。就读期间，先生给我上课已经不多了，但我有很多机会接触他。上学第一年，我提出要上先生为硕士研究生主讲的“高等教育系统”，先生坚持说我不用去上课，另外又不辞辛苦为我单独开了小课，良苦用心可见。

我入学后，早于我入学的同学都告诉我说，听汪老师讲课是一种享受。他的思想、逻辑和语言，其魅力不可阻挡；他的中音浑厚、清晰、有力；更值得一提的是，他的广博和深邃使得他所讲的教育学独具特色，绝对是在其他教科书上读不到的。我听了他的课之后这种感受更加强烈。讲课间，偶尔他也会拿自己做点善意的调侃，那份为人师长发自内心的欢悦之情不觉让我心中一暖，正是这种亲切使我在学习时能鼓起勇气。我去汪老师家里上课时，师母每次都为我准备茶水，有时候还会吃到美味的点心，有的点心我曾在自己家里吃过，却觉得在导师家里吃的有些不同的味道。慢慢地，随着了解的深入，我对汪先生的敬畏也逐渐转化为敬爱，转化为亲如家人的深厚情谊。

在开始进入课程学习的阶段，我比较勤奋。随着时间的推移，我却越来越沮丧，感觉自己付出比别人多，可不知道路在何方，总觉得自己的劲儿使得地方不对，像一个不折不扣的“门外汉”。我对科学研究的兴趣在逐渐消失，内心的执着开始松动。

记得汪老师曾要求我在一段时间里把终身教育问题搞清楚，然后向他汇报一次。我从图书馆的多本相关书籍里挑回了两三本最新出版的关于终身教育的著作，把每一本书从头到尾读了一遍，边读边做读书笔记，到了上课的那天，汪老师请我先讲，我一鼓作气把读书笔记的要点念了一遍。我讲的时候，汪老师坐在椅子里，一直闭着眼睛，我以为他根本没有在听，所以越念越快。当我念完后，汪老师慢慢睁开眼睛，问了句:“完了？”我很肯定地说 ：“是。”汪老师这才直起身，他说 ：“我可不可以说几句？”我使劲点头。

先生讲到，听完我的讲述感到差距还是比较大，思路不是很清晰，有些观点没能吃透，理解得不够深入，看过的重要文献也不全。先生进一步评述道，学术研究不同于一般读书，学术界对于任何问题的研究，都不可能只有一种声音，一定会有不同流派的看法，研究者的任务就是弄懂前人的观点是什么，他们为什么有这样的看法和观点，你作为一个以研究为目的的读者又怎样思考这个问题……

我听着先生的评述，心中无疑感到难受，强忍着眼泪。当时我认为读书研究，捷径是针对一个主题只需要读新书，新书代表了前沿和最新的研究成果。而且我认为，读书只需要整理书里的观点和有价值的信息即可，为什么要做那么多的鉴别和分析？汪老师看到我没有回应，接着把同样的意思又委婉地表达了一遍。我当时还不是十分能想得通，只好说我回去再想想吧。

汪老师是谦谦君子，可能因为我是女生，也是一个还算得上用功的人，他从不直接向我指出那些令人汗颜的问题，总是点到为止。我悟得慢，此后想了很久总算才慢慢明白。现在，我理解汪老师的意思是这样的 ：第一，学术研究贵在求“新”，要求新，这似乎是学人的共识与约定，但现实生活中我却有意无意地把自己的角色定位为“复印机”“传声筒”，因为我重在“抄录”最新学术著作的观点，而且常常是少量的几本书，往往撇开了众多前辈尤其是经典学者的认识成果，所提炼的观点看似新颖，其实大多流于蜻蜓点水，浅尝辄止，最终只剩下场面上的热闹。第二，学术研究不是凭主观好恶去研究，要求真。人们对于学问和书籍的兴趣，首先在于探索和把握自然界、人类社会和人自身发展的规律性。而我当时所提取的所谓“有价值”的信息，其中已经不知不觉地掺杂了个人对于观点、信息的筛选，而不是以研究者客观公正的态度在研究一个问题。汪老师试图提醒我，始终要把自己看作一个独立的智力挑战者，希望我始终以“思考者”的状态来做学问。人们的“视域”不一，学问的“兴奋点”也就不尽相同，不同的学者尽管可能有不同的旨趣，但往往百虑而一致，殊途而同归，能够在“求真”这个问题上找到共同点。虽然这一次讲解并没有让我全部掌握这一道理，可是汪老师并不急，这次谈话大大激发了我的兴趣，同时也开始领悟了一点学术的真谛，即时时刻刻思考那些学术问题，让自己的学术思维无处不在，无时不在。

我差不多花了 1995 年整个秋季学期的时间，才悟出汪老师话里的真正涵义，并且在研究中时常提醒自己有没有做到。我用的时间太久了！对于像我这样领悟得慢的人，先生如果快一点，直接一点指点我，可以节省更多的时间啊。但是，经过和老师多年相处，我也深深知道，通过直接给学生压力去接受他的看法、观点不是他的风格，他从容、谦和、大度，指导学生也从来是一派谦谦君子风范，他希望给学生充分的时间在思考中接受自己的观点。

这可能就是学界经常倡导的“平等的对话”。通过与汪老师平等对话，我得到的最大收获并不仅仅是澄清了一些做学问上的错误观念，而是学习到了一种学术态度，它让我真正明白了学术的灵魂来自学术的平等、学术的自由与学术的包容。这也使我在研究生培养工作中时时刻刻提醒自己不要以权威自居，时时刻刻提醒自己要耐心聆听学生的观点与想法，要包容他们一时的错误想法，鼓励他们继往开来、在失败中成功。

学术研究要解决现实问题

跟随汪先生多年，最有价值的体会是懂得了学术研究的价值性。汪先生多次强调，学术研究要关注现实问题、解决现实问题，因此，研究必须要有强烈的“问题意识”。先生首先要求我把问题研究透彻，要沿着问题的线索不断延伸、不断思考、不断解答。学术研究只有在一定层面上不断回答所提出的众多问题，方能有其价值。况且，问题要结合时代的需要，才能实现其价值的最大化。反之，学术研究不能说完全没有价值，但在格局与器量上终究有所欠缺。这一点主要体现在我博士论文的选题上。

一般来说，随着课程的结束，便进入论文阶段。记得早在 1996 年春季学期第四周，汪先生就问我有没有想过对什么题目感兴趣。我回说，没有仔细想过。汪先生说，可以想一想了。两个星期后，汪先生见到我时，又问我有没有什么初步的想法。我依然说“没有想好”。又过了两个星期，汪先生说，他那里有几本书，想让我拿回去读一读。我于是把先生给我的 *Handbook of General Education*、*Higher education in Transition*、*A history of Undergraduate curriculum: 1636-1960* 等书拿回去读了。当我读完这些书后，才大致明白老师的用意是什么。

当我再和先生探讨的时候，正如我所想的，汪先生说，既然你没有特别的兴趣（问题意识），可不可以考虑做“通识教育”问题。但是他又说，“选题”之“选”是指选择，选择是主体行为，是主体性的表现，所以很尊重我的个人意见。他又说，选题之重要在于它涉及所要作的论文的价值。

汪先生反复说，在选题方面，无论是“小题大做”，还是“大题小做”，都希望能就某一具体的问题进行深入的研究。他常说胡适之讲的“大胆假设，小心求证”是有道理的。他讲这句话的意思无非是说我们在研究上不妨“理想”大一些，首先指研究题目应该在学术上有理论贡献；其次，对指导实际工作有“意义”。汪老师建议我做通识教育问题，在当时国内高等教育领域是一个很需要研究的问题，这跟高等教育的历史发展有关。

另外，汪先生本人对这个问题的关注由来已久，这种关注主要和他丰富的人生经历和受教育经历有关。汪老师本人新中国成立前在上海、重庆等地接受过扎实、全面的基础教育，中学时代就具有非常好的数理基础，古文、外文的底子也极为出色。1946 年，他进入清华大学物理系后，又接受了比较全面的文理教育。毕业后，他被分配到北京大学无线电系做教师，后来又做无线电电子学系主任，学习苏联教育模式办学、干工作。20 世纪 80 年代，他出任过北京大学教务长。多年的教学管理经验和实际工作中面对的问题，使得他一直在思考：大学教育究竟该怎么办？大学里的课程和教学工作有没有可依据的基本规律？这是高等教育“具体”而“实际”的问题，因此值得深入研究。另外，这个问题当时在国内理论界并没有引起充分关注，所以，汪先生鼓励我说，这个问题经过潜心思考和研读是可以做出一个“不太差”的东西来的。

我隐约觉察这个题目其实很不容易，我对于“自由教育”或者“通识教育”问题的研究曾有过一点点关注，那是在我攻读硕士学位的时候，有过一篇名为《亚里士多德的自由教育思想探讨》的习作，只表明我对这个题目不是完全陌生而已，根本谈不上研究。汪先生怎么可能就凭我所做的这一点不值一提的工作，把这个重要的题目交给我？我顿时压力倍增，但是我也逐渐意识到这个问题于理论、于实践都很重要，便硬着头皮知难而进了。

文献研究是学术研究的根基

汪先生不大鼓励学生去构造所谓“理论体系”等华而不实的东西，这也就是他说的“小心地求证”还是有其合理之处的。

具体到我的论文，他反复讲“资料收集和调查设计是做好博士论文的关键”，又说“论文”和“文章”不一样。“论文”既有论亦有文；“文章”，即便有论也是无实之空论，有文也是无质之虚文。希望我不要写成“文章”。

我严格遵循先生的要求，在选定题目后，就开始进行系统的文献回顾。他首先让我列出所有关于“通识教育”研究的文献索引。这是一个包括了中西方研究的所有成果在内的索引，他不时提醒我遗漏了某个历史时期、某个重要文献，我就反复补充。然后，汪老师又让我进入北大图书馆的书库里去翻阅，看看哪些文献我们的图书馆有馆藏，哪些没有。有一次，他还和我一起进了大库。他曾患过脑梗，对腿部活动有影响，而且偶尔会头晕。我劝汪先生不要去了，他还是坚持……

我还接受他的建议去了北京图书馆（今天的国家图书馆）。他让我把那些两馆都没有收藏的图书书目单送到北大图书馆采编部，希望采编部的老师帮我们订购有关图书。经过大半年的文献搜集，凡国内图书馆有的国外文献，我们几乎都借阅过了。总的来说，掌握的资料还是比较有限。我一筹莫展，不知道下一步怎样做。在这种情况下，汪先生和闵老师二位热心帮助我，帮我联系去香港中文大学访问，还为我筹集资金。我的老师们对我恩重如山，只有努力工作、搜集资料，否则无以回报。经过在香港的那一段学习，发现了我所掌握的该问题领域的知识缺口和不足，对于自己如何通过论文工作做出自己的贡献也比较明确了。

前述多在外文文献的搜集方面。关于国内文献，主要是了解通识教育和专业教育在中国高等教育中“钟摆式”发展的历史。我曾有过很长一段时间往返于北京图书馆、北大馆藏文献室和教育部资料馆。印象最深的是我在教育部资料馆搜集资料时的情形。1997 年的夏天很热，大概有一个月，我几乎每天都要从北大赶到教育部去查资料，主要是翻阅旧的会议纪要、教育部内部通讯材料等，不能复印，只能手抄，所以要花费更多时间。天气很热，人很容易渴，但是馆里又规定不能带水进去。所以，我很渴也得忍着。终于有一天，一位老先生问，姑娘你喝不喝水？我渴，就回说，如果方便，我想喝一点。……那种清甜解渴的味道至今难以忘记。我回到学校，兴奋给汪老师打了电话，说我今天喝到水了。汪老师连说，你可得谢谢人家，我家里有茶叶，你明天去的时候，给人家带去以示感谢。我想那位老先生早已忘了这件事情了吧，但是我回味起来总觉得很有意思。

这只是我搜集资料中关于汪先生的一件小事。其实，为了搜集资料，汪先生还建议我去了解很多专家、院士对通识教育的看法，无论是个人受教育的经历，还是人才培养的经历，都可以用来探讨这个问题。我曾经拜访过的先生有季羡林、王选、甘子钊、厉以宁等。他们的谈话都极大地丰富了我的认识，坚定了我做好论文的信心。这些先生都是汪先生委托过的同事或者朋友，否则，我将很难有机会接近他们去探讨这些对于他们来说属于“忙中添乱”的问题。

汪先生就是这样手把手地指引我怎样以研究者的态度思考

问题，如何一点一点地爬梳、整理资料，怎样一步一步地把研究问题推进。今天，如果说我还能独立地从事一些科学研究工作，全赖导师当年悉心、耐心的调教。

在严谨治学中倾心传艺

汪先生的治学非常严谨，在我看来，还不止于严谨，甚至可以说到了要求“尽善尽美”的境界。首先，在论文写作上，他特别强调论文语言要使用“科学”“规范”的表达方式，尽量做到准确、精当、雅致的表达之“美”。其次，他要求我在论文观点的表述方面，一定要合乎逻辑。

汪先生在文字表述方面，要求非常严格。他反复跟我讲，清晰、富有逻辑的表达是一个受过良好教育的（well-educated）人的基本教养。记得1996年夏天，他让我以1978年哈佛大学核心课程改革为题写一篇评述性论文，如果写得好，可以试着投稿。我最初拿出文稿给他时，先生直蹙眉头，说他看看再说。过了几天，汪先生打电话说请我过去讨论一下文稿。当我再次看到那份文稿的时候，已经面目全非，上面满是修改标志。

汪先生那天主要讲了我语言表达方面的问题，特别指出我的表述“太随便”。试举一例，我在介绍哈佛大学核心课程中的“科学领域”课程模块时，举了一个课程作为例子进行说明，这门课程的英文名为“the Sun and Stars”，我直接译为“太阳和星星”。汪先生讲到这里时，说到我的表述就像幼儿园老师在对孩子们讲话的语言，认为作为研究人员，遣词造句太不考究。我一时纳闷，心想，这不就是“太阳和星星”吗？难道还能说成其他吗？汪老师讲，“太阳和星星”是没有错，但是，你这样在论文中表述就不大合适。汪先生说，我的意思不是说你不可以这样写，只是说落笔的每一个字都应该是别的字不能代替的，都应该是最准确、最恰当的。例如，你可以写成“太阳和众星”或者其他，看看是不是比原来的表述要好一些。我琢磨后，觉得非常有道理，又把文稿通读了好几遍，又找出了不少类似的“臭虫”。在我后面的各种文稿中，汪先生每次都会提醒我写完的东西一定多读几遍，他对论文的文字表达首先要求科学化，其次要书面化，当然，在此基础上能做到雅致些，则更佳。这个要求，虽然意思简洁直接，但是以我的学养，直至现在还远远达不到这个要求，我也只是在以后的写作中，写完一篇论文，不要仓促出手，尽量学会推敲、琢磨，切忌随意化和口语化的表达。

汪先生还非常注重论文写作中的逻辑之“美”。汪先生常说，逻辑具有从输入到输出之间丝丝入扣、环环相连的力量，有严密的思维推理过程以及思维的完整性与统一性，将逻辑的力量一以贯之，结论的推导往往被演绎成毋庸置疑、无懈可击、近乎完美的逻辑之链，使论文成为探索“真”、收获“美”的果实。在汪先生对我的论文反复修改的过程中，我充分地体会到了这一点。

1997 年冬天，我的论文写作到了最后关头。常言说“严师出高徒”，我的老师称得上“严”，但是这个徒弟真是让他叫苦不迭。1997 年 12 月我完成了论文第一章的初稿，忐忑不安地把论文初稿送交到汪先生家中。汪先生当年住在东大地，那是北大人非常熟悉的地方，也是在我读书期间印象最深刻的地方，因为我的论文几乎都是在东大地被汪先生熬了无数个冬夜后修改出来的。每一章论文初稿完成后，我都在第一时间交到那里。汪老师一般总是在一个星期之内把修改意见返还给我。难能可贵的是，汪先生每次除了返还我书面意见外，都会再用好几个小时，甚至一天的时间耐心地给我讲解，汪先生带学生之认真、严谨实属罕见。

我还深深地记得汪先生修改的第一章的情形。1997 年的冬天，雪相对比较多。我踩着雪到了东大地汪先生的家中，把第一章的初稿交到汪先生手中。之后的第四天，一大早接到汪先生的电话，问我那天有没有别的安排，我回说“没有”，汪先生说让我直接到他家里，说修改意见可能有不清楚的地方他会当面给我讲一下。我连忙赶了过去。

当我看到那份稿子时，几乎每页纸上都写着密密麻麻的蝇头小字，有的还用了两种不同的颜色。看到那篇修改过的文稿，我愧疚地问汪先生：“您一定用了很多时间吧？”汪先生告诉我说，你都快毕业了，看到论文写到这个程度，他心里还是非常焦急。后来，师母告诉我，汪先生这几日几乎夜夜只在凌晨时分小睡一会儿……

窗外飘雪，天很冷，愧疚却把我的眼睛弄得潮热，我什么也说不出来，就什么也没有说。我和汪先生就着他那张条形的长桌两边面对面坐了下来。汪先生首先讲到，写论文一定要直截了当，不要故弄玄虚。例如，我在写“导言”一章时，阐述研究“通识教育”的理论和实践意义，总是从很大的背景出发，什么世界范围内高等教育的“大众化”“民生化”“国际化”发展要求“加强通识教育”，似乎名词用得越多、范围拓展得越大，才能显示出研究意义之重大。汪先生说，探讨意义的重大需要有“虚”，但是也得“靠谱”，不能看什么流行就联系什么，这不是科学的态度，通识教育本质上就是高等教育的目的和内容问题，从这个方面论述清楚即可。

在后来的修改中，他不止一次强调“思维要连贯，逻辑证明要严谨”。汪先生本人接受的是科学训练，他非常看重逻辑思维能力的培养。在论文修改中，针对我的某些论证，他总是问我，“你怎么从那儿一下就跳到这里了呢？”“你是怎么想的？”我就告诉他，因为那里材料不够，我只能这样处理。我所说的处理方式经常弄得他啼笑皆非。随后他就严肃地告诉我“有一分材料说一分话”，不可牵强，做学者更得如此。

做学问的人一般都知道，有些论文有时候出自别的专著，而自己写的时候经常会“借用”，这里面难免包括一些只有那位学者或者某个学科所特别使用的专用术语。汪老师不断提醒我，在论文中，不常见的术语要给出定义，新定义还要适当做含义方面的解释。他经常指出我论文引用中的一些错误，而且为了证明我是错误的，他总是不辞辛劳地为了一个“名词”反复查证不同辞书的具体解释，然后在讲解时告诉我不应该如此仓促使用某一个术语。这也是他常常告诫我的，做学问写论文不能出“硬伤”，“硬伤”就是明显的错误，而容易犯明显的错误对于学者来说最致命。

这种一点一滴的详细指点耗费了汪先生很多的时间、精力和体力，而这种面对面的特别讲解一直从 1997 年的冬天持续到 1998 年整个春天。在此，我无法完全呈现论文修改过程中汪先生指导我的细节，如果要回顾的话，要说的会很多。

总之，在这么一位先生的亲自指导和教诲下学习，让我学到了许多终身受用的东西，使我进入了一个新的研究境界。如果说我的博士论文得到了同行们的一些鼓励和肯定的话，那应该归功于导师的倾心传艺和殚思竭虑。

如今，我已经毕业十年，独立走上了工作岗位。想想自己从一个稚嫩的“丫头”成长为一个负责任的教师和研究人员，恩师的教导还似在昨日、如在眼前。正如诗人歌德在《浮士德》序曲中所说的那样：一切眩人耳目的，都只不过是一片过眼烟云，唯有真正的精金美玉才为后世所宝。汪先生用自己的行为诠释了何为“学为人师，行为世范”的涵义，尤其是在我入学时他的身体已经大不如前的情况下。在我之后，他由于身体原因不愿再独立带学生，希望将学生转到其他老师名下，我的同学东茅、本涛、王建就是由其他老师和汪老师一起指导的。他们听来也觉得遗憾。然而想想按汪先生的做法带一个学生要花去多少心血，却又觉得他不带也好。我想以后的学弟学妹虽然不能直接接受他的教诲，也一样能从他的故事、他的学术著作中感受其风范。师爱无价，润物无声，一枝一叶，总关真情。师爱是一首诗，不是写在纸上，而是写在心底。我会永远记住。

侠骨·柔情·道心

李文利

初识汪先生

1992年因各方机缘巧合，从北大心理系本科毕业后，我决定到高教所继续研究生学业，心中窃喜于“终于找到一个只有四间半办公室的没几个人知道的系（所），说不准学业上还可以时不时地偷偷懒”，然而实际情况却出乎意料。我本科班上有个同学是“万事通”，能如数家珍般地把北大各路高人名师娓娓道来。就像上天的特意安排，他主动找我，严肃认真地跟我谈了高教所的名师，特别对汪永铨教授和闵维方教授做了重点介绍。从他那里我了解到，高教所里藏龙卧虎，小庙里也有大和尚。这北大的角角落落里都有超凡之辈啊！

于是我如履薄冰地来到了高教所，果然名不虚传！个个有绝活！好在高教所最引人入胜的地方是，在所长汪永铨先生的领导下呈现出一派祥和的气象，让人身心舒坦。汪先生气度非凡，不经意中透着威严，易让人产生“无限的”敬畏感。我们同学间很少有人私下谈论汪先生，都觉得他不苟言笑，比较严厉，敬畏于此，于是对他的课从来不敢掉以轻心，总是上课认真地做笔记，下课认真地阅读相关文献。汪先生的博闻强识、通文晓理、在课堂上提出的问题以及对问题深入骨髓的分析更是引得我们暗暗惊叹。而且汪先生领导下的高教所没有学界一贯的门户之见，所里文理兼容，老师们也来自不同学科，各持所长。在教学和指导学生上鼓励学生选修外系课程，参与课题研究，广泛阅读不同学科的中英文书籍和文献。当时只有四间半办公室的高教所，居然不但让我们饱览大家风范，而且还能近距离、全方位地聆听大师教诲。我们的受益显然超过了很多大系的学生。私下感叹高教所不枉处在北大的核心位置上，与最引人注目的三角地和最受欢迎的大讲堂遥相辉映，形成了另一个上风上水的三角格局。

汪先生的侠骨恩情

汪先生对我们这些后生小辈，威严而且慈爱。记得我入高教所学习时，先生还未退休，而毕业时，先生已至退休之年。我毕业时，面临着一个人生路口的选择，或留校工作或离开学校。当时留校任教的希望十分渺茫，学校里丝丝缕缕地流传着不再留硕士毕业生做教师的说法，我自己也很没这方面的信心。

汪先生当时身体不是很好，很多时间不再去所里，所长闵维方老师被学校“挖走”任命为副校长，因此大多数教学和科研管理上的事情是喻岳青老师（时任高教所副所长）在办。

当时，我并没有跟汪老师当面谈起过留校的意愿，但似乎是“心有灵犀一点通”，汪老师和喻老师“秘密地”（没告诉我）、不懈地做着让我留校任教的努力。直到有一天，分管学生工作的陈定芳副所长看我心神不宁地“东一榔头西一棒子”地找工作，终于忍不住向我透露了一二，但因为学校方面还未最终批复，所以依然叮咛我要“一颗红心，两手准备”。终于有一天，陈定芳老师明确地跟我说，留校任教应该是没问题了，但又心怀疑虑地问我是否愿意放弃外面的“诱惑”，我马上给予坚定且肯定的答复，即留校做教员是我的第一选择，无论外面有什么样的工作机会我都会放弃。

我心里明白汪老师为我留校任教付出了很大的努力，而我学识浅薄，天生愚钝，唯有通过刻苦努力地工作才能回报些许师恩，却又常常因为不能令人令己满意深感辜负师恩而痛恨自己不争气。汪老师自始至终没有跟我亲口说起过丁点儿当初为我所做的努力，似乎这样能减轻我的压力，而我总能从他的眼睛里看到对我尽快在学术上成长起来的期盼。直到十年后的某一天，我们之间因其他事偶尔通了一次电话，我主动提起当年的事，汪老师才欣然承认他确实是我留校任教的“幕后主使”，喻老师与他搭档配合，承担了很多一线工作。汪老师就像武功高超的大侠，在关键时刻出手，又“做好人好事不留名”，这是何等有高深道德和涵养之人。于汪老师而言，这件事与他做过的诸如开创北京大学高等教育研究之先河等重大事件相比可能是小之又小；而于当时初入世的我，却是奠定了一生的工作命运，促使我从此走上了治学的坦途大道。笨口拙舌的我不善言辞，写到这里实在想向汪老师深深地鞠上一躬，感谢师恩！

汪先生的浓密亲情

在高教所时间长了，逐渐听到一些关于汪先生的逸闻。汪老师出身学术世家，其父亲是著名的逻辑学家，我国逻辑学的奠基人之一。汪父家风甚严，汪老师小时在父亲的教导下背诵经典诗文，临摹书法丝毫不得偷懒。汪老师年轻时乃风流倜傥翩翩美男子，擅长打篮球和骑摩托。有次跟教育学院的同事一起去蓝旗营看望汪老师，聊到兴致处师母鲍老师拿出两人年轻时的一张合影，顿时惊诧了在座的数人。汪考生高大英俊如松树般挺拔，眉宇间透着坚韧，鲍老师美丽纤巧如小鸟般依人，令人称羡。

汪老师常感喟自己曾期盼有一女儿而不得。汪老师和师母育有二子，长子名端，次子名中。两人的育子计划中还有一个老三，盼是一女，取名娓。“端”“中”“娓”各取开始、中间和最后的意思。对三个孩子的期盼体现了天底下所有平凡父母朴实而又真切的意愿和情感。然而世事弄人，“文化大革命”的到来使得汪老师及师母再要一个女儿的愿望化为泡影。

于我们这些高教所的年轻人，汪先生是严师亦是“慈父”。记得 1996 年前后的一天，在电教四楼高教所的办公室里，汪老师看着我突然说，我要是有个女儿，至少也有你这般大了。言语中流露出一丝人生不圆满的缺憾。好像是陆小玉老师在一旁说，高教所的女生们都如您的亲闺女一般。汪老师高兴极了，兴致顿起，掰起手指数了数，当时高教所只有三名女教师，汪老师还有一名女博士生。于是按年龄排队，陈向明是大闺女，丁小浩是二闺女，李曼丽是三闺女，我屈居最后，是四闺女。那天，汪老师喜获四女，离开办公室时依然踌躇满志。随后不久，丁小浩老师来了，说在电教大楼前远远地看见汪老师，汪老师稀有地高声招呼：“闺女……”丁老师似乎常紧张于汪老师的威严，这次不明就里地被称为“闺女”，熟谙数学推理的她一时没明白过来，搞得一头雾水。

汪先生的道心佛缘

学界同行大多知道汪先生有着出色的学者品质和一流的创新思维能力，但恐怕鲜有人知先生还有着深厚的佛学功底。先生家学渊源，自幼修习经文，对很多佛学经典耳熟能详，背诵起来能如和尚诵经一气呵成，而且一字不差，一字不漏。我曾听得先生背诵《般若波罗蜜多心经》和《无量寿经四十八愿》，如行云流水般顺畅自然。此能力即便在先生将近八十岁高龄时也未有丝毫改变，实在令后生晚辈高山仰止。窃以为，先生行事的雷厉风行、治学的求实严谨、处世的淡泊高远以及内心的平和恬静，应是源自其扎实的内在修为，而这内功大概很大程度上是受益于儿时打下的深厚佛学基础。

禅宗六祖慧能大师说得好："何其自性本自洁净，何其自性本不生灭，何其自性本自具足，何其自性能生万法。"人的自性就是本性，是智慧觉性，原来就是清净无染，原本就不生不灭，不动不摇，具足无量的智慧，具足无量的德能，能生万法。这等华严境界非我等凡夫所能体会，非有很深的内功才能百炼成钢，转凡性为佛性，任自己的心性自在驰骋于清净庄严的佛国土，享受那"作而无作，无作而作"的极乐美景。

我没有对汪老师做过"深度访谈"，自己又修学甚浅，故不敢贸然判断先生的修为到了何种境界，但凭先生早年的淡泊名利、志存高远，为中国高等教育研究做出的突出的开创性贡献，先生已然是人间楷模，菩萨风范。而先生晚年深居简出，从容淡定，似已看破放下，得到解脱自在，"本自具足"的佛性又跃然呈现。

最后，为先生的八十诞辰献上拙诗一首，题为"贺汪公先生八秩年诞"。文笔拙劣，对仗不太工整，权当表达尊师、敬师、爱师的一点小小心意。

端庄儒雅睿哲长，侠骨道风民辉煌；
修身为本道为先，静如山岳动若江。
兼晓文理演学术，博古通今著文章；

深研教育始开创，五不唯说广传扬。
领导建所有高招，和谐之气领风骚；
慧眼识才为伯乐，传道授业种李桃。
菩提树高佛国土，座座莲台闪金光；
一心专称阿弥陀，四十八愿续华章。
八秩华诞咏师情，才高德望人敬仰；
精神矍铄心愉悦，祝君永葆寿无疆。

全诗共分五段。第一段“端庄儒雅睿哲长，侠骨道风民辉煌；修身为本道为先，静如山岳动若江”，说的是汪先生的个人修养和道德风范。先生端正儒雅，侠骨道风，注重修身，品德高尚。汪先生曾领导创建北京大学无线电电子学系，并担任第一任系主任；领导创办高教所，并担任第一任所长；还曾任北京大学教务长等职，在当年的北大也算得上是“叱咤风云”的人物，可谓“动若江河”。退休之后，先生过起了隐居生活，远离喧嚣，从容淡定，可谓“静如山岳”。

第二段“兼晓文理演学术，博古通今著文章；深研教育始开创，五不唯说广传扬”，说的是汪先生在学术研究上古今融贯、文理兼通。先生强调教育研究的跨学科特点，积极推动教育研究方法的科学性和实证性，从不同学科和方法领域引入专门人才从事教育研究。汪先生不仅是中国高等教育研究的开创者之一，而且提出了教育科学研究应做到五个“不唯”，分别是不唯上、不唯书、不唯众、不唯我和不唯“风”。

第三段“领导建所有高招，和谐之气领风骚；慧眼识才为伯乐，传道授业种李桃”，说的是先生对北大高教所的建设和发展做出了卓越贡献。作为建所领导，汪先生带领高教所的同事们营造了和谐向上的工作环境和学术氛围。先生伯乐识才，不仅大力扶植学科建设的中坚力量，而且重视后备人才的培养，对青年教师的成长倾注了大量的心血。先生一方面从事着繁重的行政工作和学术研究，另一方面教书育人、种李栽桃，在指导学生方面倾尽全力，批改学生论文认真严谨、字斟句酌。

第四段“菩提树高佛国土，座座莲台闪金光；一心专称阿弥陀，四十八愿续华章”，说的是在庄严、清净、博大的佛土世界，菩提树高耸入云端，莲花台座金光闪闪，是何等美妙。即使在凡尘世界，一尘不染、无处可染的美妙感受亦存在于自己的内心，如慧能大师所云：“菩提本无树，明镜亦非台，本来无一物，何处惹尘埃。”这段是祝愿先生保持道心佛缘，证得真如本性，续写新的生命华章。

第五段“八秩华诞咏师情，才高德望人敬仰；精神矍铄心愉悦，祝君永葆寿无疆”，这段是祝寿词。一方面颂扬先生才高德望获得众人敬仰，另一方面祝愿先生精神矍铄，心情愉悦，成就无量寿。

新学院的传统

刘云杉

一个机构之于个人究竟是什么关系？机构是超越我们个体生命更大的存在。所谓铁打的营盘流水的兵，时间如流水洗净铅华，总会有一些东西积淀下来，是为传统——不是“老”的，而是“活”的，口耳相传，内化于我们每一个人身上。

学术机构之不同于企业或行政机关，在于前者最核心的内核的学者共同体的内在认同，这种认同将不同专业、不同取向、不同性情的人维系在一起；也将不同时间、不同情境下的数代学人维系在一起。从这个意义上讲，一个年轻学者在北大教育学院是幸运的。因为我们有汪老师，还有从他那儿所衍生出的传统。

身处这样一个变动不居的时代，常被各种机会、新奇所诱惑，舞台似乎很大。这个时代的精神要求我们成为开拓者。开拓者精通，勇者无惧。然而，勇者之惧是什么？

我们太轻易地接受且相信了一些东西，又太随意地放弃了一些东西，我们在一个新鲜接一个新鲜的叠加中，兴奋成疲倦。在忙碌的追逐中，忘记了来路、去处。

两年前的一段时间，我每天坐着红头巴士，晃晃悠悠地穿行在伦敦北部逼仄而老旧的街道上。刚从北京的光鲜与新异中走出来，怎么也瞧不顺眼伦敦的老且旧。光影如同年轻的音符，跳跃在满目百年以上的旧街景上；身体的摇晃、心思的跳动与不变的街景构成奇妙的组合。有一天，这里的一切突然与我的认知体系建立了联系，有如神启：这不变、沉静又年轻的街景，就是历史，活着的历史、日常生活中的历史。我开始理解他们对来路的敬重，以及对过去的谨慎。

住在祖先住过的房子里，走在祖先走过的街道上，有人气，也有鬼气，似乎有无数的先辈在关照你。你不再感到孤单，不觉得无依无靠，也不敢胡作非为。这些房子、这些街道，还有数代后人会走。我们的一生不过是从岁月中借来的一段光阴。我们不过是这个城市、这个世界的过客。因此，不要轻易甚至轻率地改变什么，或者占有什么，而是小心地看护什么，或者传承什么。

回望自己的国家，我们也有文化啊，博大精深，在典籍里，在寺庙里，在死去的知识中储藏。但在日常生活中，这个文化是中断的，我们有的是对一切传统的推翻，和一切人情世故的政治再建构与市场再建构。在无所不能中，我们重新一无所有。我们有莫名的烦躁和不安。

在这个时间点上，在这样的不安和烦躁中，我的精神开始真正意义上的成年。不再是无所顾虑地一往直前，而是倍感无父无兄的孤单，没有皈依，没有参照的痛楚。

那一段时日，汪老师时常跑到我的心里。千里之外，他给我定力。汪老师并不是我的业师，甚至我们一本正经地讨论学问的时间都很有限。但他有一股气场，让我安静下来，干净且专注地思考:变化中的不变是什么,我们如何去坚持且呵护它们。在这个时代，如何做一个头脑清明的学者。

在汪老师的面前，我是放松的。我认识他时，他就是一个看起来很老的老人家了。我相信他根本不认识我的时候，他竟然慢腾腾地走到办公室来，认真地告诉我，希望把高等教育社会学做起来。第二次再见面，是在大兴国家教育行政学院的电梯里。我怀疑他根本不记得我是谁，正试图躲在后面、不敢打扰时，他突然极其清晰且冷静地问：你跑来做什么？——啊哈，汪老师，我来做新课程的教师培训。当时国家“十五”教育规划正在审批课题，他或许是在跑关系。现场若有一个旁观者，一定会笑出声来——他的冷静与我的慌乱、他的清晰与我的迷糊构成有趣的对比，而那一瞬间，我发现在他有些笨拙的身躯后,有着极其灵敏的双眼和非常年轻的声音。他分明像一只灵龟，动静自如。

因为经历过这样的难堪，再在汪老师面前，我愈加本分。我不再怕露怯，也不怕出丑，因此格外率直、自然。知之为知之，不知为不知，形知而实不知的事情，在他面前，我轻松地将“知”

放下，将“能”放下，变回一个朴素、认真的求知者、好奇者。在老人温暖的目光里，我是自在的。不必强不知为知，也不必强不能为能，在一个如此谦逊而温厚的老人面前，我可以将成年过程中的一切包装放下，把社会给我的诸多角色与身份都放下，变成一个孩子——一个柔弱的、充满着“不知”与“不能”的孩子，但却是认真的。

汪老师不神勇，不是无所不能。他常常困惑，他的学问也始于困惑。也因为他的困惑，让我也格外踏实。在他的谦逊面前，我开始学习谦虚。

当我把端着的架子放下时，我和学问的关系发生了变化，它不再是疏离的、外在的对象，需要我去征服、去掌握甚至去操弄；而是如春日阳光一样包裹着我，在我的柔软处，为学之道开始坚强，但并不压人，而是耐心且包容。我开始享受所身处的世界——时间和空间中所承载的文化。我的认知坐标中，“自我”慢慢退却，不再执着于一己之念，开始了从“有我”到“无我”的转变；求学问的热情不再止于解决自己生命的难题与困境，而是与更大的“道”——准确地说，是学术的脉络——联结在一起。我把自己的热情、愿望暂时放下，开始学习理性的节制。我不仅是一个天真的求知者，还是一个冷静的守护者，更是一个谨慎的传递者。学术的血脉代代延续，我开始体悟“侍奉学问”的含义。也正是在这侍奉的态度下跨越时空（其间的生命境遇与认识境界的差异），一种“心心相印”的感觉却真的建立在我与学术前辈之间。

当我用一种谦卑的心态再来看世界时，不再是“我的国度不在这里”的知识人的“谔谔”之感，而是在本分的工作中发现身边的风景，以及这熟悉的景致中的趣味。这些趣味中有汪老师等前辈的精神垂范，也有后辈学人的身体力行，共同汇集成我们这个新学院的传统。在2008年迎新会上，我这样对新同学阐释教育学院教师群体的特征：

> 你们首先会碰到这个群体的“平”，这里的平是指平凡、平朴、平静。一个学者的常态生活，常常是不被人看到的，他沉浸在自己的研究中，心平气和，理性节制，孜孜不倦，乐此不疲。这里的平，并不是平淡，而是特有的“滋味”。在平静下面，是他们的“快乐”甚至“喜悦”。要走进这一群体，需要你们放下一些东西。安静下来，专注起来，走进他们的研究，和他们手牵手，才可能“快乐着你的快乐，幸福着你的幸福”，也才可能感受到独有的滋味与趣味。三百年前有一个有趣的老头，康德，他一生都在一个小镇上，小镇人对他的印象是每天下午三点出来遛一圈，在咖啡馆喝杯咖啡，和天南地北的过往行人聊聊天。这个怪老头，在我们教育学院同样有衣钵传人，深居简出，规律出没，而且不止一两个。用心观察，你们会有更精彩的发现。
>
> 用不了多久，你们还会感受到这个群体的“实”。这里的实是指老实、踏实和扎实。其实，做学问是笨

人干的活，是最需要老实和本分的事情。在这个行当里，一天不用功，自己知道；两天不用功，同行知道；三天不用功,外人都可以看笑话了。因此,如果要忽悠、要注水，你我都知道。因为有这样的“老实”做底子，“从实求证”是教育学院的风格。

我来给大家数典故。我们学院的开创者之一汪永铨先生坚持做学问要做到五个“不唯”；汪老师的得意弟子洪捷老师又论证了“学术寂寞”，寂寞不仅需要勇气，而且需要底气，如果没有老实的态度、踏实的用功、扎实的论著，大概是没办法做到寂寞的。

你们也一定会遭遇到这个群体的“严”。这里的“严”是指严格、严肃、严谨。“严”不仅体现在中期考试、开题、答辩等任何一个研究生培养的制度化环节中，还体现在日常的教学、科研，体现在一个教师“唱、念、做、打”的看家功夫中。“严”字来自于这一群体所肩负的责任，薪火相传，学术的血脉代代延续。我自己做教师，有一句话时常在警诫自己：不怕先生骂，但怕学生笑——对前辈，不敢松懈；对后学，不敢敷衍。因此，这个严字后面，是侍奉学问的小心翼翼、战战兢兢。

当然，你们更时常体验到的是这个群体的“和”，和谐、和睦与合作。师生之间是合为一体的，在制度许可的范围内，我们是一个学习与研究的共同体。民国时期清华大学校长梅贻琦先生对师生关系的解释是大鱼前导、小鱼尾随。做教师，我们不过是在某一个领域、对某一个议题有更深的钻研，对水的冷暖有更丰富的经验而已。对于教育这样一门实践学科，来自不同背景、不同经历的同学，尤其是博士班的同学、Ed.D 的同学，更有责任，也有资源一起来探究学问、推动教育实践的发展。

讲完我所理解的学院传统，还是回到传统的开创者。我一直认为汪老师是很有福气的，我跟从他修炼心性，希望也能得到这样的福气——知识是知识人的宿命，因此安心将自己沉潜于知识之海中，而不是将一己凌驾于知识之上；能进入知识的呵护中，是我们的福气。

有福气的汪老师眼睛时常是闭着的，但心却是打开的，所谓闭眼开心。三四年前，一次酒席上，郝克明老师与汪老师斗嘴皮，郝老师正兴奋于 82 岁的杨振宁娶了 28 岁的新娘子，挑衅地问 70 岁的汪老师有何感想，有无跟进的念头。汪老师和气地说：没想法，我都不看，早就闭眼了。郝老师的激愤与汪老师的平静放在一起，也真是有趣。我想，他是睿智的，因此会选择性地闭眼，选择性地忽视，保持自己内在生活的清净与专注。但他的心却是开放的，所谓有信、有靠。他在生活中做减法，在精神上做加法，且持之以恒，水滴石穿。因此，他清醒异常。

在我的拉杂叙述中，主题常跑掉。我实在不像一个训练有素的写作者。但也很好，因为这像我和汪老师的对话。

很多时候，我并不是在他面前，而是他在我心里，我们有一句没一句地对答。

编辑部的故事（上）

蒋凯

2003年1月10日，筹备数年的《北京大学教育评论》正式创刊。汪永铨教授是这份刊物的前身《高等教育论坛》的创刊主编，1986年起一直担任主编职务，理所当然地，他被推举为新刊物的主编。汪先生坚辞，大家坚决不答应。我在人民教育出版社工作过，有一些出版经验，学院安排我担任《北京大学教育评论》编辑部主任，给汪先生和常务副主编喻岳青教授、副主编陈洪捷教授当助手。

从内部交流杂志到国内外公开出版的期刊，毕竟要求不一样了。创刊前，我们面临着一系列新的问题，如刊物的英文名称、办刊宗旨、板块设置、刊物风格、创刊号组稿等。汪先生高度重视这些工作，定期召开会议，进行讨论。汪先生、喻老师、洪捷老师和我组成四人小组，差不多每周开会一次。考虑到先生年事已高、行走不便，我们提议这些会议尽量在他家举行。

创刊前后两年，汪先生的客厅成为《北京大学教育评论》第二编辑部。我时常记起汪先生的一句话,“我们开个会,议论议论”。回想起来，汪先生的敬业精神和民主作风，实在罕见。

创刊前的要事之一是撰写一份掷地有声的发刊词。汪先生委托他最器重的弟子洪捷教授起草。《北京大学教育评论》创刊后一鸣惊人，很快得到教育界和学术界的认可，可以说与那份高屋建瓴、凝练雅致的发刊词关系密切。《中国社会科学学术文摘》常务副主编仲伟民先生参加了《北京大学教育评论》创刊首发式，感到我们刊物发刊词特色鲜明，极有分量，特地在中国社科院主办的综合性社科学术文摘上全文转载。可见，《北京大学教育评论》发刊词的影响并不限于教育学术界。虽然大秀才洪捷老师文章写得漂亮，惜墨如金，挥洒自如，但是汪先生对发刊词十余稿的每一稿还是进行了逐字逐句的修改。经汪先生提议，发刊词在创刊小组内反复讨论，并多次向教育学院师生征求意见。发刊词没有署名，学院外的同行和读者一般不了解起草者是洪捷教授，更不知道主编汪先生为此付出的巨大努力。

汪先生不愿当名誉性的主编，他不辞辛劳，承担了实实在在的主编工作，甚至比一般刊物主编做得更多。创刊前后数年，每一期杂志的组稿或统稿会议他都亲自主持，每一篇文稿他都亲自终审。创刊初期，为了保证稿源丰富，汪先生亲自约了些稿件，有时委托编辑部代约。知名青年学者、北京师范大学项贤明教授如约完成了一篇论文。在教育学界，贤明教授素以理论艰深著称，有些文章颇为晦涩。他提交的论文题为《教育的场所——一种对教育现象时空特性的尝试性分析》，涉及拓扑和哲学理论。汪先生亲自审稿，认为这篇论文理论较新颖，有深度，也有难度。老先生不放心，担心自己不能做出客观、合理的评阅，就请喻老师审稿。喻老师审阅后，也说自己没有把握。汪先生找到北大数学科学学院一位教授，后来又找到哲学系一位教授，请他们帮忙审阅这篇稿件。事实上，汪先生早年在清华学物理，后来在北大从事物理学、电子学教学科研工作多年，数理造诣甚高；汪先生的父亲是著名逻辑学家，由于家学渊源，他的哲学功底也颇深。一般读者如果知道有这样学术背景的主编要如此处理一篇文稿，一定会感到费解，怀疑是否有必要。我时常想，汪先生是北大的院士级哲学社会科学资深教授，他是如此敬业，又是如此谦逊，由他担任主编，《北京大学教育评论》怎么可能不很快办成一份高水平的刊物呢？

创刊一年半后，也就是在2004年7月，《北京大学教育评论》进入全国中文核心期刊之列。在2004年7月和次年1月，《北京大学教育评论》分别登载了著名教育学者王策三教授的五万字长文以及新一轮基础教育课程改革专家组组长钟启泉教授的回应文章。这场基础教育课程改革的学术争鸣引发了全国性的讨论，深化了对基础教育课程改革的认识，促进了基础教育课程改革的健康发展。发表这两篇论文，得到了汪先生的首肯。据闻，有的刊物担心惹麻烦，曾婉拒王先生的这篇论文。由此可见，汪先生真正做到了贯彻落实“双百”方针。2008年1月，

《北京大学教育评论》入选 CSSCI 期刊，影响因子在全国所有教育学术刊物中排名第三。如果考虑到前两位的刊物创办多年，且均为月刊,载文量远远高于作为季刊的《北京大学教育评论》，就不能不承认汪先生和他的同仁们创造了一个奇迹!

一些老北大说，汪先生早年一心扑在工作上，经常熬夜，透支身体。近年，老先生思维仍然清晰，但是偶尔身体欠安，行走不大方便。他却始终不肯放下工作。有一次，我陪汪先生走出他在蓝旗营公寓的家属楼，遇到他的一位邻居，也是北大同事。邻居问："您最近好吗？"先生答："不好！"邻居笑问："您怎么不好啊？"先生再答："身体不配合，不能工作了。"邻居笑得更厉害了，善意建议："汪先生，您干吗还工作啊？您该休息了。"先生说，还有一些工作没做完。我在一旁被逗乐了，乐后又不免深思。有一段时间没有见到汪先生了，不知道汪先生是否还在一如既往地工作，或是为不能继续做更多的工作而难以释怀。但愿老先生放下手头的工作，至少是减少工作，多多休息，好好休息。

2006 年 8 月，我完成在香港大学的两年博士后研究，回到学校后，工作有所调整。由于参与刊物工作有所减少，与汪先生见面的机会也就少了。但是,我经常想起《北京大学教育评论》的创刊岁月，想起在汪先生指导下工作的紧张日子。

编辑部的故事（下）

李春萍

吾来也晚，时教育学院刚成立，汪老师已经退休，见过几位高教所创办期的老先生，却已无缘耳提面命；吾生有幸，博士毕业后留在北京大学教育评论编辑部，得以在汪老师身边工作，亲炙教诲。倏忽五载，逢汪老师八秩寿庆，随主编陈洪捷教授组织纪念文集。约稿信发出后，无须往日软硬兼施地催索稿件，很快各路大侠的作品纷至沓来，个性鲜明的才情外显，内敛的亦风神潇洒，各具风采且有声有色。正读至心花怒放处，来了当头棒喝——主编大人布置命题作文《编辑部的故事》。我顿时傻了眼，编辑部的工作极其琐碎，可圈可点之事乏善可陈；我则日日淹没于琐屑中，虽曾深得教益，却是得意忘言。可叹自己好似饮了孟婆茶，拼力也只能打捞一些记忆的碎片，录些鸡毛小事权当管锥，以见近年汪老师之风貌。

第一集　文山会海

编辑部里总是有着看不尽的稿件和开不完的会议。我于此虽以为苦，却又是获益匪浅，并且乐此不疲。其中从汪老师处受教尤多。

为保证文稿质量，编辑部对于来稿实行严格的三审制，采用匿名评阅的形式，并由三位主编把关终审，工作量可想而知。编辑部曾处理过一些非常重要的稿件，在教育研究界产生了比较大的反响。对某些具有争鸣性质的稿件，编辑部内都慎之又慎，多次开会，反复讨论；对于其中可能产生歧义的文字，汪老师甚至要亲自动笔修改。

创刊之初我们曾以约稿为主，许多文章影响很大；但是个别作者不拘小节，格式不当者不说，文字粗疏者不为少数，甚或引证不确者亦有人在。最初在编辑工作中，我对这类稿件的态度是文责自负，除了文稿体例以及明显的语病之外，并不多予修改。有回我担任一篇教育史论文的责任编辑，感觉引文似乎存在问题，并且颇为作者的文字而恼火。正迟疑间，汪老师找到我。先生幼时熟读《四书》，展卷即发现问题，用铅笔一一订正。他说家里书架太高，现在要爬上爬下翻查原书比较困难，要我找到对照修正。我深受震动，汪老师的修改全部是正确的，由此我折服于其古文功底，同时汪老师的认真精神更使我感到惭愧。于是我对稿件的其他引文也逐一核查，结果又发现和修正了许多不实之处。最后，当我照例在责任编辑一栏写上自己的名字时，心里既踏实又不安。所踏实者在于，这篇稿件在学术规范方面可以说是已无问题；不安的原因则是，汪老师应为真正的责任编辑，但却不同意写上他的名字。

我刊每期都刊载国外作者的来稿，这些研究具有一定的前沿性。但译事难为，加之时间仓促，有些翻译稿很不理想，概念尚需仔细推敲，又往往使用西文句式，句长无比，令人头痛。汪老师文字功底深厚，对于译文中出现的误译、漏译问题绝对不放过，经他之手后，译文确实可称信、达、雅。看着译稿上密密麻麻的娟秀小字，我非常感动。以后我学着汪老师的样子，也是竭尽全力对译稿予以润色。

编辑部的会议地点一直是在汪老师家，因为汪老师行动不太方便。每次都是师母先为大家泡好茶叶，桌上摆着各种小食品，有时还准备了点心；汪老师则正襟危坐地等着我们。有段时间，师母还为我们煮咖啡。虽然他的手抖得很厉害，却已一一备好杯碟勺罐，只待我们就座享用。品茗之际，谈论文章，聆听妙语，不亦快哉！汪老师坚辞主编职务之后，编辑部会议依然在汪老师家召开。汪老师的话更少了，但是我们的会议却仍然开得非常踏实。

刘云杉曾有个绝妙的比喻，形容汪老师为“灵龟”，意谓汪老师有时看似漫不经心，其实早已明察秋毫。我对此特别赞同。我们开会时，我先要汇报各篇稿件的评阅情况。逢此长篇大论时，汪老师往往靠在藤椅上静听，从不插言打断，眼睛似睁似闭。我虽然努力兢兢业业于每篇来稿，但是也不免出现疏漏的环节。

偶有一次忽然想含糊过去，抬眼偷瞧汪老师，他正定睛看着我。

2006 年刊物改版后，尽管我们倾注了大量心血，却在印刷的最终环节出了大纰漏。我不断和印刷厂以及同行联系，探讨各种可能的补救措施，然后大家讨论。最后的一次会是在晚上八点钟，当我带着孩子到汪老师家时，三位主编已坐在那里讨论问题了。等我坐定，汪老师非常诚恳地说自己应该检讨，坐在家里未与细节，有负主编之责。另两位当然都反驳他并争相担当责任，我听了恨不能有个地缝钻进去。耳闻汪老师的严肃、严格与严厉，很多人都怕他；我来得晚，惯于见到汪老师的微笑，内心里却也是怕他，因为承其不言之教，知道老人家做事的标准高。自弃教从编，我因自己缺乏经验，在签字付印直到样刊印出之间，心里总是特别紧张。发现出错之后，我跑去汇报给汪老师，心中更是忐忑。老人家却拉长了声音说："嗨，没事儿！"我的心情顿时放松许多，工作中也更谨慎许多，以后错误渐少，可当时的情形和汪老师的语调至今难忘。

沈文钦第一次参加编辑部的会议时，汪老师从藤椅里缓缓站起来，非常郑重地和他握手，走时亦然。看得出汪老师很高兴。喻老师则详细问他女朋友的情况。我在旁边看着听着，却无论如何也想不起自己第一次来开会的情形了。但我清楚记得在许多次会议之后，汪老师叫住我，叮嘱我不要放弃自己的研究，他说："我们就是要比别人多流点汗嘛。"讨论稿件时，他经常会问起有关研究领域的一些细节，督促我勤于读书。汪老师评价年轻学者时，最典型的夸奖是"书念得多"。

第二集　故人故事

编辑部的文山会海往往会涉及种种人事。我最喜欢每次讨论稿件之后听他们海阔天空地聊天，尤其是汪老师和喻老师谈起早年的一些人和事，感觉特别不同。汪老师一直笑眯眯的，神色轻松，喻老师则眉飞色舞、脸庞发亮，洪捷老师和我每每提问。他们时有惊人妙语，无奈我口拙笔笨，无法依原版言传。有两回我忍不住得意地宣扬出去，结果招来几位提出希望列席编辑部会议。当然是玩笑话。

有次述及清华往事，汪老师忆起叶企孙先生，并说："（自己）当时留下了，是叶先生的主意。他说了，别人也不反对。我的考试成绩也不是拔尖的，不知为什么把我留下。"于是洪捷老师问他放弃物理学是否后悔，须知汪老师当年是怀着"我不学物理谁学物理"的雄心壮志考入清华物理系的，汪老师回答："无所谓，服从组织分配。"洪捷追问："您真的不后悔吗？"汪老师说："没有后悔。那时年龄大了，也搞不出什么。物理学的发展很快。"其实那时汪老师才三十多岁。谈到那个时代的人与事，汪老师说："那时候都是很积极的，绝大多数人都是非常真诚的，不是为了钱和地位，很少有人是为了那些东西。"他又补充一句："可以说是为党的工作尽心尽力，死而后已。"我想起王义遒校长在回忆文章中写过的一句话："'服从组织需要'是当时每个组织成员的第一要务。"

谈到过去的时代，说到某个老朋友，汪老师常会说"这个人可惜了”，或某人是“可以做学问的”；因为其人“文字好，书也念得不少”，或者称之“很有思想，文字也不错，外文差了点”；某人“业务底子不强”。喻老师与他常有共识。汪老师还曾讲过：“所说好的人，是文理都好，不是偏一边。当时写文章的机会多。”我想起有位老先生在文章里提及汪老师喜欢“拔尖”，正好借机找他求证。师母在一边插话说：“当时人讲汪永铨培养了两个修正主义苗子，一个是迟惠生，一个是项海格。”

我好奇于汪老师的文字功力，曾经仔细问起其教育经历。汪老师自小上的是西式幼稚园和小学，但是父亲要求很严，要他们读《四书》；初二时还请了一位老先生（川大的讲师），带他们念书、作文、写字。老先生的方法主要是自己读，并背诵，当时古文是唱着念的。洪捷老师问传统文化的训练是否对他影响很大，汪老师肯定地说：“当然，写作文写得通。”我们再问他是否看通俗小说，汪老师回答：“也看通俗小说，如《三国演义》《西游记》，但主要还是读古文。”那时他们经常写的是旧体诗，“当时新诗没人看，白话文老师不爱教”，他还惟妙惟肖地学起老师的四川话：“啥子嘛，吗、的、呢、呀！”那个时候他们年轻人崇拜的是大科学家，如爱因斯坦。

话题也常常回到高教所，我问起为什么北大高教所与其他大学的高教所风格非常不同，是否汪老师有意为之。他点头表示同意，那时汪老师特别强调要建成一个学术单位而非学校领导的咨询机构。他说：“当然这不能仅靠一个人的力量，还要有一批人赞成你。当时王学珍、马石江等人支持我的想法。”

在高教所创建时期，汪老师也得到了许多教育界老朋友的支持，如顾明远教授、潘懋元教授等，近年里我出去开会时见到这些老先生，他们都会要我代为问候汪老师；而杜祖贻教授、许美德教授等每次自海外来，也都要去看汪老师或者致电给他长谈一番。

第三集　大德无名

汪老师多年以来封笔不写，也不与会发言。在我的印象中，汪老师最后一次出席高等教育学术会议是在 2003 年秋天，参加第一届高等教育国际学术论坛。他受邀坐在主席台上，但是拒绝讲话和做报告。两天的会议里，汪老师虽然休息不好，但还都坚持下来了。我陪在老人家旁边，并请在总参谋部后勤处任职的师弟王书峰随同照顾。他说保证做好汪老师的勤务兵，可是后来却向我报怨英雄无用武之地。我向他解释道，汪老师最怕麻烦别人，我们尽心就好了。

汪老师不愿出席会议，但是每次收到会议通知时，总要问我学院是否有人参加。得到肯定的答复时，才会安心；如果没有，他则积极推荐他人参加。他怕我们学院的年轻人失去机会。以后我在每次送信之前，总是先将有关事宜问清楚，使老先生安心，也越来越得到肯定的回答，教育学院的年轻人已经成长起来了。

2005 年，《国家教育行政学院学报》开辟了一个专栏，名为“教育学学人”。编辑部在劝说汪老师的同时，委托我助其约请写汪老师的文稿，并筹划作者——他们说最好是汪老师的学生。凭自己的职业敏感，我深感此事很有意义，便积极促成。我向汪老师解说编者的意图，强调他们记述前辈学人学行，以利后学进益的想法；教育行政学院编辑部那边也做了许多工作。最后老先生似乎同意了，对我说："写这篇文章最合适的人是洪捷和东茅。可是洪捷事情多，东茅远在国外，而你又没有听过我的课。"我想老人家可能有意让我帮忙，就打算自己先整理材料，弄出个草稿，然后请百忙之中的洪捷老师定稿。在和汪老师讨论一次之后，我仔细拜读了汪老师的所有文章，形成一份写作大纲。交上去以后，就再无动静。我心想自己写得太差，也不敢再问了。

尽管暂且作罢，这篇文章仍然是我的一块心病。文老师回国后，我向他谈起这事，并深自责备，请求帮助。他安慰我："这不完全是你的问题，可能是老先生看了之后，对自己的研究不满意。"他又说："我们有责任做这件事。"东茅提出了一个框架，我很赞同但又担心汪老师不会接受。我把自己摆在导演的位置上，请两位大侠讨论了几次，东茅比较谦让，主张请洪捷担纲主笔；而我当时很怕三个和尚没水吃，非常同意他的提议。结果二比一，分工落实，责任明确！后来洪捷老师笔走偏锋，写了一篇《高等教育研究之"困惑"——记汪永铨先生》，不似其他文章树碑立传的写法，以哈耶克所谓"困惑型"学者比拟汪老师，用困惑述其执着认真的精神，汪老师读罢没说什么。我如获至宝，赶紧发给教育行政学院的编辑，别致的写法也大得对方主编的赞赏。直至发表，屈指算来，前前后后，已历两年。

在这篇文章之后，汪老师开始想对自己的论文予以修改。不管是修改，还是要写作，我当然都十分乐意积极配合。编辑部为汪老师更新了电脑，杨靖也准备帮助录入从前的论文。但是不久，汪老师在大雪天摔了一跤之后，不但影响到他的出行，而且把论文的事情无限期地搁置起来。去年夏天在香山开会见到乐黛云先生，她向我问起汪先生的近况，我述及此事，乐老师说过去的文章就让它成为过去，不要改，并让我转告汪老师。汪老师听后笑了笑，没有说什么。

汪老师总是那么不动声色，有若无，实如虚。所谓“大音希声，大象无形”，可汪老师的影响却是那么实实在在。所以我有时窃想，如同磁场，是否有“气场”一类的东西存在。比如我儿子自懵懂之时见过汪老师，就一直佩服得五体投地。汪老师家客厅的一面墙是书架，每次我和汪老师谈话时，他就在那里来回转悠。对着书墙看了一会之后，他总还要溜到汪老师的书房里，端坐在书桌前面过过瘾，享受一下坐拥书城的感觉。前几天我让他画汪老师的书房，他画得特别来劲，过后才说：“汪爷爷的书太多了，画得我手都累了。”有几次，当我自书店携书满意而归时，儿子却打击我说：“你再怎么买书，也比不上汪爷爷。”对此，我当然是心悦诚服。如今李悦诚快上初中了，却仍然喜欢找机会和我去汪老师家。

多年里，我前前后后听过不少老师绘声绘色地讲述高教所的故事。时间久了，这些故事在我脑海里相互晕染，逐渐汇集成蕴涵着温情与想象的“传说”。比如说大肚子的汪老师平日不苟言笑，大家加班后却要他来鞠躬；比如说闵老师在三伏天赤膊用功，大年初一到所里工作还给看门师傅买烟；又比如说高教所年节聚餐时那脍炙人口的菜单——喻老师的米粉肉、闵老师的土豆烧牛肉、学飞老师的蔬菜沙拉、丁老师的素什锦、洪捷老师的“陈三丝”、陆老师的罐焖鸡翅、胡老师的红烧肉……新的世纪里，教育学院成立了，高教所的传统则延续下来，进入年轻一代的精神血脉；随着学院大楼拔地而起，编辑部借汪老师寿庆之机搜集故事，于忆往谈旧之中重温并领受过去的意义。

做这件事情，不仅仅是为了好玩。陈平原有言，由“老北大的故事”，可见“校园里的真精神”；本编辑认为，由高教所的故事，也能建设一道“学院风景线”。学院的发展固然要有宏伟叙事来描绘，小品笔调亦不可少。工拙不计，所追忆者可使前世风范犹存，而前辈的学行在故事中更栩栩如生。作为后学，师其心意，高教所的传统则传之久远。

辑二作者介绍

郝克明，中国教育发展战略学会前会长。

厉以宁，北京大学光华管理学院教授。

王义遒，北京大学教授，前副校长。

陈良焜，北京大学光华管理学院教授。

迟惠生，北京大学教授，前副校长。

喻岳青，北京大学教育学院教授，前高教所副所长。

陈学飞，北京大学教育学院教授，前常务副院长。

闵维方，北京大学教育学院教授、前院长，北京大学前党委书记。

赵炬明，华中科技大学教育研究院教授。

高　柏，杜克大学社会学系教授。

丁小浩，北京大学教育学院教授。

陈洪捷，北京大学教育学院教授，《北京大学教育评论》主编。

阎凤桥，北京大学教育学院教授，院党委书记。

袁本涛，清华大学教育研究院教授，副院长。

文东茅，北京大学教育学院教授，前院长。

王　蓉，北京大学教育学院教授，中国教育财政科学研究所所长。

李曼丽，清华大学教育研究院教授，副院长。

李文利，北京大学教育学院教授，前副院长。

刘云杉，北京大学教育学院教授，副院长。

蒋　凯，北京大学教育学院教授，院长助理。

李春萍，《北京大学教育评论》副主编。

编后记

十年之前，为祝贺汪永铨老师八十大寿，我们编辑了《亦庄亦谐——汪永铨先生八十开怀集》。书中24篇文章以亦庄亦谐的方式,讲述了和汪老师有关的故事。文字轻松,但情真意切,内容厚重。汪老师的为学与为人之道，跃然纸上。

时光流转，正待我们筹划米寿纪念文集时，汪老师却因病永远地离开了我们，轻松的心态一转变得沉重、忧伤。如今，在汪老师两周年忌日到来之际，我们选了汪老师生前发表的论文，也选了《亦庄亦谐》中的若干文章，合为一集。一是为了缅怀先生,缅怀其人其志;二是为了重温先生所奠定的学术传统。

编选的文章均保持当年的本来面目。汪老师文章所讨论的具体问题也许时过境迁，但当年所提出的问题、所关怀的问题并未过时，其见解仍然高屋建瓴。更重要的是，从这些文章中可以感受到汪老师作为创建高等教育的一代人在理论和方法上元气淋漓的气象，体会到汪老师的开拓之功。必须提及的是与汪老师一起开创高等教育研究事业的伙伴和多年老友郝克明、厉以宁和王义遒老师，得知我们在编辑此书，专门撰写了回忆文章，让我们特别感动。

此书既是汪老师为学轨迹之记录，也是汪老师为学风格之体现，更是北大高等教育研究传统之宣示。书虽小，意义重大！